法律发达史

(第二版)

中国近代法学译丛

何勤华 主编

法律发达史

（第二版）

[美] 莫里斯 著

王学文 译

姚秀兰 蒋辰 王鹏飞 点校

中国政法大学出版社

2014·北京

AN INTRODUCTION TO

THE HISTORY OF THE DEVELOPMENT OF LAW

BY

HON. M. F. MORRIS

LATE ASSOCIATE JUSTICE OF THE COURT OF APPEALS

OF THE DISTRICT OF COLUMBIA

WASHINGTON, D. C.

JOHN BYRNE & CO.

1916

法律发达史[1]

马丁·费迪南德·莫里斯　阁下[2]

已故的哥伦比亚特区联邦上诉法院陪审法官[3]

华盛顿（哥伦比亚特区）

约翰伯恩公司

1916

---

〔1〕民国时期译者王学文仅翻译为“法律发达史”，漏译“an introduction”。实际上在序中有如下表述：“the book is not a history of law…but simply what it purports to be, an introduction to that subject…”，显然此书仅为一本法律发达史的导引。——点校者注

〔2〕“Hon.”即“Honorable”的简称，译为“阁下”。——点校者注

〔3〕国内现有资料显示莫里斯为首席法官，但根据英文版封面信息显示，实为陪审法官。——点校者注

中国近代法学译丛

编　委　会

法律發達史

第一章　法律的起源和性質與自然法

法律史是我們民族的歷史和民族之經驗的具體表現；又爲民族之智慧及其對於智慧之需要的最正確的紀念品。一國人民最優秀的思想可以從其制定的法律中看到；因爲人民的日常生活最能在其風俗習慣中反映出來，而風俗習慣又構成了人民日常處事的法律。

在這個地球上我們可以完全斷定，任何人類社會的組織，任何簡陋的部落或民族，任何野蠻的人羣，多少都沒有不受到某種公認之法則的拘束。不論我們是否承認那流行的——但是毫無根據而且無理性的進化學說，以爲文化是從未開化遞演出來：未開化是從野蠻蛻進出來，而這野蠻人的生活又是從一種上古的人猿進化出來的；或者不論我們是否採納較合理而爲一切歷史趨勢所擁護的學說，以爲未開化與野蠻的狀態不過是原始文化的過程，我們根據遺傳下來的記載總可以發見在各時代及各種環境下的人都生息於社會中，遵守着某種規律以調整其行爲和處理其事務，而這些規律是多少具有固定性的，人們雖然往往對若干規定加以反對，但是卻不能不承認其具有拘束的效力。

版本介绍

《法律发达史》（An Introduction to History of the Development of Law）一书于 1909 年在美国出版，该书是根据作者在乔治敦大学针对即将成为议员的人士所作系列讲座的讲稿整理而成。民国时期由王学文翻译引进中国，于 1939 年在长沙商务印书馆付梓，2003 年由姚秀兰点校，由中国政法大学出版社再版。

An Introduction to the History of the Development of Law（1909）

出版社：Kessinger Publishing（2009 年 1 月 1 日）

ISBN：1104022419

作者简介

莫里斯（Martin Ferdinand Morris，1834.12.3 ~ 1909.9.12），1834年12月出生于爱尔兰一个传统的天主教家庭，后来移民美国。自1854年毕业于美国乔治敦大学[1]法学专业后，进入一个教会牧师培训机构，一度试图成为一名专职牧师。父亲去世以后，为照顾家庭开始从事律师工作，长达三十余年。1893年因其在有关法院设置的立法活动中的卓越表现，经国会通过由总统任命为哥伦比亚特区联邦上诉法院陪审法官，直至1905年退休。莫里斯虽然一生从事法律实务工作，然而这并没有妨碍他在学术领域的广泛发展，他涉猎科学、文学、艺术等领域，且毕生致力于法学教育事业。其主要代表著作有《Lectures on the History of the Development of Constitutional and Civil Liberty》（1808）等，同时还有大量专题论文和演说词。

---

〔1〕“Georgetown University”，应译为“乔治敦大学”，而非“乔治大学”，国内现有的翻译有误。——点校者注

凯辛格出版社声明

总　　序

民国时期，是中国近代法学的奠基时期。在该时期内，不仅出版了一批有分量的专著，如王世杰、钱端升著《比较宪法》、胡长清著《中国民法总论》、黄右昌著《罗马法与现代》、杨鸿烈著《中国法律发达史》、程树德著《九朝律考》、瞿同祖著《中国法律与中国社会》等，也推出了约四百余种外国法学译著，如穗积陈重的《法律进化论》、孟罗·斯密的《欧陆法律发达史》等，它们是中国近代法学遗产的重要组成部分。

令人担忧的是，由于出版年代久远，这批译著日渐散失，即使有少量保存下来，也因当时印刷水平低下、纸张质量粗劣等原因而破烂枯脆，很难为人所查阅。同时，这些作品一般也都作为馆藏书，只保存于全国少数几个大的图书馆，一般读者查阅出借也很困难。

鉴于上述现状，中国政法大学出版社高瞻远瞩，关爱学术，策划并决定对民国时期（包括少量清末时期）的译著进行整理、筛选，以“中国近代法学译丛”的形式重新点校、点校出版，以拯救民国时期法学遗产，满足学术界以及法律院校广大师生学习和研究的需要。

参与本译丛点校、点校的有中国政法大学出版社、华东政法学院法律史教研室、北京大学法学院、中国政法大学图书馆等部门的编辑、教师、博士生和硕士生。由于我们学识粗浅，点校、点校中可能会存在这样或那样的问题，恳请广大读者批评指正。

何勤华
2002年8月1日
于上海·华东政法学院

序

经出版社提议，作者将其多年前在乔治敦大学为研究生班所作系列讲座的讲稿，在接受学员们建议的基础上，整理成册。为了使措辞恰当，此书并非是一部需要严肃对待的法律的历史，抑或一部法律发达史。全书的要旨仅仅是为读者所作的关于法律发达史的导引，并且在此作者并不标榜任何原创性和新颖性。然而我们相信，不仅对于那些法科生而言，而且对于那些法律实践工作者和受过良好教育的人士来说，此书也是能提供一些帮助的。因为对于后两者来说，他们迫切地想要对法律的发展历史有一个概览性的了解，却苦于缺少时间和机会去调查与搜索这些信息。而对于那些涉及立法工作的人来说（在美国，公民们或多或少都会涉及立法工作），此书很好地反映出在我们人类先前几个世纪，在那些早已消失久远的国度中构建成文立法所付出的艰辛努力。在著成此书的过程中，弗雷德里克·波洛克爵士（Sir Frederick Pollock）和弗雷德里克·威廉·梅特兰先生（Frederic William Maitland）所作的《英国法律史》[1]、盖

---

〔1〕 *The History of English Law before the Time of Edward I*（共2卷），全名为《爱德华一世时代之前的英国法律史》。共有两版，分别是剑桥大学出版社1895年版和1898年版。——点校者注

伊·卡尔顿·李（Guy Carleton Lee）教授关于“历史法学”的鸿篇巨著[1]为本书的创作助力，在此，作者急切地意欲表达自己强烈的感激之情。

---

〔1〕 *Historical Jurisprudence: An Introduction to the Systematic Study of the Development of Law*，全名为《历史法学：介绍法发展的系统研究》。美国纽约麦克米伦出版公司 1900 年版。——点校者注

点校者第二版序

自清季至20世纪40年代间，政法界之有识之士深感“西法东渐”乃汉语思想界三千年未遇之大变革，先辈仁人纷纷孜孜以求西学奥堂，凭借个人禀赋和志趣翻译西法经典。在丁韪良、姚梅镇等诸多先辈学者的努力下，约四百余种外国法学译著，如惠顿的《万国公法》、孟罗·斯密的《欧陆法律发达史》等都得以译成汉语出版，这些法学译著共同奠定了中国近代法学的基础。然而，这批译著由于出版年代弥远，或日渐散佚，或束之高阁，虫蛀霉烂，逐渐也无人问津，即便有心的读者也迫于档案室、图书馆繁琐的出借手续而只得望洋兴叹。

鉴于此，2002年，中国政法大学出版社对这些民国（包括少量清代）译著进行整理、筛选、点校与出版，形成了振裘挈领的“中国近代法学译丛”崭新体系，使得这些“古书”面貌焕然一新。此举满足了法学院校广大师生学习和研究的需要，广受学界好评。

虽其开牖后学之功万不可没，然当时在点校、点校的过程中，由于时间紧迫、资料稀缺等原因，第一版丛书仍有不尽如人意之处。就本书《法律发达史》（An Introduction to the History of the Development of Law）而言，最早由民国学人王学文翻译，21世纪初，由前辈姚秀兰女士完成了初版点校工作。其在点校过程中虽谨小慎微，一丝不苟，然当时可得资料仅仅为1939年长沙商务印书馆的纸质印本，互联网数据查询亦不如而今便利，囿于此等因素，《法律发达史》初版仅将民国版本原貌呈现于读者。但是当时的汉语界对西方经典的翻译还处于起步阶段，相应的学术规范尚未建立，凭借个人好恶随性而为，错译漏译的现象时有发生，人名地名的翻译更是无定规可循，混乱不堪，甚至前后矛盾，到了无法辨识的地步。加之民国译者半文半白的语风，通假异体字频现，形容词、副词和补语中“的”、“地”、“得”、“底”以及人称代词“他”、“她”、“它”混乱使用，对于当代的读者来说，此等文本阅读起来诘屈聱牙，劳神费力，煞是辛苦，对学习研究造成了一定的障碍。本丛书主编何勤华老师以及出版社的领导亦深感于此，希望对该书加以修订，于再版中加以完善，然由于种种原因，心有余而力不足。此次，我们承接这项任务亦是为了了却何老师之夙愿。

二次点校能够顺利完成得益于我们资料的突破。美国凯辛格出版社（Kessinger Publishing）在2009年的时候对该书的1901年版进行了重印。我们有幸得到了英文影印本，这对于启动二次点校工作来说是一个相当重要的前提。当时初版点校之所以对于有些人名地名翻译不能进行修改，正是因为无法与英文原本对照，与其出错，不如保留原貌。而在二次点校过程中，通过原文检索参考资料相当便捷精准，对于人名地名均按照《英语姓名译名手册》（商务印书馆）、《外国地名译名手册》（商务印书馆）列明的现代通译一一修订，并在脚注中保留原文以便读者对照参阅。正如作者莫里斯谦逊所言，本书并非一部严肃的法律史著作，而是提纲挈领式的法律史导引，仅供初涉法律的读者概览启蒙之用。然而，在点校过程中我们发现作者学识渊博、通晓古今，写作中热情洋溢、旁征博引，人物繁多、典故频现，史实交错，历史、神话、艺术、法律与宗教的相关知识领域都为作者所通透，举一隅以三隅反，可谓精彩纷呈；而且作者的古典文化功底相当厚实，拉丁文、古法语的词汇频频使用，这对于普通读者来说或许会一头雾水，更是平添阅读障碍。有鉴于此，二次点校中我们统一了人名、地名翻译，对于文本中出现的读者较为陌生的人物、史实、典故加以注释，如将“哲约克卢梭”改为“让·雅克·卢梭”，将“不兰他日内”改为“金雀花王朝”，将“阿剌伯”改为“阿拉伯”等，并且通过考证纠正了作者的多处引用错误和史实错误。这一过程相当辛苦，出于严谨考虑，每一处脚注的形成都离不开上百次的求证，这种求证可能是文法上的、中古语汇上的、版本上的、人名地名上的、制度上的、思想上的……不一而足。本书亦朝着此方向努力，力求完满，精益求精；在点校“斯巴达”时，点校者找出了商务印书馆汉译世界学术名著《历史：希腊波斯战争史》并仔细比对；在点校“马尔库斯·安第斯提乌斯·拉贝奥”等古罗马法学家时，点校者使用了《罗（念生）氏希腊拉丁文译音表》作为参证；在点校其他章节时，对《希腊罗马名人传》（吉林出版集团有限责任公司，席代岳译）、《伯罗奔尼撒战争史》（商务印书馆，谢德风译）、《历史的观念》（商务印书馆，张文杰、何兆武译）、《元照英美法词典》等书籍均加以了参考。

在阅读英文原版的过程中，我们也对文本背后隐匿的思想根源以及作者的行文思路有了新的认识。作者莫里斯出生于爱尔兰一个传统的天主教家庭，后来移民美国，这样的人生经历对他的思想影响非常大。作者在其作品中相当推崇摩西立法以及古希腊、罗马的民主、自由的萌芽对于后世西方的影响，而中世纪的封建法制粗陋野蛮，教会则是一股抵抗专制与压迫的重要力量，通过教会法的扩张维持着世俗的正义。当然，如此“救赎式”的历史诠释法与作者虔诚的宗教信仰也是息息相关的，基督教确乎现代平等理念的来源；然而，作者也似乎是一个“西方中心主义”者，在全球法律史概览中极尽推崇西方法度，而对东方法有所拒斥，其中对于中国古代法更是突出强调其专制的统治理念、残酷的刑罚等。诚然，这样的看法也是情有可原的，毕竟当时西方以“平等、自由、博爱”的理念输出为傲，对于东方并无深入了解，以猎奇心态想当然地构想出东方法的全貌，自然对其无所好感。

但是，贬斥中国法制的观点却引起了译者王学文的不满。据点校者猜测，或许民国译者无法接受作者对于中国社会状况的描绘，而私自在译本中将中国法部分隐去，不予翻译。此乃翻译之大忌，译者无论好恶都应当尊重原本，不得率性而为，捏弄文本，对原作故意加以损益修改。故在二次点校中，为了保持全书的完整性，我们也将民国译本漏译的原作者注释和正文中的中国法部分译出，尽量做到文辞达意，但文法、语汇实与民国版本相异，请读者见谅。莫里斯在中国法部分的描写中引用了诸多隐喻，点校者亦根据一己之见加以注释，或许有失偏颇。

本书虽然历经反复勘对，点校者在晨钟暮鼓、黄卷青灯的校对、搜索与考证工作中不免有困倦昏糊之时，若有讹误或脱遗，恳请广大读者来讯指点纠正。

本书的出版工作得到了华东政法大学何勤华老师、冷霞老师以及出版社编辑、领导的大力支持，在此我们均表示诚挚的感谢。

蒋　辰　王鹏飞
于申城·苏州河畔·华政园
2014 年 8 月 3 日星期日

点校者第一版序

一

莫里斯（M. F. Morris），美国联邦法院哥伦比亚特区上诉法院陪审法官，其所著的《法律发达史》（An Introduction to the History of the Development of Law）于1909年出版，该书是依据著者在乔治大学（Georgetown University）针对即将成为议员的人士所作的讲座的讲稿整理而成，译者为王学文。

二

《法律发达史》一书共分十章，以古代东方国家——以色列、巴比伦、腓列基、埃及、印度、古希腊、罗马以及西欧中世纪诸国的社会发展为线索，概述了人类法的早期发展形态，以及中世纪西欧诸国的法律发展状况，尤其是罗马民法与教会法、条顿族普通法之间的冲突与融合，罗马民法的演变及与英美普通法的关系，普通法与衡平法的冲突与融合等，从而论证法律的起源、性质及与自然法的关系。著者同时指出，要借鉴历史的经验，必须注重历史的研究。

关于法律的起源、性质与自然法，著者在第一章中以整章的篇幅加以论述。著者不赞同卢梭的“民约论”，认为那是一种假想的状态，“如果法律的起源是始于民约，那么一种类似的民约便足以将法律撤销了”。〔1〕著者也不赞同社会强权说，〔2〕认为：“社会强权说根本是基于野蛮权力，那更不能有何种证明。”〔3〕著者以交通指挥——“遵照法律，靠右边走”为例，指出这种规定是基于人们的行为习惯和便利，“而不是由国家任何假定的最高权力者所规定的”。〔4〕同时，著者还反对“法律是人民意志的表示”的观点，认为“人民意志的表示”在“事实上就是多数者的意志，而这又是来自多数者的统治权这个学说的”，“但多数的人民，甚至可能是全体人民的一致，都不是法律的起源”，〔5〕因为多数人民或为他们所相当承认的立法机关也有可能破坏良心上种种不可让与的权利，制定出违背公正的法律。

那么著者的观点是什么呢？

第一，著者认为，法律是民族精神的体现，是人民日常生活中的风俗习惯的反映。著者在开篇中就指出：“法律史是我们民族的历史和民族之经验的具体表现，又为民族之智慧及其对于智慧之需要的最正确的纪念品。一国人民最优秀的思想可以从其制定的法律中看到，因为人民的日常生活最能在其风俗习惯中反映出来，而风俗习惯又构成了人民日常处理的法律。”〔6〕

---

〔1〕 本书第3页（以下“本书”均指《法律发达史》第一版）。

〔2〕 即认为法律是由国家最高权力者制定的。莫里斯认为布莱克斯通关于“法律是由国家最高权力者所制定之行为的一种规则”就是强权说的代表。

〔3〕 本书第4页。

〔4〕 本书第4页。

〔5〕 本书第7页。

〔6〕 本书第1页。

第二，著者认为法律是一种客观存在的规律。著者从人类社会演化的角度分析，认为任何人类的社会组织，任何简陋的部落或民族，任何野蛮的人群，都受到某种公认之法则的拘束，都遵守着某种规律以调整其行为和处理其事务。而这些规律是具有固定性的，是客观存在的。虽然人们可以对其中的若干规定加以反对，但还是不能不承认其具有拘束的效力。〔1〕

第三，著者认为自然法，也即上帝是一切法律的源泉。〔2〕在这里，著者从人的合群性推导出社会的形成是基于人的本性需求，即“社会是为个人而存在，并非个人为社会而生存”。〔3〕既然人需要在社会中生存，则其意志必受社会的支配，因为社会如无法律则不能存在。依此推断，“法律之存在是与人类同时代的”。因此，著者认为：“人类的‘创造者’是一切法律的源泉。不但神法如此，就是一切公正的人为法亦是如此。”〔4〕上帝在创造人类的同时就创造了法律，这种法律就是“自然法”。著者指出，他所指的“‘自然法’就是当创物者命令人类生存在地球上的时候，同时赋予人类的原始法”〔5〕，也即符合“人类本性〔6〕的神法”，是一种公正的法律。它不同于以往被人们认为的是指在自然状态中，简陋而野蛮之生活的行为和习惯，也不包括那些剥夺人的自然权利，违背公平正义的法律。因而著者不赞同“强

---

〔1〕 本书第2页。

〔2〕 著者的观点是，自然法是一切法律的源泉，而上帝（人类的创造者）创造了自然法，因而法律的源泉实际上就是上帝。

〔3〕 本书第2页。

〔4〕 本书第2页。

〔5〕 本书第12页。

〔6〕 “人类本性”，实指人的自然权利，如生命、自由、财产等。

权说”和“人民意志说”。[1]著者将这种原始法分为“道德法、教会法、国内法和国际法”四种，并且认为“自然法仍为他们的共同起源”。[2]在这里，著者用了大段文字来讨论自然法与人为法的关系。他认为，“真正的自然法是创造人类本性的神法”。[3]人类的一切权利和义务是从自然法或者说是从神法中产生的，人为法的功用仅能规定权利和义务，而不能产生权利和义务。[4]著者以财产所有权为例加以说明。著者认为财产所有权是一种自然的权利，是由自然法所赋予的，并非人为法的创造。人为法只不过是为着社会安宁及良善的秩序而加以适当的规定。因此，著者指出“创物者所给予人类意志的自由是一切人类绝对权利的唯一来源。他所规定的法律同时就是人类一切义务的来源。还有第二权利（Secondary Right）和第二义务（Secondary Duties）则可认为是人为法的作品。但是即使这些也是从神命发生的，而对于要尊重其同僚之同等权利的义务之规定，也是由神命而产生的。因此，我们必须承认一切人为法不过是神法即自然法的补充而已。人为法，唯一最大的目的在于使神法发生效力，担保人们去行使权利，要求人们去履行义务。所以，保护权利的行使以及强制义务的履行就是人为法的目的”。[5]从这里我们可以看出，著者认为自然法与人为法的关系实际上就是国内法中实体法与程序法的关系。正如著者自己所归纳的，“自然法是神的训诫的主要集合，

---

〔1〕 因为在著者看来，“强权者”或“多数人的意志”是不确定的，都有可能制定出违背人性的、不公正的法律。而这种法律对于著者来说，是不能称之为法律的。

〔2〕 本书第12页。

〔3〕 本书第12页。

〔4〕 本书第12～13页。

〔5〕 本书第12～13页。

内容为关于人之权利义务的规定，人为法则为社会用以实现此种权利义务的方法”。[1]

第四，著者认为法律具有民族性。著者指出，自然法是人类人为法的共同起源和目的，它存在于“默示法（Law of Revelation）中，即在人们心里的自然规律中，在阿利安的文化中”。[2]各民族用同一方式表现并企图用同一方法来实施自然法，但由于地域（包括环境、文化、社会制度等）的差别，各地人为法所表现的自然法内容的形式却各不相同。著者以《摩西十诫》“不可杀人”条为例，指出，“不可杀人”是自然法的一个训诫，同时又是默示法中十诫的一条，在世界现存或曾经存在之各国的国内法典或道德法典中都有这种规定。这个训诫的施行方式在全世界一致，通常是用死刑，但因各处地方制度的不同仍有差异:[3]有的是用绞的方式，有的是用刀砍等。

在这里，著者实际上是告诉我们，法既有人类的共同性又有民族的差异性。生命、自由、财产等自然权利以及公平、正义是人类人为法所共同追求的价值目标。而民族的差异性使得各民族法在具体表现形式上又有所不同。因此，要研究法律，把握各民族或各国家法律的性质，则应从各民族、各国家的历史着手，考察法律在各民族、各国家的发展状况。

为此，著者在接下来的章节中，分别考察了古希腊、罗马及古代东方国家的法律演变，重点考察了罗马民法在中世纪西欧诸国的沿革及其演变。在这一考察过程中，著者始终贯穿这样的观点：

第一，法律的制定应注重“本土资源”，即与所实施的环境

---

〔1〕 本书第 14～15 页。

〔2〕 本书第 15 页。

〔3〕 本书第 15 页。

相适应。著者认为，“不论什么法制，其真正的优点主要不在于它的本质，而在于它是否适应于所施行的人民的性质和环境”。[1]著者以梭伦立法和美国联邦宪法为例加以说明。这种法律是不可能被完全创造的，而是从以往的法律中进化而来，或者说是从他处法律移植进化而来的。[2]因此，著者又指出“最优美的制度不是创造的而是进化的”。[3]

第二，法律是自由的保障。著者认为，“真正的自由是法律，……所谓自由，就是法律所规定的自由”。[4]自由与武力是对立的。“自由的政府就是法律的统治”，“在军阀制度占优势的地方就不能够有自由”，“在兵器响声中法律便无声了”。[5]因此，著者认为日耳曼人的封建统治是没有法律的，也是没有自由的，它剥夺了人们许多应有的权利。

第三，人种的优劣性。著者虽然未直接表达这一观点，但在字里行间却透露出著者的这一观念。著者认为，斯巴达人、日耳曼人、印第安人等都是野蛮民族，他们没有文化，也没有法律，只有暴力、血腥，甚至认为“野蛮人的生活是犯罪的生活”。[6]

---

〔1〕 本书第94页。

〔2〕 在该书中，著者花了大量笔墨比较古代东方国家法律制度的异同及对后世之影响。例如，著者认为英美法关于重罪须有两个证人出庭作证才能定罪之规定是摩西法中相关规定的重现（见第23～24页），以及罗马十二铜表法对梭伦立法的借鉴和吸收等。著者实际上表明了这样的观点，即法律因具有共性而具有可移植性，在这一过程中，应注重与“本土资源”的结合，这样的法律才能达到进化的效果。

〔3〕 本书第85页。

〔4〕 本书第257页。

〔5〕 本书第162页。

〔6〕 本书第171页。

因而著者在字里行间都充满着对他们的蔑视。而对犹太、古希腊、罗马则备加推崇，认为“美国宪法中的一切优点都得自罗马、雅典及犹太，美国的法律都由它们递嬗而来”，而“日耳曼族的野蛮人对于美国却没有什么贡献”。[1]

总之，莫里斯的《法律发达史》不单是一部关于法律史的著作，还是一部法理学或比较法的著作。著者运用历史的、比较的研究方法，详细讨论了法律的起源、性质及其与自然法的关系。其关于法律的客观规律性、共同性、民族性等观点仍具有现实意义，尤其是关于优美的法律应是与所施行的人民及其环境相适应的法律的观点，对于我们今天的法制现代化建设更具有借鉴意义。其研究方法也值得我们从事社会科学研究的学者，尤其是从事法律研究的学者借鉴和学习。当然，该书也有败笔之处。这就是如上所述的，著者虽然认为法律是一种客观存在的规律，但最后还是将法律归结于上帝，认为“人类的‘创造者’是一切法律的源泉”。[2]显然这一观点是唯心的，非常荒谬的。其关于自然法的解释、分类及其与人为法的关系的阐述也是不确切的。另外，著者对落后民族的蔑视以及对见解不同者的嘲讽[3]也是不可取的。

姚秀兰

上海·苏州河·华政园

2002年6月

---

〔1〕 本书第257页。

〔2〕 本书第2页。

〔3〕 著者不赞同柯克、布莱克斯通等人的观点，书中多处对他们进行嘲讽。

凡 例

1. 本书整理点校出版民国时期王学文翻译出版的外国经典法律名著《法律发达史》（An Introduction to the History of the Development of Law）（1909）。我们主要在该书1939年长沙商务印书馆版本的基础上，结合美国凯辛格出版社（Kessinger Publishing）2009年版本进行点校。在此次点校过程中，尽量保持原貌，对原作不作任何有损原意的改动，仅作适当的技术性加工。

2. 原书为竖排版者，一律改为横排。原文“如左”、“如右”之类用语，相应改为“如下”、“如上”等。

3. 原书所用繁体字、异体字，现全部改为简体字、正体字。个别若作改动会有损原意者，则予以保留，另加注说明。

4. 原书无标点符号或标点符号使用不规范者，一律代之以现在规范通行之标点符号；形容词、副词和补语中“的”、“地”、“得”、“底”以及人称代词“他”、“她”、“它”混乱使用的现象亦予以统一改正。

5. 原书无段落划分者，点校时作适当之段落划分。

6. 原书所用人名、地名，现有新译者，均参考《英语姓名译名手册》（商务印书馆）、《外国地名译名手册》（商务印书馆）、《希腊罗马名人传》（吉林出版集团有限责任公司，席代岳译）、《伯罗奔尼撒战争史》（商务印书馆，谢德风译）、《历史的观念》（商务印书馆，张文杰、何兆武译）、《历史：希腊波斯战争史》

（商务印书馆，王以铸译）以及《罗（念生）氏希腊拉丁文译音表》等文献材料改为新译。例如，将“哲约克卢梭”改为“让·雅克·卢梭”，将“不兰他日内”改为“金雀花王朝”，将“阿刺伯”改为“阿拉伯”，等等。

7. 为保留原著面貌，对原书所引用之事实、数字、书目、名称、拼写及其他材料确有错误者，经考据作出改正，并在脚注中保留民国原文并加以说明。

8. 原书排字确有错误，当时未能校出者，酌加改正，并加注说明。

9. 对于书中出现的对读者而言较为陌生的人名、地名、事件、隐喻等，点校者均酌情加以注释。

10. 我们在第二次点校中对比英文原本发现，不知何故，民国译本漏译了原作者注和正文中的中国法部分。故此次再版之际，为了保持全书的完整性，我们将其译出，尽量做到文辞达意，但文法、语汇实与民国版本相异，请读者见谅。

目　录

第一章　法律的起源和性质与自然法

法律史是我们民族的历史和民族之经验的具体表现，又为民族之智慧及其对于智慧之需要的最正确的纪念品。一国人民最优秀的思想可以从其制定的法律中看到，因为人民的日常生活最能在其风俗习惯中反映出来，而风俗习惯又构成了人民日常处理的法律。

在这个地球上我们可以完全断定，任何人类社会的组织，任何简陋的部落或民族，任何野蛮的人群，多少都受到某种公认之法则的拘束。不论我们是否承认那流行的——但是毫无根据而且无理性的进化学说，以为文化是从未开化（barbarism）递演出来，未开化是从野蛮蜕进出来，而这野蛮人的生活又是从一种上古的人猿进化出来的。或者不论我们是否采纳较合理而为一切历史趋势所拥护的学说，以为未开化与野蛮的状态不过是原始文化的过程，我们根据遗传下来的记载总可以发现在各时代及各种环境下的人都生息于社会中，遵守着某种规律以调整其行为和处理其事务，而这些规律多少是具有固定性的，人们虽然往往对若干规定加以反对，但是却不能不承认其具有拘束的效力。

对于来自外界而具有拘束效力的法律之存在的承认是人类固有的天性，而且是人类的一种需要。这就是等于说，人类社会之存在是靠着上层权力所规定的法律。从我们现在的立场看来，最终之存在是个人之存在，并且一切真正的哲学都承认社会是为个人而存在，并非个人为社会而生存。但是个人企图在社会中生存也是真的，因此他在许多事情中必须使他的意志受着社会的支配。社会如无法律既然不能存在，则据必然的推断，法律之存在是与人类同时代的。因此，人类的“创造者”（the Creator of the human race）就是一切法律的源泉。不但神法（divine law）如此，就是一切公正的人为法（human law）亦是如此。一切人为法的认许是从“创造者”得到的，所以若不提到“创造者”，则人为法的存在就无所根据。因为没有“创造者”的认许和他对于人类社会的安置，人人权利〔1〕既然平等，而且仅在其良心的判断中对其行为负其责任，这就是说仅在“创造者”的裁判下负担责任，那么人类便没有为其同辈或其后世制定法律的权力了。因此社会秩序并不是根据让·雅克·卢梭〔2〕(Jean Jacques Rousseau)之以理想假定的社会契约〔3〕(social compact)，否认人类为上帝所创造的；也不靠着由多数而产生的强力以施行其命令。因为，如果法律的起源是始于社会契约，那么一种类似的社会契约便足以将法律撤销了；又如果是根据多数而生的强力，那么不服从其命令的过失便要完全因为它的向外宣示而消失了。

假定有两个遭破船之难的人，漂流到一个孤岛上，远隔一切

---

〔1〕民国版为“权力”，英文版为“Since all man are equal in right”。——点校者注

〔2〕民国版为“哲约克卢梭”，英文版为“Jean Jacques Rousseau”，后文均改为“让·雅克·卢梭”。让·雅克·卢梭（Jean Jacques Rousseau，1712~1778)，法国启蒙思想家、文学家，是18世纪法国大革命的思想先驱，启蒙运动最卓越的代表人物之一。主要著作有《论人类不平等的起源和基础》、《社会契约论》等。——点校者注

〔3〕民国版为“民约论”（Social Contract)，英文版为“social compact”。后文“民约”均改为“社会契约”。——点校者注

人类社会，且与一切预防和处罚犯罪的机关相远离。其中一人无故将另一人杀死，这种行为，是否因其将永不会被发现，还是因为通常之司法权永远不能达到此地，抑或是因为社会契约不能够在这样遥远的区域内发生效力而认为不是犯罪呢？依照我们的良心和我们的常识看来，这种犯罪和在文化领域中的普通杀人犯是没有什么分别的。

但是我们所打算找寻其起源及其历史的这种法律到底是什么呢？在讨论法律发达史中，我们的确需要对于我们所要讨论的预先有一些明晰的观念，以及有一些关于其范围及意义的知识。

其实可以说，一般从事著作法律概论的人们对于人为法的定义、起源及其认许有很多的争论，几乎都存在着令人绝望的紊乱。在每页里好像有一种庸俗的见解，就是对于“创造者”的存在，上帝之博爱（The Fatherhood of God）与人类的友爱（The Brotherhood of Man）和对于唯一使法律明了〔1〕的条件等的承认，以及对于假定在人类未开化时已有的社会契约论，反覆的有不变而令人厌倦及无意义的见解。但所谓社会契约，在历史上、理由上或在常识上都没有程度最低的〔2〕证明。至于社会强权说根本是基于野蛮权力，那更不能有何种证明。但是有一件事是现在一般法学著作家所赞同的，就是对布莱克斯通〔3〕（Blackstone）著

〔1〕民国版为“明瞭”，英文版为“intelligible”，后文均改为“明了”。——点校者注

〔2〕民国版为“些少证明”，英文版为“remotest justification”。——点校者注

〔3〕民国版为“布拉克斯同”，英文版为“Blackstone”，后文均改为“布莱克斯通”。威廉·布莱克斯通（William Blackstone，1723～1780年），是英国法学家、法官，其主要著作《英国法释义》（1765～1769年）系统地阐述了英国法。——点校者注

名之国内法定义的否认，即认为是不完全的而且不可采用的。这位英国法的注释大家说：法律是“由国家最高权力者所制定之行为的一种规则，命令其适当（Right）者而禁止其邪恶（Wrong）者”。一般反对者认为这个定义的后部是错误而且多余，前部是不确定和不适当。此外在各方面也都不大真实。这种见解是很对的。例如，我们知道风俗习惯构成法律，然而风俗习惯却不是出于国家最高权力者的制定。我们试谈谈个人经验中最普通的实例，如我们很常见到的国内街道上的交通指挥——“遵照法律，靠右边走”通常没有法律是这样规定的，只不过是习惯法而已。这是为着便利起见始设置这种惯例，而不是由国家任何假定的最高权力者所规定的。

再者：“命令其‘适当’（Right）者，而禁止其‘邪恶’（Wrong）者。”——在这里这种说法是什么意思呢？是否有过法律条款是与此相反的呢？是否有过法律规定禁止其适当者而命令其邪恶者呢？一般研究英国史或罗马帝国史的人很容易对这个问题作正面的答复。还有，可曾有过准许以身体奉祭火神[1]（Moloch）的风俗和赞成暗杀的习惯吗？此外关于“适当”及“邪恶”的基本原理，和税法之征收银行支票税以及征收海关进口税的规定，其间有何种关系呢？至于法律规定不动产之过户必需登记，这是符合哪种“适当”的原理呢？其实在这种种情形下，“适当”与风俗间以及“适当”与法令间都有关系，但是这都不是布莱克斯通所推定的关系。

同时，我们又有一个问题——什么是国家最高权力者而又具

---

〔1〕 英文版为“Moloch”，译为“摩洛克”，是圣经中的古代火神（它以人为祭品），现代人更多地将之翻译为“炎魔”。——点校者注

有立法的优先权（the prerogative of making law）？如果仅参考英国布莱克斯通对于这个问题的试答，那么这个答案是很难使人满意的。他说是由国王、大臣及平民所组成的国会。但是他这部著作的整个意旨，据一般批评他的人，如边沁[1]（Bentham）及其他等人早已指出，其最有权势者仅为国王一人而已。因为布莱克斯通是一个宣传国王有至高权力独立统治其人民的人——这种被人轻视的主义，在今日只需略提一下便要被人立即加以斥责。但是这不仅是学说而且是事实，英国政府在金雀花王朝[2]（Plantagenet）、都铎王朝[3]（Tudor）和斯图亚特王朝[4]（Stuart）执政时，直到近代，都是这样的。大约在250年前，奥利弗·克伦威尔[5]（Oliver Cromwell）带着他伪善狂热而且残忍的群众，在内

---

〔1〕杰里米·边沁（Jeremy Bentham，1748～1832），英国法学家，是功利主义哲学的创立者，也是英国法律改革运动的先驱和领袖。——点校者注

〔2〕民国版为“不兰他日内”（Plantagenet），在下文中，译者或将其译为“不兰他日奈”，后文均译为“金雀花王朝”。金雀花王朝（1154～1458），英格兰中世纪最强大的王朝。——点校者注

〔3〕民国版为“都铎尔”（Tudor），后文均译为“都铎王朝”。都铎王朝（1485～1603），处于英国从封建主义向资本主义过渡时期，被认为是英国历史上君主专制的黄金时期。——点校者注

〔4〕民国版为“斯丢阿特”（Stuart），后文均译为“斯图亚特王朝”。斯图亚特王朝（1603～1714），英国王朝之一。——点校者注

〔5〕民国版为“俄理佛克伦威尔”，后文均译为“奥利弗·克伦威尔”。奥利弗·克伦威尔（Oliver Cromwell，1599～1658），是英国资产阶级革命时期的政治家、军事家和宗教领袖。在17世纪英国资产阶级革命中，他是资产阶级新贵族集团的代表人物。——点校者注

兹比[1]（Naseby）和马斯顿[2]（Marston）原野的血战中，才把这个学说永远地毁掉了。

布莱克斯通的定义及其含意虽然都被一致地而且最公正地予以否认，但是现代一般从事法学原理的著作家，在企图说明什么是国内法（municipal law）及国内法的范围与国内法的认许时，也都茫然不知所措。此处所谓法律的认许，就是说对于遵守法律之必要的根据和理由。法国的政论家及一部分的德国著作家，在这方面，跟着英美各作者以为是受着无神论的影响，否认上帝为法律的创造者，而在一种假定的契约中去找寻法律的起源，这种契约是由社会中各份子[3]所订立用以[4]指导其相互间的适当行为，这就是他们所称的社会契约（Social Compact）。前面已提及，著名的卢梭，就是这个名词的创作者，通常称他是这个学说的最初建议者。其实这个学说比卢梭更早就有了，其起源可在柏拉图[5]（Plato）和柏拉图以前的著作家的著述中找到[6]。但是，在何处或由何人开始，从来就没有确定的根据。使采用这个学说

---

〔1〕民国版为“纳斯俾”。内兹比战役（The Battle of Naseby，1645），是英国资产阶级革命全面爆发前发生的一场战役。——点校者注

〔2〕民国版为“马斯敦”。马斯顿荒原战役（The Battle of Marston，1644），是英国内战的转折点，它扭转了国会军连连失利的局面。克伦威尔的部队因此战役以“铁骑军”闻名全国。克伦威尔也借此战成名，并且由此攫取了英国的最高权力。——点校者注

〔3〕英文版为“the members of society”，意为“社会各成员”。——点校者注

〔4〕民国版为“用为”。——点校者注

〔5〕柏拉图（Plato，约公元前 427 年 ~ 约公元前 347 年），古希腊哲学家。——点校者注

〔6〕民国版为“其起源可在柏拉图和柏拉图以前的著作家中找到”。——点校者注

之被认为正当之社会的情形并不存在，即使在逻辑上也不能推定其为存在。但是颇能在一部分美国著作家中获得同情。因为他们恐怕会发现[1]宗教和政治即教会和国家的共同起源是由上帝给予人类的。（但在实际的运用中，我们对于政府的组织目的是在于尽量地[2]使其分离。）因此，他们就不得不回到西奈[3]（Sinai）或伊甸园[4]（Eden）去找寻我们国内法与宗教法（religious law）的渊源[5]了。在这里，要顺便说的是，在美国教会和国家应该分离这种事实并非准确，而且永远不会准确，因为宗教和政治是不能完全彼此分离的。

一般美国的著作家大都以为国内法是人民意志的表示，这个意思在事实上就是说多数者的意志，而这又是来自多数者的统治权这个学说的。但是，对于这种主张，我们并不需要十分彻底[6]的研究，便能够表明：这个假定的整个问题，不过是一种无知的自白而已。至于[7]在英美制度中，只以多数者来行使统治权并因而来制定法律，这在相当范围内必需予以承认。即便多

---

〔1〕 民国版为"发见"，后文均改为"发现"。——点校者注

〔2〕 民国版为"仅量的"，英文版为"as far as possible"。——点校者注

〔3〕 西奈半岛（Sinai Pen），指埃及苏伊士运河以东的亚洲部分国土，该地区在史前已有人居住，是著名的以色列人出埃及的必经之地。——点校者注

〔4〕 伊甸园（Eden），基督教的经典《圣经》记载的人类祖先亚当和夏娃最初居住的乐园，后用指人间天堂。——点校者注

〔5〕 民国版为"因此他们就不得不回想到以西奈或伊甸为国内法与宗教法的原始了"。——点校者注

〔6〕 民国版为"澈底"。后文均改为"彻底"。——点校者注

〔7〕 民国版为"至关于"。——点校者注

数人民同意，甚至全体人民的一致同意（如果可能的话）[1]，这都不是法律的起源。

若要解释这个问题——在这里，或者最好用实例来诠释——我们假定那里有一处很腐败的区域，他们否认暗杀、抢劫、纵火或强奸等为犯罪而并不予处罚，试问这种否认能否使这些行为减少其犯罪性？如果多数人民或经他们正式授权[2]的立法机关，破坏良心上种种不可让与的权利，并禁止一般人对其所深信之宗教自由权的平和享有，试问这种禁止会不会仅仅因为是出于人民的制定而认为公正呢？如果多数的人民或经其正式授权的立法机关把私人的财产任意移转于他人，这种移转如何才能够和我们的公正意识相符呢？但是你将要说那些人民，或是他们的多数是不会做这种不公正的事的。为什么不会呢？有没有人民或国家（多数或少数）已经做过那样不公正的事情呢？历史上难道没有充满着这种不公正的事情吗？我们目前在我们本国中自不会故意地[3]干着或认许这种坏事的，这是我们很可以相信的。但是如果其他国家或其他时代曾干过这种坏事，或者尚在干着这种坏事，那么对于所牵连的原则有什么关系呢？

国内法之直接起源是在于人民的意志中，那是十分确实的。而这任何形式之多数者的统治（并不一定是数目上的多数），又是对社会一般所为之控制以及对国内法之制定的唯一实际的统治。虽然确实无误的理论在一切法律中是必需的，但是对多数者或对国家都没有一种确实无误的担保。当然人们所命令的本身不

---

〔1〕 民国版为“但是多数的人民，甚至于在可能时之全体人民的一致，不是法律的起源”。——点校者注

〔2〕 民国版为“相当承认”，英文版为“duly authorized”。——点校者注

〔3〕 民国版为“故意的”。——点校者注

一定都是“正当”，而所禁止的也不一定都是“邪恶”。对于这个反面的情形，我们已很明了了。然而一切国内法之目的却在于实行“正当”行为，并禁止“邪恶”行为。不过起初，“正当”及“邪恶”和一切国内法是没有关联的，而且超越其上。国内法不能使真正之“邪恶”成为“正当”，也不能使真正之“正当”成为“邪恶”。虽然为着促进一般人的幸福起见，在没有禁令加以禁止时也可以认为是应该禁止而予以禁止的。

圣保罗〔1〕(St. Paul) 曾谈到一切公正政府和公正国内法的基本原则，他说：“除上帝外，别无权力。”（罗马人书第13章第1节。）若参照我们的共和制度（Republican institutions)，以及列国设立此制的权力时，我们说一切权力出自人民而属于人民。我们并不是破坏而是注重这位伟大使徒的主张，因为照整个的句子讲，就是一切权力来自上帝而属于人民。这也不过同上述的一样，以为一切法律之基本原则，不但神法就是人为法也都源自神明，并且是出自万能上帝的命令。上帝又命令人们根据各种不同的环境从事组织社会，使基本的原则发生效用。的确，我们可以完全适当地说，一切实体法都是神法，一切公正的人为法，则不过是一种规则而已。

我们试参考几个特殊的实例作为这个问题的解释。拿杀人罪来说罢。一切人为法都禁止这种作为，而且一切人为法都多少热烈地找寻轻重不等的刑罚加以科处。但是，是什么使杀人的行为成为一种犯罪呢？当然并不是因为法律明定处罚此种行为而认为犯罪。因为杀人行为是一种违背自然法的犯罪。法律仅承认其事

〔1〕圣保罗（St. Paul，公元前5年~公元67年)，早期基督教传教士之一，第一代基督徒的领导者之一，被称为“外邦人的使徒”。——点校者注

实，至刑罚的规定则让诸社会本身，即由人民自己来规定。因此我们所见到的刑罚并不相同，有时是死刑，有时是无期徒刑，有时为有期徒刑，有时为流刑，有时则为他种的刑罚。我们再拿民事的案件来说罢。财产所有权是一种自然的权利，是由自然法所赋予[1]的，那就是说由上帝所赋予的。它并非由人为法所造成，也不在人为法的禁止或毁坏之范围以内。但是，人为法必须适当地加以规定，且为社会之安宁及良善秩序计，尤必须加以规定。所以，一切人为法都仅仅是在一切人为法以前之原始的基本的以及神赋的权利之一种规则。

我们这里并不是宗教教义或神学上的讨论。随我们怎样观察，随我们怎样分析，随我们怎样努力避免，我们都不得不重新再回到宇宙是上帝创造的这个理论上去，而且我们又不能把上帝从他所创造的宇宙中区分出来，至少也就应该承认他是人类各种事业的创始者，是一切创造之王。我们固然可以故意对着光闭起眼睛，但是结果就是我们要自己做起最悖理的事情来。我们对于人为法之不顾及神法实在找不出有什么制裁（sanction）和辩明（justification）。当然这里我并没有谈到那些教义争执的问题，只不过说到那些为世上一切正常人们所采纳的道德法则的命令——换句话说，就是说到有时和神启法[2]（Law of Revelation）有些区别的自然法。

有些著作家认为自然法为国内法之基础的这个主张是一种不安稳的标准。因为他们说自然法是空泛的，而且在不同的国家、种族及人民就有了各种不同的解释。但是这种异议的本身就很勉强，而且事实上也不真确（indefinite）。我们知道人类不论在什么

---

〔1〕 民国版为“与”，后文均改为“予”。——点校者注

〔2〕 民国版为“默示法”，后文均改为“神启法”。*Revelation* 即为圣经中《启示录》。——点校者注

地方，对于杀人、纵火、抢劫、偷窃、强奸等犯罪都没有歧异的见解。对于私有财产权不论在什么地方也都没有什么争论。不过在若干细微之处常常有了不同的意见，而在根本原则上也常有松弛的行动。但是因为犯罪者破坏了自然法的诫令（precept），所以自然法还是一样的详细和确实。自然法已被各法院明确认定为在一切法律和法令之上。只有在自然法中，我们才能看到所谓人之不可让与之权利的依据。这么说是因为它们在一切人为法之上（See Ex parte Virginia 100 U. S. 368.）——（这是）〔1〕菲尔德法官〔2〕（Justice Field）的意见。

一切法律，不论是神法或人为法、民事法或宗教法、国内法或教会法（Ecclesiastical law），都由同一源头而来。当然它们是各别涉及人类各方面的行为。它们再也不能混合起来或者由同一执权者加以行使。自然法这个名词，依照我们已知的解释，就是在创物者（the Creator）命令人类生存在地球上的时候，同时赋予人类的原始法（the original law）。后来，像创世纪里说的河流一样，从伊甸园里流出来滋润着洪水以前的地球，法律逐渐分为四大派：道德法、教会法、国内法和国际法。四者之中，只有后述二者通常算是在我们所认为的法理学范围之内。但是自然法仍为它们共同的起源。

“自然法”这个名词，常被误认为是指简陋而野蛮之生活的行为和习惯，例如，被认为是“在一种自然的状态中”。这显然对于这个名词是误会了。野蛮人并不是生活在一种自然的境况中，只不过是在一种犯罪的退化情况中而已。这和上帝对于人类所希望的境况全不相同。真正的自然法是创造人类本性的神法，

〔1〕　民国版无“这是”，此处为点校者的补充。——点校者注

〔2〕　民国版为“飞尔德”。——点校者注

而不是将犯罪、堕落和不法等情态强加在那些企图避开文明影响之人们身上的一种滥用。

从这个自然法或可称之为神法的里面产生了人类一切的权利和义务。严格地说来，人为法并不能产生权利，也不能创造义务。它的功用仅能规定权利和义务。创物者所给予人类意志的自由是一切人类绝对权利的唯一来源，它所规定的法律同时就是人类一切义务的来源。除此之外，还有第二权利（Secondary rights）和第二义务（Secondary duties），它们则可认为是人为法的作品。但是即使这些，也是从神命（divine ordination）发生的，而对于要尊重其同僚之同等权利的义务之规定，也由神命而产生。因此我们必须承认一切人为法不过是神法即自然法的补充而已。人为法唯一的目的在于使神法发生效力，担保人们去行使权利，要求人们去履行义务。所以保护权利的行使以及强制义务的履行就是人为法的目的。在这个范围以内实为自有人类历史以来各时代中一切立法家之努力的中心。没有一种人为法的制度曾被认为创设过一种权利，但却常常被认为限制（restrict）人类的自然权利。此外，除了在次要的意义上强制推行一种已存的义务或者假定为已存的义务以外，也没有一种人为法的制度被认为曾创设过一种义务。

自然法之为一切人为法的起源曾被各著作家认为：若以它为构成我们所可指或已经称为的国内法之上层建筑物（superstructure）的一种满意的基础，那太不确定和太不可靠了。这是因为他们误会了它的真正的意义，而将其认为是卢梭及其门徒所采用的意义。当然，生活在堕落和卑污状态中之先民的鄙陋风俗，并非自然法的真正标准。我们又可在教养院[1]（penitentiary）中见

〔1〕 民国版为“改过局所”，英文版为“penitentiary”。改过局所是晚清狱制改良的产物，类似于西方的教养院。——点校者注

到模范的爱国者，同样我们也可在无法律的野蛮人中见到法学原理（the elements of law）。自然法是由文化中所产生的法律。上面所提到的各著作家如果以为自然法是一种已废的陈腐的东西而且为曾经存在过而久已消灭了的一种可能或不可能的特殊社会景况，则这种假定，实属错误。因为这种误解便发生了种种困难。自然法在人类社会最初建设在地球上时，其数量和今日的法律同样的繁多。是与非（right and wrong）的法律并未变更，这是因为它们不能变更的缘故。我们也许可以看到它的一些细目上的区别，但是对于基本原则，凡属正常的人们都不会具有不同的意见。若干实例曾经论及，我们不妨再予重提。杀人、抢劫、偷窃、强奸、纵火、伪誓，不论人为法有否予以处罚，一般明达的人们都认为是极端不法的。没有一个明达的人会以为它们的不法性是出于人为法禁止的结果。它们之所以为不法是因受自然法的禁止——这就是说，神权以命令使人类构成社会，而仅赋予社会以制定现行刑罚的权力。以上所述关于违反神命的重大犯罪，有些事件对于以何者为神法的终止点且为人为法的开始点很难决定，这在轻微的犯罪中，情形亦复相同。

关于国内法的讨论曾使我们采用一种分类，就是分为实体法（substantive law）和程序法〔1〕（adjective law）。前者是法律训诫（Precepts of the Law）的主要部分，后者是使这些训诫发生效力的方法——或者换句话说，就是法律的执行。这种分类，虽然有些不确定的意义，但在自然法及人为法中颇能适用。自然法是神的训诫（Divine precepts）的主要集合，内容为关于人之权利义务的规定，人为法则为社会用以实行此种权利义务的方法。

但是我们在哪里找到这种自然法呢？我可以毫不迟疑地答覆

〔1〕 民国版为“手续法”。——点校者注

是在神启法（Law of Revelation）中，即在人们心里的自然规律中，在雅利安[1]（Aryan）文化的基本原则中。对于是与非的原则在我们天性中是固有的。而神启法显然地是将这些原则变成为一种积极的命令，不过是承认自然法而重新加以制定罢了。

举例来讲："不可杀人"是自然法的一个训诫，同时又是神启法中十诫的一条。在世界现存或曾经存在之各国的国内法典或道德法典中都有这种规定。这个训诫的施行方式在全世界是一致的，虽然常常适用死刑，但因各处地方制度的不同仍有差异。

这种自然法或道德法的伟大训诫都由各个民族用一种方式表现出来，而且用一种方法企图使其实施，其内容随各处地方制度（great municipal systems）而有不同。有些国家对于施行很为宽松，有些国家却加上了一些不重要的限制，但是各国的努力在实质上大都相同。现特就它们的方法分别加以考察。

---

〔1〕 民国版为"阿利安"，后文均改为"雅利安"。——点校者注

第二章　摩西法

世界上第一部对我们有重要性的国内法法典，并且是第一部具有成文体裁的自然法法典，虽然在时间的先后顺序上并不占居第一，但是总使我们考虑到所谓的摩西法（Mosaic law）。

在公元15世纪以前（其准确的时期我们还未能确定）发生了一种变动，那是在基督教传播以前，而在历史纪录中最伟大最重要的变动，这就是以色列人的逃出埃及。我们从《圣经》和学校各种教科书内的叙述便可知道这种事实。简略地说，就是：在埃及居住有215年之以色列人的后裔，在居住的后期中曾处在奴隶的地位，突然地结队迁出该国，数目大约有三十万人，并不像普通的传说有三百万人那样多。他们来到佩特拉阿拉伯〔1〕（Arabia Petraea）沙漠中，偶然地打败了驻在红海（Red Sea）岸边的埃及军队，当时在地中海（Mediterranean Sea）沿岸四周都感到一种骚动（Movement）。这次骚动的首领就是摩西。他是一个具有特殊才能的人，精通当时各种学术——这个人曾一度和埃及皇位有过密切的关系，且曾一度俨然被认为是埃及帝国皇位的承继人。后来因为扰乱尼罗河沿岸而被充军到阿拉伯〔2〕。当他逗留

〔1〕民国版为“阿俾阿·培特利阿”，后文均改为“佩特拉阿拉伯”（Arabia Petraea）。其为罗马帝国的一个边界行省，它创建于2世纪，其范围约是今中东的约旦全境、叙利亚南部、西奈半岛和今天的沙特阿拉伯的西北部，其首都为佩特拉。——点校者注

〔2〕民国版为“阿剌伯”，后文均改为“阿拉伯”。——点校者注

在该地的几年中，他有很多的机会从事研究由埃及祭司那里学到的哲学，并且又熟悉他本国国民的历史和传说，同时他又通晓法律、文学以及迦勒底[1]（Chaldaea）的古代历史。关于圣经上道德方面之一切神圣灵感的研究，因与本书目前目的无关，故不置论。惟每个对于《圣经》的聪明读者都会承认圣经五篇中之前四篇的作者是摩西。同时他又是《出埃及记》中所记载之革命大运动的首领，所以他必需是一个具有特殊才智的人，而且值得被称为他的人民的立法者并被称为各时代最伟大的立法家。

所谓摩西立法[2]（Mosaic legislation），是在其命令以色列人于未在应许地[3]（Promised Land）获得比较安定的情况以前，而在佩特拉阿拉伯荒野中度其游牧生活的40年中所颁行的。据一般人的见解都以为这个伟大立法家曾亲自编写《出埃及记》（Exodus）、《利未记》（Leviticus）和《民数记》（Numbers）[4]等三

---

〔1〕 民国版为“加尔底亚”，后文均改为“迦勒底”。迦勒底王国（Chaldaea），又称为新巴比伦王国，是古代处于美索不达米亚南部的奴隶制国家。系由居住在两河流域南部的迦勒底人首领那波帕拉萨于公元前626年所建，公元前539年为波斯帝国所灭。——点校者注

〔2〕 民国版为“摩西法制”，后文均改为“摩西立法”。——点校者注

〔3〕 “应许之地”即“迦南”（Canaan）。据《旧约·创世纪》记载，以色列人祖先亚伯拉罕由于虔敬上帝，上帝与之立约，其后裔将拥有“流奶与蜜之地”——迦南（指的是约旦河以西地区，包括加利利海以南和死海以北地区）。摩西带领以色列人出埃及，在旷野漂流40年。摩西死后，约书亚带领以色列人大约于公元前1405年~公元前1350年进入应许之地——迦南，成立后来的以色列王国。但之后以色列人背弃了神，所以神便让以色列人散居世界各地。——点校者注

〔4〕 摩西五经（*Pentateuch*），又被称为“摩西五书”，是希伯来圣经最初的五部经典，即《创世记》、《出埃及记》、《利未记》、《民数记》、《申命记》。——点校者注

部书。至于《申命记》（Deuteronomy）的内容精彩而且进步，则被认为是一部比较后来的作品。

摩西法据其作者说是以万能之上帝的命令为根据的。“Thus saith the Lord God”这句话常为书中所习用（introduce）。作者首先所举的十诫（Ten Commandments），据说是上帝自己在西奈[1]山雷声震动中赐给他们的。这个十诫就是最初和基本的法律条文，其余一切的摩西立法不过都是在于使这些基本的法律发生效力罢了。十诫构成了我们所谓的神启法（Law of Revelation），并为自然法的具体形式和表现。因此我们可以说，在自然法和神启法间并没有实质的差别。当我们被问及前者为何时，我们就可以指到后者。十诫是我们人人所熟知的，且为每个基督教青年所诵读而认为是基督教最初的训诫。每个基督教青年也都受到关于十诫是怎样从上帝传给摩西等情形的传授。十诫是摩西法的实质与主要部分，而且也是摩西法的绪端与终局。当他在西奈半岛山谷中的以色列人中公布时起，它的效力到了今日依然存在。因为它们是自然法，所以自世界开始时便有拘束的效力。它们既然含有永久真理而为保存人类社会主要的因素，自应继续具有拘束效力直到世界末日为止。

我们有时倾向于认为十诫绝然是一种宗教的训言，仅是一种道德法的表现，而仅仅拘束着我们的良心。这是一个极大的错误。这是一般昧于上帝在俗务上的地位的人们常有的错误，或者也是一般思想较纯粹，意念较优良的人们免不了的错误。他们念念不忘的是要将宗教和政治经济，即把精神的和世俗的行政方面极力分离。我们最应体会到的就是在我们政府组织中对于这两件事不应弄到混乱不清，并且对于人类的良心应该使其像创世主

---

[1] 民国版为“西乃”，后文均改为“西奈”。——点校者注

(the Creator) 所遗下和所希冀的一样自由。然而我们依据逻辑上的理由则使我们不得不主张它们是绝对不可分离。因为人为法和宗教法具有同一源始，而且又是同以十诫为根据的，并且二者的目的又都在于使十诫发生效力。其实，十诫中只有两条是纯然属于精神或宗教的性质，那就是说，完全涉及人和神的直接关系。另一条在俗务上和宗教上则同样重要。其余各条可以说是几乎全为关于人类社会的组织——这就是说全然涉及世俗的事务。从我们现在研究的观点看来，我们可以说是只在次要的意义上，它们才具有一种宗教的意义。我们姑且回想一下，我们便要觉得十诫虽然有时被认为是道德法则，而仅能拘束我们的良心方面，然而却是我们所谓一切国内法的基础。

我们姑且不考虑到十诫前几条的意思是教我们知道上帝即宇宙之创造者及统治者的一神主义 (doctrine of the Unity of God)，并禁止人们崇拜偶像，即使这些比我们所想的更深入于世俗的立法实体中。我们见到关于安息和宗教礼拜的周期日已经由国内法加以施行，就是通常的国家也采取了十诫的精神，设定安息和宗教礼拜的日子以供一般操劳过度的人们觅取休息和寻求享乐之用。关于这点，我们最好回想到一件事，就是在 1793 年法国的革命者盲从而狂热地攻击当时一切的社会风俗，企图废除安息日 (Sabbath) 制度。然而因受着神命的基本主义和人类每 10 日指定 1 日为休息日的需要所迫，这个计划最终不能实现。人们都起来反对，于是一星期的第 7 日不久便就回复到它的伟大的目标了。

十诫中有三条建立了国内法中一切关于家属关系方面的规定。有一条是表明人类生活的神圣主义——人为法对于杀人[1]

[1] 民国版为“故杀”，英文版为“homicide”。“故杀”是唐律“六杀”之一，意为事先无预谋，但情急杀人时已有杀人意念；“homicide”意

事件并无何种增加，仅补充了对于犯罪的刑罚而已。其余二条为关于私有财产法的规定。至于诉讼程序法则根据一句格言——“不可作假证陷害邻人”。

这种道德法或者仅仅被认为是对于良心的拘束。但是一切人为法必须肇始于道德法，而仅能重新宣示其主义，并且为着社会良好秩序的需要起见而建立其表面的构造。

以色列的立法家以具有道德法的十诫为基础，构成了一种完美而且包罗丰富的法制。除了创立一种详细规定的宗教仪式和一种简单而包罗丰富的僧侣组织（sacerdotal organization）——对于我们这里是没有什么关系的——之外，摩西对家属关系的解释并关于财产法以及关于诉讼程序之法律的制定和我们近代法学上所看到的方式没有多大区别。其实关于家属关系的规定和我们现在所有的十分相似。但是我们所要注重的是它们一些不同的地方，而不是它们相似之点。

离婚，在基督教制度下受严厉的禁止历经一千多年。然而仍为我们人类组织中的社会特征而为基督教最坚持反对的，但在摩西法中则被许为自由的，可以说是太自由了。关于这点，摩西法虽然企图予妻方以较大的保护，但比埃及或巴比伦法却没有多大的进步。离婚的自由是古代一切法制的一个特征，据说在古罗马以前有五百多年是完全不知道这种事的。然而各地都没有像以色列那样流行，这是因为摩西法中为着妻方利益起见而有较自由规定的结果。

为杀人，指一人导致或促使他人死亡的一般用语。该词是中性词，只描述客观行为，而对其道德或法律性质并没有作出判断。——点校者注

多夫多妻制（Polygamy）在以色列人中并非不知。不过摩西法学奇怪得很，对于此点毫无提及。但是在相当范围中是占有势力的，并且不受法律的禁止，因为我们从犹太和以色列各朝帝王历史中都常见到。

离婚的许可和多夫多妻制的容纳都是摩西法失当的地方，颇受救世主耶稣基督最苛刻的批评。耶稣很坦白地告诉当时的犹太人以为这些事情是因为他们和他们祖宗的心肠坚硬所以予以许可，因此他就认为夫妻关系必须以一夫一妻（Monogamy）为限，并且认为婚姻关系是永远不可解除的。一般欧洲人即西雅利安人〔1〕（Western Aryan）之最令人称颂者即那些希腊、罗马、德国以及凯尔特〔2〕（Celtic）民族，虽然不能常常严守他们的一夫一妻的主义，以及不能多少遵守〔3〕关于常能获得之婚姻结合之不可解销的主张，这和闪族〔4〕（Semitic nation）、含族〔5〕（Hamitic nation）以及东雅利安人（Eastern Aryan）的主义和实行是极端相反的。至于东雅利安人之所以有此不正习惯，也许是因为与闪族密切接触的结果。

对于这一件事，有一个特殊的地方，就是虽则基督教的顽固性有二千年左右的历史，而全世界各国也都变为基督教徒，但是对婚姻关系之不可解销的这种基督教的主要教义却予摒弃，而导

〔1〕民国版为“西阿利安人”。——点校者注

〔2〕民国版为“克勒特”。后文均改为“凯尔特”。——点校者注

〔3〕民国版为“尊守”。后文均改为“遵守”。——点校者注

〔4〕闪族，又称“闪米特人”，是起源于阿拉伯半岛的游牧民族，相传为诺亚长子闪的后裔。阿拉伯人、犹太人都是闪米特人。——点校者注

〔5〕含族，又称“含米特人”，是非洲北部和东北部一个部落集团，相传为诺亚次子含的后裔。其中包括柏柏尔人、图阿雷格人和一些古埃及人及他们的后裔。——点校者注

入了关于离婚的异教学说。它们更超出乎摩西法所允许的自由范围，还加添上许多为希伯来立法者所不知的离婚理由。我们最好有时能够审察到这种关于家属关系的放任行为是否为威胁现在人类制度安定性之无政府（anarchism）精神的根本原因。

奴隶制度也存在于以色列人中间，并且也为摩西法中所承认和规定，因此它的可怖性便就大大地减少了。对于奴隶的虐待用严厉的刑罚加以禁止。如果是一个以色列人，那么，奴隶的使用不能延长过 7 年。因为摩西曾下令称每逢 7 年为安息年，以色列族人通常是因为犯罪和负债时才沦为奴隶的，这个时候必需解放。

上述各节都是摩西所规定之家属关系的法律。

摩西所制定的继承法虽然十分简单，然却十分完备。不动产应由各儿子均分，长子则获有双份；没有儿子时便均分给女儿；如儿女都没有时便由其兄弟平均分配；然后轮到其叔伯；最后才轮到其他的亲属。至于这些其他的亲属之如何确定，并没有说明。但是据我们所知道的，以色列人对于此点并未发生过何种纠纷，所以我们可以推定他们对于亲等是有很明了和完善的规定的。有一个条文和他们著名的部落组织极有关系，这就是继承权常为同部落中的人所享有。因此拥有财产权的妇女就不得出嫁于部落以外。至于男子的自由则不受与此相同的限制，因为这种限制并非必要。

最令人注意的就是以色列人的部落组织是一种特殊的制度。这个组织并非摩西所创始，它的起源是始自该民族的祖先雅各族长（Patriarch Jacob）的 12 个儿子[1]。可是摩西在其法律中却承

---

〔1〕 以色列 12 支派是由以色列第 3 代始祖雅各的 12 个儿子发展起来，按出生顺序排列分别为流便、西缅、利未、犹大、但、拿弗他利、迦得、

认了这种组织，并显然地企图使其永远保存。他所要创设的好像是具有一种真正共和性之地方自治计划的基础，同时又为其国家设定一种宗教以为统一的团结方法，并树立一种中央权力。摩西立法是彻底的共和政体，其部落组织就是这种制度的柱石。12 个部落就是 12 个同盟的州联合成为一个联邦。最惹人注意的就是当人民无知地放弃他们共和的自由而嚣嚣然地（clamor）要求像邻国一样由一个国王来领导他们的时候，部落组织便很快地消灭了。因为对于国王来说，部落组织是没有用处的。

在以色列国存在的大部分时期中，以色列人不过是一种简单的农业民族，很少有从事被近代人所完全注意的商业。在他们的共和时期里有两个部落亚设（Asher）和但[1]（Dan），占有沿海地方，与推罗[2]（Tyre）和西顿[3]（Sidon）两大商埠相连接，

亚设、以萨迦、西布伦、约瑟、便雅悯。12 个支派组成以色列国，后分裂为南北两国。南国由便雅悯支派和犹大支派组成犹大国，都城仍在耶路撒冷；北国由其余 10 个支派组建而成新的以色列国，定都于撒玛利亚。在北国以色列灭亡之后，北方的 10 个支派被外邦人同化，因而失去了以色列人的身份。现今的犹太人一般是指南方犹大国的犹大支派、便雅悯支派和作为祭司的利未支派的后裔。——点校者注

〔1〕 详见前面注解对雅各的 12 个儿子的介绍。——点校者注

〔2〕 推罗（Tyre），古代腓尼基南部奴隶制城邦，即今黎巴嫩之苏尔，该城约建于公元前 2000 年初，位于地中海东岸，为腓尼基的良港和工商业中心，居民长期从事航海活动。——点校者注

〔3〕 西顿（Sidon），古代腓尼基北部奴隶制城邦，即今黎巴嫩的赛达，该城约建于公元前 2000 年初，位于地中海东岸，与推罗并称为腓尼基两大商港城邦。——点校者注

好像大部分是从事航海的。他们似乎与腓尼基[1](Phoenicia)人有了关系(《士师记》第五章第十七节),还有所罗门(Solomon)和他的若干后继者曾在红海航行,并和很远的他施[2](Tarshish)和俄斐[3](Ophir)等地方往来贸易(《列王纪(上)》第九章第二十六节至第二十八节)。不过这种贸易的活动是一种例外罢了。以色列人直到他们的国家灭亡的时候,还是农业人民。因为这个缘故,或者因为摩西认为从事贸易的结果是要以玛蒙[4](Mammon)来代替耶和华(Jehovah),所以摩西法中就没有多余的地方来作私有财产和关于契约等的规定。这也许更是因为在几个部落中它们自己已有了它们的规定。

然而在摩西法里的契约法有一个显著之点很受人们特殊的注意,这就是一切盘剥的绝对禁止。不过在这里并不是指超额的利息而是指禁止贷款于同胞的以色列人时收取任何利息而言。至于贷款于外人而收取利息则非所禁。关于违反这个法律时的处罚,不过是将其利息充公而已,然仍许其恢复本金。可是十分奇怪,

---

〔1〕民国版为“腓列基”,后文均改为“腓尼基”。腓尼基的范围大致相当于现今黎巴嫩的古国,与现在的叙利亚和以色列的一部分接壤。主要城市有西顿、推罗和贝汝特(今贝鲁特)。腓尼基人是古代地中海地区最著名的商人、贸易者和殖民者。该国曾陆续被亚述人、巴比伦人、波斯人和亚历山大大帝征服。公元前64年并入罗马的叙利亚行省。——点校者注

〔2〕他施,旧约中一古国名,在西班牙南部海岸,见《列王纪(上)》第十章第二十二节。——点校者注

〔3〕俄斐,旧约中一古国名,产金之地,见《列王纪(上)》第十章第十一节。——点校者注

〔4〕民国版为“财产”,英文版为“Mammon”。玛蒙是新约中将财富、贪欲和世俗追求人格化的一个恶魔凶神,酷爱人间的金银财宝。——点校者注

历来企图使一切重利盘剥的契约，完全归于无效，并将本利同时没收充公等的立法例虽然经过了200多年之久，然而现代立法的精神依然是趋向于重新建立摩西法之规定的。

在以色列人的刑法法典中，杀人、绑票、抢劫、强奸、渎神以及其他某种败德的背理行为，都被认为是罪重，处以死刑。侮辱及伤害罪则科以罚金或相当的报复，如以眼还眼，以牙还牙比比皆是。至于拦路抢劫和偷窃，则分别情形处以所损失财产价值的2倍、3倍或4倍的金钱赔偿。如果无力缴纳罚金或赔偿的话，那么犯罪者便要被卖为奴。此外对于其他犯罪法律特予法官以广大斟酌的自由，可以依照每件案情随时决定。死刑通常是用悬缢（hanging）或石击（stoning）的方法。

在摩西法典中有一项规定最值得我们钦仰的，就是它积极地而屡次地命令以色列人和外国人适用同一的法律。而且对于外国人，又主张应予善待。这或者并不包含上述之重利盘剥的事情在内。但是在以色列人方面可以说在它一切的史记中的确是没有违反这种命令的事情。在梭伦的雅典法典中也有相同的规定。在罗马强盛的时候，在某些范围内也曾企图实行这个同一的主义。但是在古今各种法制中，即如所谓英国的普通法内，对于异国人和异地人也常有不公的差别待遇。

摩西法还有一项著名的规定，就是关于重罪的案件必须有2个以上的证人出而作证才可定罪（《民数记》第三十五章第三十节）。这种规定后来竟扩充到重罪以外的案件（《申命记》第十九章第十五节）。这几乎和摩西法全不相同。它最能和英国在都铎朝代（Tudors）、斯图亚特朝代（Stuarts）和早期汉诺威朝代（Hanoverians）的制度相对照，即对犯罪尤其是国事犯（treason），如有1个证人作证便可定谳。但是证人大都是伪誓的恶汉，毫无被信任的价值——这种事情引起了美国联邦宪法对局部补救方法的实施，即规定国事犯至少须有 2 个证人对于同一明显的行为出而作证，或者在法院中公开承认才可判罪。在英美法中这种规定不过是摩西法之适当和公平的法则的复活而已。

据摩西的记载或以色列的年表中并没有提到什么机关（如果是有的话）可以供大立法家摩西为执行司法时使用。这似乎是在让各该部落临时自由确定。在每个城中好像都有由几位长老（the elders）所组成的地方法院（《民数记》第十一章第十六节）。但是这些长老如何选出，却没有说明。或者在以色列历史的后部，即在以色列人从巴比伦被掳回来以后，或是更在塞琉西王朝〔1〕(Seleucid dynasty）统治开始以后，那由 70 人构成的 Sanhedrim〔2〕的中央大会或高级法院才因为审理较重要的案件而设立这个法院，同时或者又是从事监督下级法院之判决的上诉法院。这种法院在基督和使徒（Apostle）在世的时候，以及和罗马竞争急剧的时期中，我们都听到许多，而且不久又继续增加着。但是在这个时期的以前却没有关于它的叙述或任何关于与此相类似之法院的记载。

不过在摩西和约书亚〔3〕(Joshua）之后，跟着便有一件很奇

---

〔1〕 民国版为“塞琉西朝”。塞琉西王朝（Seleucid）是马其顿人建立的希腊王国（公元前 312 年 ~ 公元前 64 年），由塞琉西一世创立。它是从亚历山大大帝的帝国分割出来的，领土范围覆盖从色雷斯到印度边境的广大地区，其中包括了巴比伦、叙利亚和安纳托利亚。公元前 64 年毁在罗马的庞培手中。——点校者注

〔2〕 Sanhedrim 是罗马帝国统治下巴勒斯坦地区犹太人的宗教立法机构，兼为法庭并司掌宗教仪式。一直从马加比家族（约公元前 165 年）延续到族长统治时期（公元 425 年）。据《塔木德》记载，大公会由 71 名贤者组成，他们定期在耶路撒冷圣殿举行会议。——点校者注

〔3〕 约书亚（Joshua，生卒年代不详），圣经中的人物，是继摩西之后以色列人的首领。他的主要事迹记载在《旧约全书》的《申命记》、《约书亚记》等章节中。——点校者注

怪的事情，就是当所谓以色列共和国的时候，有几位著名的人物崛起，其间，称为以色列士师（Judge）。他们的数目通常是12位，其实是15位，因为我们应该把参孙[1]（Samson）、以利[2]（Eli）和撒姆耳[3]（Samuel）3人加入其内。这帮著名人物起先把受外仇所扰乱和压迫的以色列人拯救出来，后来又从事审判人民。其任期据说有好几年，但实际上则为终身职。所谓《士师记》（Book of Judges），是《圣经》[4]（Sacred Compilation）的第7篇，曾极简略地从事于那些人们战绩的叙述。其特点就是他们都一律而绝对地被称为士师（即法官）。其中最后的一位是著名的撒姆耳，他曾主持过法院，或可称为巡回法院（Circuit Court）。因为他曾在该共和国内各处地方开庭审判（《撒姆耳记（上）》第七章第十五节至第十七节，第八章第二节）。还有令人注意的，就是他的

---

〔1〕参孙（Samson，生卒年代不详），《旧约全书·士师记》中的以色列第15位士师。参孙力大无比，曾杀死一头狮子和搬走迦萨城门。在他向一位非利士妇女大利拉（Delila）透露了头发是他的力量之源这一秘密后，大利拉趁他熟睡时剪掉他的头发，使他失去了力量。非利士人还弄瞎了他的眼睛，使他成为奴隶。但后来参孙重新获得了力量，他将寺庙内的立柱推倒，当时有3000名非利士人聚集在寺庙中，他们与参孙一同被砸死。——点校者注

〔2〕以利（Eli，生卒年代不详），以色列第14位士师，从小就训练撒母耳。——点校者注

〔3〕撒母耳（Samuel，生卒年代不详），以色列第16位士师。在撒母耳作为士师这段时间，以色列第一个君主政体成立了，以色列的各部族也都团结在一个单一王国之内，建都耶路撒冷。撒母耳得到启示拥护扫罗就任国王，但不久宣布一神谕拒绝扫罗，并秘密为大卫涂油，立其为王。——点校者注

〔4〕此处的《圣经》仅指《旧约全书》，《旧约全书》第七篇便是《士师记》。——点校者注

几个儿子曾在以色列国南部代替他的职位，在位时，败坏官纪、收受贿赂以致法律的执行受到影响。而这种贿赂和腐败因与亚们人[1]（Ammonite）的突然入寇有关，遂引起了设立国王的要求。这就是因为司法的腐败实在不利于共和制度之永久设立的缘故。

所谓以色列士师，最初或者就是军队上的领袖，或者我们将其称之为行政官员，即以色列共和国（the Commonwealth of Israel）的首领而由民众用口头表决方法所选定的。后来因为他们获得了很好的名誉遂成为人民的审判官。在上古的王国时代，很少或者没有像我们现在所有的立法，并且也没有立法的机关。国王的责任，在战时带领着国内的军队，在平时则充任人民的审判官。以色列人之共和领袖的任务也与此相同。因此用士师（即法官）的名称来称呼他，并无不当。

依上所述，摩西法乃为一种生活简单的人民，即从事农业和游牧的——一种小共和国的人民而由 12 个部落或州组成一个联邦而制定的。宗教和政事没有分离，因为在他们之间是不需要分离的。这部法典是对于自由民而制定，而且实际上也不过是一部普遍适用的普通法典。至于施行的方法，则让各部落自行决定。对于此点在《圣经》[2]（sacred writings）内，尤其是在著名的底波拉战诗（Battle Hymn of Deborah）即雅歌（Canticle）中可以看到。这位巾帼英雄[3]，在时间先后上虽然排列第 4，但在以色列

---

[1] 民国版为“安摩奈特人”。亚们人是居住于约旦河东边的闪族人，散见于《旧约全书》。——点校者注

[2] 此处的《圣经》仅指《旧约全书》。——点校者注

[3] 此处指底波拉（Deborah，生卒年代不详），古以色列第 4 位女士师和政治领袖。在《旧约·士师记》中记载了她的事迹：当时以色列人在她的鼓舞下团结一致，突然下的一场大雷雨让以色列人认为是上帝从西奈山降临，因而帮助他们打败了下文提到的夏琐（Hazor）的耶宾

各士师中其声誉之隆，实居首位。在那首诗里，曾涉及若干部落对于她参加反对而曾打败了夏琐（Hazor）的耶宾王（King Jabin）统治下的迦南北部联盟者的那次伟大而成功之战争意见不一致的情形。(《士师记》第五章）但是我们这里并不是要断定以色列人怎样行使由伟大立法家所遗给他们的法典。不过当那些人民违反法律的定则和蔑视法律的训诫时，他们便希望将法律在理论上视为他们民族所遗传下来的特有产物，而且在他们民族的独立衰微时，这种关系益密。

当摩西和约书亚建立自由的共和国以及他们的史记又为底波拉和撒姆耳的光荣所照耀时，于是就传让给扫罗（Saul）、大卫（David）和所罗门（Solomon）等国王，尤其是当王国分为犹太和以色列二小国时，摩西法虽未失掉强制施行力，但是许多活动的气力已经丧失了。在《列王纪（下)》（Second Book of Kings）第二十二章第八节里曾提到一件很有意义的事实，就是关于公元前640年～公元前608年间在位的约西亚王〔1〕（king Josiah)，他是一个罕有以美德见称的国王。根据圣书的抄写者说，大祭司希勒家〔2〕

王（King Jabin）率领的迦南人。前文所提到的《底波拉战诗》就是为庆祝此事而作。——点校者注

〔1〕 约西亚（king Josiah，约公元前640年～公元前609年），古代中东南犹太王国的第16任君主。他的父亲是亚们，也是犹太国历史上少有的明君。约公元前621年，约西亚开始一项复兴民族的计划。他将外国的崇拜仪式逐出，废除地方的圣所，将上帝的崇拜集中在耶路撒冷圣殿举行。——点校者注

〔2〕 希勒家（High Priest Hilkiah，生卒年代不详），约西亚王时期的大祭祀，他在耶路撒冷圣殿中发现了之前遗失的几卷律法书，并协助约西亚王恢复了在耶路撒冷圣殿举行拜神仪式的旧规。——点校者注

(High Priest Hilkiah) “在耶和华的殿里得了律法书”。当这位良善的国王听见这部书上的话时，便因为他的人民不能遵守法律而撕裂他的衣服。这个大意是说，这种发现是被认为有些特殊的，因为摩西法典在过去并不十分需要，并且在国王统治的时期中法律很少或者完全没有法律——不过这是我们从该国的年表中获得的事实。约西亚王是在撒姆耳之后五百年而距离摩西有一千年，在一个退化的时代中当然必须有许多关于法律的先知先觉和热心的信徒才能够使法律继续存在。

不过摩西法却保全了这个最无价值和淫荡 (profligate) 的王国。当以色列人从被掳到巴比伦而受着波斯君主居鲁士[1] (Cyrus) 释放回到祖国时，便在波斯帝国的宽大柔和宗主权 (suzerainty) 之下，重新建立共和政体的政府，摩西法遂为以斯拉[2] (Ezra) 所恢复使其依然有效，而且返归到原来的纯粹面目。以斯拉是一个祭司，大约在公元前 450 年波斯王阿尔塔薛西斯一世[3] (Artaxerxes Longimanus) 手下任过高级的官职，他曾受国王的遣派在他的人民中从事建设一个有秩序政府的任务。据《圣

〔1〕 民国版为“古列氏”，后文均改为“居鲁士”。居鲁士大帝 (Cyrus the great，公元前 590 年 ~ 公元前 529 年)，古代波斯帝国的缔造者。——点校者注

〔2〕 以斯拉 (Ezra，生卒年代不详)，犹太祭司后裔，是希伯来圣经的一个重要人物。《旧约 · 以斯拉记》描述他领导大约 1500 名住在巴比伦犹太流亡者回到家乡耶路撒冷，并在他的努力下，所有与异族的通婚均被解除，以律法为中心的犹太社会由此建立。——点校者注

〔3〕 民国版为“达薛西 · 龙基曼那司”。阿尔塔薛西斯一世 (Artaxerxes Longimanus，公元前 464 年 ~ 公元前 424 年)，波斯帝国阿契美尼德王朝大帝，薛西斯一世之子，他允许犹太人重建耶路撒冷，在圣经《以斯拉记》和《尼希米记》中被提及。——点校者注

经·旧约全书·以斯拉记》所载，他是一个精通法律的学者，因此他很适宜校订及注释摩西法的工作。在那个变乱后的环境之下，他觉得其中若干有予修正的必要。结果经过校订之后就重新刊布了，称为《申命记》（Deuteronomy）——这个名称在希腊文中意即第二法（the second law）。《申命记》书中通常是包括在摩西五经（Pentateuch）或称为摩西五书[1]（Five Books of Moses）之内。至少在其现存的形式中，最为一般人所承认的说法，以为是以斯拉的作品。他的修正对于原来的立法并无重大或主要的变动，但他却使法学之研究有了显著的复兴，并引起了一种法学派的成立。这个法学派就是在《新约》中所常提到的法师（Scribe）。法师这个名称，就是以斯拉对于自己的称呼。据我们所知道的，法师因为对于摩西立法的狂热，极力攻击耶稣的教训，并且加上那些伪善的法利赛人[2]（Pharisee）终成为耶稣最嫌恶的对敌。

在以斯拉复兴摩西法以后到公元70年罗马人灭亡耶路撒冷的500年之间，以色列人对于法律的研究十分活跃。这种活跃因西流斯达[3]（Greco—Syrian Seleucidae）对于以色列人及其宗教的仇视，以及其四周邻国企图毁灭其国家之存在而越发剧烈起

---

〔1〕 详见前面注解对摩西五经（*Pentateuch*）的介绍。——点校者注

〔2〕 法利赛人（Pharisee），一个保守的犹太人教派，曾在耶稣的时代很流行，但过于强调摩西律法的细节而不注重道理，他们在守法的问题上顶撞耶稣。——点校者注

〔3〕 民国版为“希腊·叙利亚·塞琉西朗”。西流斯达（Greco-Syrian Seleucidae）是亚历山大帝国分裂后，由塞琉西一世（公元前358年~公元前281年）建立的以叙利亚北部的安条克为首都的王国，并在安条克三世（公元前242年~公元前187年）统治时期，该地区出现了希腊文化传播运动。——点校者注

来。这时以色列人更觉得他们民族的完整，以及他们国家的独立和他们祖宗的法律即摩西法，是具有不可分离的联系[1]的。但是国家的独立和摩西法的无上权力在70年于提图斯[2]（Titus）统辖下之罗马无敌的军团占据和毁灭耶路撒冷城以及推翻以色列共和国时就消灭了——不过到了以后以色列人才有一种新法律和新制度，那是根据从前的主义而志在实践摩西法的希望而产生的。这种新制度注重于世人的感化和统治。旧法中虽有许多细微的地方和基督教所规定之新生活的观念不相符合而被废除或抛弃，然摩西法的实质和要素仍被保存着。至于从前局促于古代巴勒斯坦那个狭长地带的制度，这时候已受着人类生活一种广大计划的影响，竟越出以前的范围，而使它们受到全世界的注意。

摩西立法在立法史上正如在宗教史上一样划出了一个新公元。它对于古代和现世都有很大的影响，但在今日比在以前更为显著。不过我们可以说它在立法和宗教的范围中都没有充分发达，直到基督教巨大传播和胜利的时候，才使它势力的范围扩展到世界。最令人注意的就是它之重复成为人类行为的现行法则，是在英国的奥利弗·克伦威尔（Oliver Cromwell）的清教徒共和国和美洲的马萨诸塞州（Massachusetts）的清教徒共和国中力图实现过。这两个共和国都在它们的狂热中误认摩西立法的严格性是和现在社会时常变动的情形以及拿撒勒[3]（Nazareth）人耶稣

---

〔1〕 民国版为“连系”。——点校者注

〔2〕 民国版为“泰塔斯”。提图斯（Titus，41~81），罗马帝国弗拉维王朝的第二任皇帝，提图斯以主将的身份，在公元70年攻破耶路撒冷，大体上镇压了犹太大起义。——点校者注

〔3〕 拿撒勒（Nazareth），巴勒斯坦北部城市，位于历史上的加利利地区。那里是耶稣基督的出生地，今天的拿撒勒属于最重要的朝圣圣地。——点校者注

所谆谆教诲的真正自由的精神相符合。

有一件奇怪的事情，就是在以色列不再为一个独立民族许久以后，以及摩西法对于一般仍坚信着古以色列宗教的人们除仅仅为良心上的抑制之外而毫无其他拘束力许久以后，才有一部伟大的作品称为《塔木德》[1]（Talmud）的摩西法注释的出现。

《塔木德》虽然充满了幼稚气的荒谬和怪诞，并且常有淫猥的幻想，而照我们观点看来，这大部分又是亵渎不敬的，然仍是一部耐久精巧饶有逻辑和带有精确诡辩的伟大作品。这是一部很常被人提及却很少被人读过的作品。但是它所有矛盾的地方却仍被认为是对摩西法最著名的注释。它共有两种刊本，或者可以说是有两种编纂本是用这个名称的——一部叫作《耶路撒冷塔木德》，一部叫作《巴比伦塔木德》。但是十分奇怪，这两个名词都是误称。因为《耶路撒冷塔木德》并不是在耶路撒冷编纂的，而且和那圣城毫无关系——不过是在加利利即巴勒斯坦北部的著名法学研究院，即拉比[2]（Rabbi）研究院的作品而已。所谓《巴比伦塔木德》，也不是关于巴比伦的，因为在它编辑的时候巴比伦已经灭亡了。它是在美索不达米亚[3]（Mesopotamia）北部一座类似拉比研究院的团体的作品。这两部著作是关于几位著名法学

---

〔1〕民国版为“犹太经传”。《塔木德》（*Talmud*），犹太教口传律法的汇编，仅次于《圣经》的典籍。主体部分成书于2世纪末~6世纪初，内容涉及犹太教有关律法条例、传统习俗、祭祀礼仪。——点校者注

〔2〕民国版为“法师”。拉比（Rabbi），犹太人中的一个特别阶层，是老师和智者的象征，他们接受过正规犹太教育，系统学习过《塔那赫》、《塔木德》等犹太教经典，担任犹太教教会精神领袖，负责传授犹太教教义，执行犹太教教规、律法并主持宗教仪式。——点校者注

〔3〕民国版为“米索不达弥亚”，后文均改为“美索不达米亚”。——点校者注

家的意见的汇纂，因此以实体上的齐整见称。又二者都是在公元后2世纪初叶至6世纪告终时所编成，当时上述两座研究院正处在最兴盛的情况中。不过书中所引法学家的意见，其中有几位是生在公元以前的。因此有些人以为这两部书的内容从公元前200年梭哥（Socho）的安提柯[1]（Antigonus）起到公元后200年犹太拉比（Rabbi Juda）的时候为止，其中包括着著名的希勒尔[2]（Hillel）（又称为伟大Great）、迦玛列[3]（Gamaliel）、使徒圣保罗[4]和冒称弥赛亚[5]（Messiah）之巴柯齐巴[6]（Barchochebas）

---

〔1〕民国版为“叟哥之安提哥那”。安提柯（Antigonus，生卒年代不详），第一位将法利赛人的传统保留下来犹太学者。梭哥（Socho），位于沙龙平原（Sharon Plain）海法（Hefer）区域的一个城镇，在《旧约·列王记（上）》中提及。——点校者注

〔2〕民国版为“希来尔”。希勒尔（Hillel，生卒年代不详），拉比犹太教的缔造者，他从法利赛人那里完成学业，其谨慎的注释方法被称为希勒尔“七规则”。——点校者注

〔3〕民国版为“加玛列”。拉班·迦玛列（Rabban Gamaliel，生卒年代不详），以色列早期娴熟犹太教口传律法的犹太拉比，知名的希勒尔之孙，并且是圣保罗的老师。——点校者注

〔4〕圣保罗（St. Paul，公元前5年～公元67年），早期基督教传教士之一，第一代基督徒的领导者之一，被称为“外邦人的使徒”。——点校者注

〔5〕弥赛亚意为“救世主”。在传统的犹太历史里面，犹太民族遭受了很多的忧患，所以他们相信，经过多年以后，他们这个民族里面，会出现一个救世主来带领他们脱离困境，这个人就是“Messiah”。基督教里的弥赛亚就是耶稣。——点校者注

〔6〕巴柯齐巴（Barchochebas，生卒年代不详），公元2世纪初抗击罗马军队的一支起义军的犹太人领袖。——点校者注

的顾问阿吉巴[1](Akiba)等在内。这个假冒的弥赛亚在132年哈德良[2](Hadrian)在位时曾带领犹太人拼命地反对过罗马帝国。

《塔木德》共有《密西拿》[3](Mishnah)和《革马拉》[4](Gemara)两部。前者是关于全部摩西法的论文，并有好些事例表示着对于特殊案件的适用；后者是一些关于《密西拿》里某几部分之哲学上的讨论。在论题上有许多章节的区分，讨论精确而巧妙，并且又很哲学化。不过像上面已经说过的就是常常不免有些幼稚和荒谬。它是以色列文学的不朽作品，无疑地对后世的穆罕默德文学以及中古时代经院哲学[5](Scholastic philosophy)都

---

[1] 民国版为“阿奇巴”。阿吉巴·本·约瑟(Akiba ben Joseph，40～135)，拉比犹太教主要缔造者之一。他主张成文律法和口传律法终归是一样的。135年左右，其因公开传教的罪名而被罗马人处死。——点校者注

[2] 普布利乌斯·埃利乌斯·哈德良(Publius Aelius Hadrianus，76～138)，罗马帝国安敦尼王朝的第三位皇帝，五贤帝之一。哈德良在位时最大的一次军事行动，就是在公元132年用兵巴勒斯坦，镇压犹太人的起义。史称“犹太战争”。——点校者注

[3] 《密西拿》(*Mishnah*)，希伯来语音译，意为“通过重复学习或教导”。它是犹太教口传律法集《塔木德》的前半部和条文部分。——点校者注

[4] 《革马拉》(*Gemara*)，阿拉米语音译，意为“补全”、“完成”，是《密西拿》的诠释和评注，还包含了大量与《密西拿》原文没有直接联系的材料。相同的《密西拿》加上不同的《革马拉》，就形成两套《塔木德》，即：《耶路撒冷塔木德》与《巴比伦塔木德》。两部《塔木德》都用阿拉米文夹杂些希伯来文写成。然而《密西拿》经卷则全部采用希伯来文。两部《塔木德》有许多共同之处。——点校者注

[5] 民国版为“过涉理论的哲学”。——点校者注

有很大的影响。当然它并没有将摩西法的法学特征和摩西法的宗教特征彻底区分出来。对于当时及各时代的犹太人，这种法律即摩西法是统一而没有派别的。它们并未将仅仅欲使自然法之伟大训诫发生效力的人为法从伟大法律之原始中分离出来。或者就是因为这种事实而不是因为摩西法本身的特质遂把摩西法全部视为是神权政治（theocracy）的性质。

关于《塔木德》的分析，考古学家和学者们或许会发生兴趣。但是在这里，对于它为任何扩大的研究是不会有什么好处的。不过足以引人注意的就是它是一部为从前所未公布过的最著名法典中的一部最著名之注释的作品，可是对于一般律师和政治家来说在适用着法学的原理时却没有实际的用处。

摩西法对于我们而言是永不失其重要性的。它的伟大的原则就是我们今日法律的基础。它所包含的道德就是我们今日由基督教之创立者的高尚主义（noble dispensation）所精练和扩大而成之道德的根据。有一件奇怪的事情，就是那些清教徒在这方面却不独持成见，而在英国跟着奥利弗·克伦威尔旗帜下面并在美洲追求他们的自由时都很强烈地倾向于摩西法的全部以及此种法律的严酷性的恢复。这曾一度在某种范围内获得成功。当然这种恢复摩西法的企图，在人类千变万化的环境中是不能持久的。至于对摩西法之暂时和永久的特征未予区别出来也是一种错误。前者是跟着它所属的民族而消灭，后者则成为我们国内立法制度的永久部分和主要特征。我们可以很适当地说，仅仅从人类观点来观察事实，以及承认摩西因为是法典之作者而获得这个法典的名称，他给予人类的影响比任何其他所有立法家更要来得伟大。

第三章 巴比伦尼亚[1]、腓尼基和埃及法

一、巴比伦尼亚

如果说摩西是最伟大的立法家，然在时间上算来，却不是古代第一位立法者。在他以前已有许多很开化的社会。而一种很开化的社会是不能没有完备[2]的法律制度的，没有这种制度正如一队精练的军队没有一个领袖一样。大约在1000多年前，当希伯来领袖领导以色列人逃出埃及以前，在幼发拉底河下游[3]，就是波斯湾即所谓阿曼湾[4]（Gulf of Oman）沿岸的区域，居住了一种文化十分进步的人民。他们的文化可以在美索不达米亚平原各处埋没的城市遗迹中看到，就是到了今日仍令全世惊奇不置。他们就是巴比伦人。

---

〔1〕民国版为“巴比伦”，英文版为“Babylonia”，后文均改为“巴比伦尼亚”。巴比伦尼亚（Babylonia），泛指底格里斯河和幼发拉底河流域的古代文化地区。这一地区原本分成两个部分：苏美尔和阿卡德。新旧巴比伦王朝均建都巴比伦城（Babylon）。——点校者注

〔2〕民国版为“相当”，英文版为“adequate”。——点校者注

〔3〕民国版为“下流”。——点校者注

〔4〕民国版为“俄曼湾”。阿曼湾（Gulf of Oman），阿拉伯海西北海湾，位于阿拉伯半岛与伊朗之间。——点校者注

美索不达米亚大平原从亚美尼亚[1]（Armenia）山脉的北部，或可以说是从西北部起直到东南部的波斯湾，包括美索不达米亚本部、亚述（Assyria）和巴比伦。各种的传说以及历史上的记载都一样地告诉我们，它是地球上人类生存和人类文化发达最早的地带。在示拿[2]（Shinar）地方的巴别[3]（Babel）、埃雷克[4]（Erech）、阿卡德[5]（Accad）和卡尔内[6]（Calneh）都是最早最古老的人类城市。它们形成一个大四方形，开着一个全能的猎人宁录[7]（Nimrod）所创立之王国的绪端。上面首先提到的巴别城就是后来的巴比伦大城的核心，而且通常又是

---

〔1〕民国版为“阿密尼阿”。亚美尼亚（Armenia），位于欧亚交界、高加索山区。——点校者注

〔2〕《圣经·旧约全书》将公元前4000年~公元前2250年间鼎盛的两河流域文明统称为“示拿”（Land of Shinar）。——点校者注

〔3〕巴别（Babel），《圣经·旧约全书·创世记》一个古城的名字，在西方语言中是混乱嘈杂的意思。——点校者注

〔4〕民国版为“伊累克”。埃雷克（Erech），《圣经》中为“以力”，美索不达米亚古城，位于伊拉克吾珥城西北，幼发拉底河畔，为苏美尔最大城市之一。——点校者注

〔5〕阿卡德（Accad），《圣经》中为“亚甲”，古代西亚两河流域南部阿卡德人所建的古城。约公元前2191年，库提人入侵南部两河流域，灭亡了阿卡德王国。——点校者注

〔6〕卡尔内（Calneh），《圣经》中为“甲尼”，传说该城市为诺亚曾孙宁录（Nimrod）所建，位于幼发拉底河河岸旁，靠近巴比伦城，与推罗有贸易往来，为亚述所灭。——点校者注

〔7〕民国版为“宁穆录”。宁录（Nimrod，生卒年代不详）是《圣经·旧约全书·创世记》中记载的一个人物的外号，是诺亚的曾孙，总是跟上帝作对。这个人的真实姓名在圣经并没有提及。——点校者注

巴比伦即迦勒底区域的首都。在更北部还有一个由若干城市组成的四方形，包括尼尼微[1](Nineveh)、利河伯[2](Rehoboth)、卡拉[3](Calah)和利鲜[4](Resen)，构成了亚述（Asshur）即亚西利亚（Assyria）王国的基础。有时是南方王国的竞争者，有时为它的征服者，通常则为它的敌人。可是偶然地曾在一个主权之下把它们合并起来。亚述王国通常似乎比巴比伦王国更军事化，因此比较不开化。在南部诸城如巴比伦、阿卡德[5](Accad)、锡帕尔[6](Sippara）以及其他现在已不可考证的城市，受着一个称为库施（Cush）的有进取性的民族的统治，这里曾拥有过世界上最伟大的文明。这个库施民族散居在波斯湾和印度洋沿岸，产生世上最初的航海家和最初的商人，所以也就需要最初的法典。因为法律最初就是供给商业上的需要才制定的。

幼发拉底河畔的巴比伦，这座在宁录（Nimrod)、塞米拉米

---

〔1〕 尼尼微（Nineveh)，西亚古城，新亚述帝国都城，位于底格里斯河上游东岸，今伊拉克摩苏尔附近。——点校者注

〔2〕 利河伯（Rehoboth),《圣经》中记载该城市为诺亚曾孙宁录（Nimrod）所建，具体位置未知，据考证极有可能在尼尼微的市郊附近。——点校者注

〔3〕 民国版为“喀拉”。《圣经》中为“迦拉”，卡拉（Calah)，亚述古城，位于伊拉克摩苏尔以南。——点校者注

〔4〕 民国版为“罗什”。《圣经》中为“利鲜”，利鲜（Resen)，诺亚曾孙宁录（Nimrod）所建，据考证位于尼尼微和卡拉之间，具体位置不详。——点校者注

〔5〕 民国版为“阿喀”，英文版为“Accad”。——点校者注

〔6〕 锡帕尔（Sippara)，巴比伦北部的一个古城，在幼发拉底河畔，位于现在的巴格达西南。——点校者注

斯[1](Semiramis)、那波帕拉萨[2](Nabopolassar)以及尼布甲尼撒[3](Nebuchadnezzar)诸王间易手的城市曾经在长达2000多年的时间里成为灿烂文明的所在地以及世界艺术和科学的中心，特别在文化和学术两方面都享有盛名。[4]如果你看到墙上所挂着的钟，你便会联想到古巴比伦最实际的纪念品——古巴比伦虽未发明钟表，然而它实际上曾发明过为钟表之鼻祖的日升仪（sundi-

---

〔1〕 民国版为“塞密拉密斯”。塞米拉米斯（Semiramis，生卒年代不详），传说中的亚述女王，女神之女，以美貌、智慧和淫荡著称。她的丈夫是传说中尼尼微（Nineveh）的建造者尼弩斯王（Ninus）。丈夫死后，塞米拉米斯独自统治国家。据说是她修建了巴比伦城（Babylon）。——点校者注

〔2〕 民国版为“那拉那萨”。那波帕拉萨（Nabopolassar，生卒年代不详），迦勒底人，曾任亚述帝国的巴比伦尼亚（Babylonia）总督，公元前626年摆脱亚述统治，在巴比伦城建国，史称新巴比伦王国。——点校者注

〔3〕 民国版为“尼布格尼撒”，后文均改为“尼布甲尼撒”。尼布甲尼撒（Nebuchadnezzar，约公元前630年～公元前562年），那波帕拉萨（Nabopolassar）之子，新巴比伦王国盛世开创者。其于公元前586年攻陷耶路撒冷，将犹太人掳至巴比伦尼亚，史称“巴比伦之囚”。——点校者注

〔4〕 民国版为“在幼发拉底河的大城，即宁录（Nimrod）、塞密拉密斯（Semiramis）、那拉那萨（Nabonassar）以及尼布格尼撒（Nebuehadnezzar），诸王的巴比伦城成为世上伟大文化的根基以及艺术和科学的中心者有2000多年之久，在文化和学术两方面都很著名”，英文版为“For more than two thousand years, Babylon, the great city on the Euphrates, the city of Nimrod, and Semiramis, and Nabonassar, and Nebuchadnezzar, was the seat of the greatest civilization and the center of art and science in the world, pre-eminent for its culture, and famous for its learning”。——点校者注

al）——但是在钟面所指明之时间的划分确为巴比伦人所发明，这是在罗慕路斯[1]（Romulus）于台伯河[2]（Tiber）岸创立七山城[3]（City of the Seven Hills）以前的事。1小时分为60分，1分分为60秒和1日划分为24小时，都是由巴比伦人创始的。就连把1圆周分为360度也是始自巴比伦人。天文学和数学都是他们开始的，并且为他们所专擅着有好些时期。其实我们很难举出什么科学或艺术未曾溯源于巴比伦。巴比伦一直到它的最后仍为世界的最高学府。

巴比伦及巴比伦尼亚文化，除了那些已受国外吸收之外，其余的都从大流士·希斯塔斯皮斯[4]（Darius Hystaspes）起，到各个疯狂的哈里发[5]（Caliphs of Islam）止，中间经过屡次奏凯歌之征服者的摧毁悉遭灭亡。仅在最近70年间我们才从泥土中掘出许多关于它们文化的遗迹，大约被埋没了二千多年。这些遗迹虽属零碎不全，然或将永久存在而使全世界惊讶不置。我们从那

---

〔1〕 民国版为“罗马拉斯”，后文均改为“罗慕路斯”。罗慕路斯（Romulus，约公元前771年～约公元前717年）与雷穆斯（Remus，约公元前771年～约公元前753年）是罗马神话中罗马城邦的奠基人。——点校者注

〔2〕 台伯河（Tiber），意大利第二大河流，发源于亚平宁山脉，罗马时期重要的航运水道。——点校者注

〔3〕 古罗马七山城位于罗马心脏地带台伯河东侧的七座山上。根据罗马神话，其为罗马建城之初的重要宗教与政治中心。——点校者注

〔4〕 民国版为“大流士·希斯塔斯彼斯”。大流士·希斯塔斯皮斯（Darius Hystaspes，公元前550年～公元前486年），即大流士一世（Darius I the Great），大流士不仅是波斯帝国的伟大君主，也是世界历史上著名的政治家之一。——点校者注

〔5〕 民国版为“回回教国王”。哈里发（Caliphs of Islam），阿拉伯语意为“继承人”，伊斯兰政治宗教领袖的称号。——点校者注

些遗迹中确知希罗多德[1]（Herodotus）和克特西亚斯[2]（Ctesias）以及其他古代史学家们所谈关于古巴比伦的典故，如巨大的城垣、坚固的宝塔、巍峨的宫殿、广大的版图以及显著的运河等故事，都被人们夸张了很久，这的确是有些失实。我们曾从泥板中发现关于证实《创世记》的记载的资料，还有从土堆里掘出雕刻在同样泥板上的文字，这种文字大约是在3000多年以前，或者是在摩西渡过红海以前的时候，经过了幼发拉底河诸王及尼罗河历代诸王。

在这里应注意的，就是这种泥板最能揭示当时的情形，使我们知道巴比伦人日常的生活及其风俗习惯，并且给予我们关于他们当时立法及司法程序的一种概念。他们也谈到契约、不动产的买卖、租赁、抵押、寄托、利息、银行业、合伙、亲属关系、海上保险、遗嘱及继承等——其实这就是近代民法上通常所涉及的问题。它们表示着，巴比伦尼亚的法制和我们近日普通的法律不是完全有异的。

在这些泥板上又表示巴比伦法律有一种很特殊的地方，就是关于亲属关系方面。该法规定一个已婚的妇人有实际的自主力。一个妇人虽然进入婚姻关系中而在法律上附属于她的丈夫，但是她仍然享有支配其所有财产的权利，她可以任意用遗嘱或用契据加以处分，并且她还可成为她的丈夫的债权人。美国最近的《已婚妇女法案》（Married Woman's Act）也没有像古巴比伦尼亚法律那样的进步。

---

〔1〕希罗多德（Herodotus，约公元前484年～约公元前425年），古希腊历史学家，其所著关于波斯战争的《历史》一书是古代第一部记叙体的伟大史书。——点校者注

〔2〕民国版为“提喜阿斯”。克特西亚斯（Ctesias），古希腊历史学家，主要的著作是《波斯史》与《印度史》。——点校者注

多夫多妻主义和离婚是准许的。前者似属罕见，后者却是常有。但是离婚时未对妻方予以赡养时则非所许。

巴比伦继承法规定遗产在诸子女间是均分的，不过对于长子则有若干的增加。寡母通常充任子女的管理人和监护人。和我们一样，父母对于子女有时可以垫款。至于不动产的遗赠则在后来的巴比伦法律才予采用，在初期的法律中显然是没有的。

好些关于契约的抄本曾经发现，大都是制成复本在证人前或与现在公证人相类似的官吏前由双方签署的。租赁契约通常定期一年。然而较大之土地租赁的事例，也曾发现，并且通常还要预付一部分的租金。在土地租赁契约中普遍都加入各种条款和附件。至于抵押契约，则有关于回赎权及取消回赎权或变卖抵押品的规定。土地是依契据的方式而让与的，其中载明面积和疆界，如果有一部分的买金要延期交付的话，那么交付的日期都在契据中详细记明，这似乎是常见的。在契据中又见到让与人或其后裔常保留着承继财产的权利。在其中一个泥板上，我们又发现关于一件要求恢复不动产的诉讼记录，有些和英美法中的恢复土地占有之诉[1]（Action of Ejectment）相似。

法官是法律上争执的判决者，大多由祭司担任。宣誓和证据的制度都为诉讼程序所采用。有几个案件，例如，上述的恢复土地占有的案件都曾引用证人，很像英国普通法中之陪审员的作用。

很明显的，就是古代巴比伦法典和我们最进步的近代法制有

---

〔1〕 民国版为“收回地产及赔偿损失的诉讼”。恢复土地占有之诉（Action of Ejectment），源自英格兰普通法逐出租地之诉（ejectione firmae），这种诉讼程式给予被侵占土地的定期承租人以救济，但起初只给予损害赔偿。从15世纪开始这一救济扩大到可以使承租人恢复占有被占租地。1852年之后，逐出租地之诉被称为恢复土地占有之诉。——点校者注

一种显著的类似点。然而在幼发拉底河流域最进步最有为的库施人[1](Cushites)的社会，仍未能与近代的立法相比拟。可惜得很，我们对他们的法律不能洞悉其详。

有一件奇异的事情就是我们迄今所发现古巴比伦法的多数遗迹，并不是在巴比伦尼亚而是在较北的已毁灭了的亚述各城市中。最伟大而最有价值的发现是在亚述巴尼拔[2](Ashurbanipal)的宫殿里，这位亚述君主在历史上是以萨尔达尼拔（Sardanapalus）这个名字见称的，他并不是那位使尼尼微这个著名城市遭受征服者米底人[3](Mede）基亚克萨雷斯[4](Cyaxares）王的破灭而灭亡的昏君，而是这个昏君直接的先人，那个被称为萨尔达尼拔战士（Sardanapalus the Warrior）（这个名字乃为表示区别起见）者。亚述巴尼拔或萨尔达尼拔战士（无论我们如何称呼他）不仅

---

〔1〕 民国版为“库晒特人”。库施人（Cushites），含（Ham）的长子库施（Cush）的后裔，居住在古代北非地区尼罗河谷努比亚地区。——点校者注

〔2〕 亚述巴尼拔（Ashurbanipal，公元前685年～公元前627年），即后文中的萨尔达尼拔（Sardanapale），亚述帝国最后一个伟大的君主。他文武兼备，在首都尼尼微（Nineveh）的王宫内建立了西亚第一座有系统性的图书馆——亚述巴尼拔图书馆；且在他统治时期，亚述的军国主义达到了崩溃前的顶峰。——点校者注

〔3〕 民国版为“米太人”。米底人是一支印欧语系人，他们生活在伊朗高原上。——点校者注

〔4〕 民国版为“赛阿克萨利斯”。基亚克萨雷斯（Cyaxares，生卒年代不详），米底（Media）王国的第四任君主。在位期间，与新巴比伦联姻，联合攻灭强盛一时的亚述帝国，灭亡西亚古国乌拉尔图（Urartu），与小亚细亚强国吕底亚（Lydia）连年激战，相持不下，将米底王国的疆域扩至最大，国力推向顶峰，使米底跻身西亚最强大的国家之列。——点校者注

是个著名的战士，而且在法学的领域是个优士丁尼[1]或拿破仑[2]。他是将所有阿卡德（Accad）城闪族语（苏美尔语）的古巴比伦法全都译成为亚述土语（Assyrian vernacular）的倡议人，他曾将各种泥板藏在他宫殿的一所房间里，这显然是在打算创立一个图书馆。他是亚述和巴比伦尼亚的统治者，但是他的事迹并未表示出亚述人之最初采用巴比伦法，因为这种采用全部或局部的在很早就已实行了。在实际上巴比伦法好像是创始了亚洲西南部各民族的法制，而大都又是供给他们同系的民族即在推罗及西顿的腓尼基人。

二、腓尼基

最为特别的是，在上古人民中，他们的语言、法律、文学、艺术和科学，以及他们伟大的事业所给予当时和以后各时代的影响比任何曾经存在过的国家更多的，就是名闻于世的腓尼基人。关于他们，我们可说知道得太多了，同时又可说是知道得太少了。他们的历史和制度在各种关于古代的书籍中我们都能读到，但是我们仍然是一无所知。腓尼基人是上古的伟大商贾。其实，他们是各时代最伟大的商人，而且是世上所有最富于进取之探索

---

〔1〕优士丁尼（Justinianus，483～565），东罗马帝国皇帝。其在位时，多次发动对外战争，征服北非汪达尔王国、意大利东哥特王国，领土扩大。下令纂成《优士丁尼法典》等四部法典（总称《国法大全》），为罗马法的重要典籍，对后世法律影响很大。——点校者注

〔2〕拿破仑·波拿巴（法文：Napoléon Bonaparte，1769～1821），出生于法国的科西嘉岛，是一位世界著名的军事家、政治家。是法兰西第一帝国的缔造者，于1804年11月6日加冕称帝。其在位期间颁布了《民法典》、《商法典》、《刑法典》等。——点校者注

者和航海家的民族。就是勤勉的盎格鲁—撒克逊[1]（Anglo-Saxon）族亦不能及之。希腊和罗马从这些人民中得到他们的字母和大部分的文化。我们又从他们经由希腊和罗马而得到我们的文化。这种人民在公元前一千多年曾在地中海及印度洋沿岸航行。他们在瓦斯科·达·伽马[2]（Vasco da Gama）完成其伟大事业以前就环绕过非洲[3]，又早在古罗马创立以前就发现欧洲大西洋沿岸从加的斯[4]（Cadiz）到冰岛[5]（Iceland）和挪威一带的地方。他们又做过一件似是而非的事业，就是在哥伦布成就其勇敢事业的两千多年以前，他们似曾横渡过大西洋。他们又曾开辟与昔时沿美国密西西比河[6]而居之筑丘人[7]（Mound-Builder）在密西西比河流域及俄亥俄河谷[8]（Ohio valley）的交通。有些著作家曾主张并坚持他们就是那些筑丘人，实则非是。

腓尼基人不仅在海洋上，而且在陆地上也从事他们的贸易。

---

〔1〕民国版为“盎格罗撒克逊”，后文均改为“盎格鲁—撒克逊”。——点校者注

〔2〕民国版为“发斯科地伽马”。瓦斯科·达·伽马（Vasco da Gama，约1460～1524），早期殖民主义者，率领舰队绕过好望角，开辟西欧直达印度海路的葡萄牙航海家。——点校者注

〔3〕民国版为“菲洲”。——点校者注

〔4〕加的斯（Cadiz），位于西班牙西南沿海，是西班牙最古老的城市，由腓尼基人建于公元前1000年。——点校者注

〔5〕民国版为“爱斯兰”。——点校者注

〔6〕民国版为“密西西必河”。——点校者注

〔7〕民国版为“土蕃”。筑丘人（mound-builder），指美国密西西比河沿岸的印第安人，他们筑土成丘作为坟冢和防御敌人的壁垒，因而得名。——点校者注

〔8〕民国版为“俄喜俄河流域”。俄亥俄河（Ohio River），位于美国中东部，为密西西比（Mississippi）河的支流。——点校者注

他们用商队[1]（Caravan）往来于亚细亚中部从事贸易。在欧洲中部他们创立从黑海和亚得里亚海[2]（Adriatic）横过大陆直达波罗的海[3]（Baltic Sea）间的交通。他们又从事发掘南非洲俄斐[4]（Ophir）地方的金矿、西班牙的银矿以及英国康沃尔[5]（Cornwall）的锡矿。他们又和波罗的海沿岸的地方做过琥珀的生意，并和印度支那海（Indo-Chinese Sea）各岛经营象牙、香料和从事在当地古今驰名之其他珍奇物产的买卖。他们不但是世上伟大的商人，而且是最著名的艺术家。他们曾供给建筑所罗门圣殿[6]的工程师和建筑家。有许多朝代的亚述王所竖立的伟大建筑，也都出于他们的手。他们发明了制造玻璃的方法和著名的推罗染色法[7]（Tyrian dye）。他们又好像有航海的罗盘针（compass）去帮助他们的航行。此外，他们对于人类文化最伟大的贡献就是他们发明或引入了别人所发明的。例如，最初的希腊罗马

---

〔1〕民国版为“队商”。——点校者注

〔2〕亚得里亚海（Adriatic Sea），地中海的一个大海湾，位于意大利与巴尔干半岛之间。——点校者注

〔3〕波罗的海（Baltic Sea），欧洲北部的内海，位于斯堪的那维亚半岛与欧洲大陆之间。——点校者注

〔4〕民国版为“阿斐”。——点校者注

〔5〕民国版为“康瓦尔”。康沃尔（Cornwall），英格兰西南部郡，位于伸入大西洋的半岛上，止于兰兹角，是英格兰最偏远的郡，并且曾是世界上最著名的产锡区之一。——点校者注

〔6〕民国版为“苏罗门圣殿”。所罗门圣殿在《圣经》的记载中，是居住在耶路撒冷的以色列子孙们信仰的古老宗教的第一座圣殿，为所罗门王于公元前957年修建，在公元前587年为新巴比伦国王尼布甲尼撒彻底摧毁。圣殿是犹太教信仰的一个核心。——点校者注

〔7〕推罗染色法（Tyrian dye），即“推罗紫”技法，由采自贝壳的紫色或深红色的高贵染料为原料。——点校者注

字母（Graeco-Roman Alphabet），今日欧美各国的文字仅仅将它略为改变而已——这种发明使我们每日及每小时都享到它的利益，若是没有它，我们以往的文化多少是会变成没有价值的。

腓尼基人在上古时代所享的盛名和他们版图的大小恰是成反比的。他们不过是地中海沿岸的一个狭长国家，长有100～150公里，宽只有5～20公里，处在黎巴嫩[1]（Lebanon）山脉和大海之间。我们若要叙述他们的功业，是需用巨大篇幅的。然而很奇怪，关于他们的历史我们知道得很少，至于对他们的法律和社会制度，几乎可以说是毫无所知。他们邻接以色列人的疆土，或者因此就从他们那里学到共和制度。他们又将这种共和制度传布到他们好几处的殖民地。因为在他们所建立的殖民地中，有些是使他们的民族得以继续着存在的。其中有在希腊的克里特[2]（Crete）、罗德岛[3]（Rhodes）、比奥西亚的底比斯[4]（Boeotian Thebes），在非洲的迦太基[5]（Carthage）和尤提卡[6]（Utica），

〔1〕民国版为“勒巴嫩”。——点校者注

〔2〕克里特岛（Crete），位于地中海东部的希腊岛屿，在希腊文化以前已有高度文化，为公元前3000年左右的米诺斯人的发源地，在公元前16世纪达到全盛时期。——点校者注

〔3〕民国版为“罗兹”。罗德岛（Rhodes），希腊地区的一个岛屿，是爱琴海文明的起源地之一，其上原有一座巨大的太阳神雕塑，成为古代世界七大奇迹之一。——点校者注

〔4〕民国版为“俾俄喜俄的底比斯”，后文均改为“比奥西亚的底比斯”。比奥西亚的底比斯（Boeotian Thebes），希腊中东部地区的古代共和国，在雅典的西北方，首府底比斯（Thebes）。——点校者注

〔5〕迦太基（Carthage），北非的古代城邦，位于现在的突尼斯附近，大约在公元前8世纪由来自推罗（Tyre）的移民建立。——点校者注

〔6〕民国版为“犹提喀”。尤提卡（Utica），北非沿海地区腓尼基最早的居民点，位于现在的突尼斯。其重要地位仅次于迦太基。——点校者注

在西班牙和葡萄牙的塔泰萨斯[1]（Tartessus）、加的斯（Cadiz）和里斯本（Lisbon），以及在黑海沿岸的若干地方。推罗、西顿和阿拉德斯[2]（Aradus）是腓尼基本国的主要城市。它们的财富引起了埃及、亚述和巴比伦尼亚等国帝王的垂涎，它们备尝着战争的痛苦，且有几次被围困及被攻陷。最后西顿在公元前351年被波斯王阿尔塔薛西斯三世[3]（Artaxerxes Ochus）所毁灭。19年之后即在公元前332年，推罗在著名的征服者马其顿王亚历山大[4]手上，也遭遇了同一的命运。迦太基是腓尼基最伟大、最著名的殖民地，全部也给罗马人毁掉了。因此一点东西都没有遗剩下来。除了它的人民曾和罗马人或西西里[5]（Sicily）的希腊城市接触或冲突之外，它的历史全都佚亡了。

因此我们没有一些关于腓尼基法律的记载。然则它一定是上古一种最进化的法典。因为他们的民治政体、他们的共和制度以及他们国外贸易的急迫情形，是需要一种最自由性质的法律的。我们知道总不会再有像埃及和美索不达米亚那种埋没在泥堆里的

---

〔1〕民国版为“塔喜什”。塔泰萨斯（Tartessus），位于伊比利亚半岛（Iberian peninsula）南海岸的港口城市，现西班牙的安达卢西亚（Andalusia）附近，该城市曾与腓尼基人有贸易往来。——点校者注

〔2〕民国版为“阿发德”，阿拉德斯，腓尼基重要的港口城市，位于西顿附近，后被亚历山大大帝征服。——点校者注

〔3〕民国版为“阿塔薛西斯我卡斯”。阿尔塔薛西斯三世（Artaxerxes Ochus，出生年代不详~公元前338年），波斯国王，是阿尔塔薛西斯二世的儿子和继承人。即位之前名叫奥库斯（Ochus）。——点校者注

〔4〕民国版为“亚厉山大”，后文均改为“亚历山大”。——点校者注

〔5〕民国版为“西西利”，后文均改为“西西里”。西西里（Sicily），地中海最大和人口最稠密的岛，它属于意大利，位于亚平宁半岛的西南。公元前8世纪~公元前6世纪希腊人在岛东岸建立殖民地。——点校者注

遗迹使这个问题明晰起来。真的，除非由于克里特地方之米诺斯宫殿[1]（the palace of Minos）的发掘，或者由于还有一些在小亚细亚一带尚未发现的赫梯族[2]（Hittite）文化的牌石（monument），才能使我们得到明白，因而显出它的文化来。

不过间接地而为一般通常的观察，腓尼基的法律可从希腊最伟大或可说是各时代最伟大的哲学家所表示的意见中得到佐证[3]。在亚里士多德[4]的《政治及经济》[5]（Politics and Economics）的著作，或如我们近代所称谓的《政治经济》（Political

---

〔1〕 民国版为"迈诺斯宫殿"。米诺斯文明（Minoans，约公元前3000年~公元前1450年），爱琴海地区的古代文明，其发展主要集中在克里特岛。希腊神话记载了雅典王子忒修斯（Theseus）在克里特国王米诺斯的迷宫中杀死牛头怪（Minotaur）的故事。——点校者注

〔2〕 民国版为"赫司族"。赫梯（Hittite），古国名，形成于大约公元前19世纪中叶的小亚细亚地区。——点校者注

〔3〕 民国版为"讨到"。英文版为"testify"。——点校者注

〔4〕 民国版为"亚理士多德"，后文均改为"亚里士多德"。亚里士多德（Aristotle，公元前384年~公元前322年），希腊哲学家和科学家。其父曾是马其顿国王亚历山大大帝祖父的御医，他是柏拉图的学生，后来在柏拉图学园任教20年。约公元前342年返回马其顿担任亚历山大的老师，公元前335年到雅典开办自己的吕刻昂学校。他与柏拉图哲学最大的不同点是：不需要假设一个超然而单独存在的理念领域，能知觉事物的世界就是真实的世界。其著作丰富，现存的作品包括：《工具篇》、《论灵魂》、《物理学》、《形而上学》、《尼可马亥伦理学》、《欧德摩斯伦理学》、《动物志》、《政治学》、《修辞学》和《诗学》等。——点校者注

〔5〕 据点校者推测，作者在此处意欲指称古希腊哲学家亚里士多德（Aristotle）的著作《政治学》。《政治学》（*De Politica*）共八卷，是亚里士多德关于希腊各城邦政体研究的总结，阐述了其政治学基本理论，涉及法律、政治、经济、伦理等诸方面。——点校者注

Economy）一书中，关于迦太基，他曾述及迦太基的制度在某几方面比希腊各城市国家都要优美[1]。至于“制度”这个名词，他以为不仅是说政府的机构，特别还指法律的概要而言。据一般的主张以为“制度”实在是专指腓尼基人的祖国推罗，所以这位希腊大哲学家若是说到这一个，同样地也就是说到另一个。迦太基在当时还存在着而且强盛，推罗正在倾覆而趋毁灭。同样地，克里特的米诺斯法的确也是发源自腓尼基，虽则在雅典和斯巴达强盛以前早已消灭，但是在希腊强盛的整个时期中，它还是很著名的。

还有一件显著的事件可以提及，就是我们所谓的海上法（the admiralty law）或海商法（the maritime law），即在今日文明各国对于海洋贸易的法律，也可经由罗马民法溯源到地中海东岸小亚细亚西南角的罗德岛及其城市的法律。这个地方是腓尼基著名的殖民地，虽然我们不能再进一步地找出（trace）罗德岛以前的源流，但是我们自然而然地推定其起源仍是在腓尼基。

腓尼基人与巴比伦人常相接触。他们不仅靠着幼发拉底河以维持他们的贸易，并且他们在印度洋又是巴比伦人的劲敌和合作者。的确，在历史家希罗多德（Herodotus）所保存的传说之一中，曾述及腓尼基人系从波斯湾若干海岛上移殖前来与巴比伦尼亚几个早期的海港相紧接的，因此就断定那些富于进取的航海家曾从巴比伦法律中学到一些最优美的特点。

但是既有这些推测和这些普通的传述，我们只好把腓尼基法放下不再作进一步的推究。当马其顿王亚历山大摧毁尼布甲尼撒的事业以及把推罗城化成灰烬时，在时代的记录中这个最有兴趣的一章便永远地收封起来，变成一部密闭的书本了。

---

〔1〕 Aristotle, *De Politica*, Book Ⅱ, Chap. Ⅱ.

三、埃及

古代文化三中心点的第三个是在尼罗河的沿岸。埃及和腓尼基及巴比伦尼亚同对整个世界放射出古代文化的光荣。希腊哲学家和政治家都从埃及找寻他们本国之制度的起源，而罗马帝皇也常从埃及那里得到许多智识。就是在摩西的时候，埃及已以学术见称。希伯来之立法家也毫不踌躇地为他们本国人民采用了埃及一部分的法律及制度。当梭伦〔1〕在雅典人中颁行其法典以前，他曾详细地研究过这些法律和制度。

法老的文化在不断的征服和蹂躏的影响之下，也像腓尼基和巴比伦尼亚一样消逝了。孟斐斯〔2〕(Memphis)、底比斯〔3〕(Thebes)、安〔4〕(On) 和塔尼斯〔5〕(Tanis) 等埃及大城，像推

---

〔1〕 梭伦（Solon，公元前 638 年～公元前 559 年），古代雅典的政治家，立法者，古希腊七贤之一。梭伦在公元前 594 年出任雅典城邦执政官，制定法律，进行改革，史称“梭伦改革”。——点校者注

〔2〕 孟斐斯（Memphis），位于尼罗河三角洲南部的古埃及城市。其一度是埃及古王国的首都。——点校者注

〔3〕 底比斯（Thebes），即今天的卢克索（Luxor），古埃及中王国和新王国（公元前 2040 年～公元前 1071 年）期间建立的都城，位于开罗以南的尼罗河右岸，是埃及中东部的历史古城。历代埃及法老在此兴建了大量的神庙、宫殿和陵墓，当时的底比斯有城门百座，人口稠密，广厦连亘，有“百门之都”（The Hundred Gates）的美称。——点校者注

〔4〕 即“赫利奥波利斯”（Heliopolis），《圣经》中称作“安”（On），埃及古代圣城，现大部分为废墟，在开罗（Cairo）的东北部。该城曾是埃及太阳神瑞（Re）的崇拜中心。——点校者注

〔5〕 塔尼斯（Tanis），位于埃及尼罗河三角洲的东北部的古埃及城市，曾是一个最富有的贸易中心和埃及第二十一和第二十二王朝的首都。——点校者注

罗、西顿、巴比伦和尼尼微一样地崩溃了，因此也就失却了它们的艺术、科学、语言、宗教、哲学和法律等伟大成功的光荣。但是埃及的法老们在其伟大的遗迹中却遗给世人以最显著的纪念物品。我们上面已经说过，仅仅在最近70年中从荒漠的沙底里以及2400年以来所堆积的一些遗迹里，曾经发现亚述和巴比伦的伟大文化。有许多埃及伟大的纪念物虽然毁坏了，但是还竖立而庄严地保留着，而且都为一般旅行者所亲见。金字塔和狮身人面像〔1〕(the Sphinx)等宏大的建筑物，仍然竖立在尼罗河西岸，与马其顿之亚历山大、波斯之冈比西斯二世〔2〕(Cambyses)、巴比伦之尼布甲尼撒以及亚述之亚述巴尼拔在他们从事征服生涯时的情形一样。还有卡纳克〔3〕(Karnak）和阿布辛拜勒〔4〕(Ipsambul）的神庙，足以表示古代百门（The Hundred Gates）之底比斯的光荣，并且几个世纪之前建筑的花岗石柱依然矗立，那些石柱建造的时代是荷马（Homer）史诗尚无法提及的年代，比罗马建城还早，甚至比雅典更为古老。在利比亚山各法老的坟墓原冀避免外来的劫掠以保存直到永远，但他们的尸体却被掘出，使我们洞察古埃及之生活的情况和历史。

在这里，我们各处都可以见到用法老们之语言的碑文，这种碑文久为一种疑问，但在过去的一世纪中才被阐明。从时代的残

〔1〕 民国版为“人面兽身之石像”。——点校者注

〔2〕 民国版为“冈比西”，后文均改为“冈比西斯”。冈比西斯二世（Cambyses Ⅱ，生卒年代不详），波斯国王，居鲁士二世之子。公元前525年灭亡埃及，后国内发生起义，在返国途中暴卒。——点校者注

〔3〕 卡纳克（Karnak），埃及中王国及新王国时期首都底比斯（Thebes）的一部分，古埃及最大的神庙所在地。——点校者注

〔4〕 民国版为“Ipsambul 的神庙”，即阿布辛拜勒神庙（Abu Simbel Temples），位于北非埃及尼罗河谷努比亚（Nubia），是古埃及最伟大的法老拉美西斯二世（Ramses Ⅱ）所建。——点校者注

物中曾由纸莎草纸（papyrus）发现了一些关于古代僧侣的若干知识。我们虽然不能或永远不能再建立已经灭失的埃及历史，但是我们仍能知道关于他们的一些风俗、习惯、法律和制度。即使他们业已衰落，也能够引起柏拉图、希罗多德和狄奥多罗斯·西库路斯[1]（Diodorus Siculus）这些人对于他们的欣赏。

有一件奇怪的事情就是，我们虽然获得关于古埃及文化的垂久记录比关于亚述和巴比伦的数量更多，但是，亚述和巴比伦的遗迹使我们对于它们的法律比对埃及关于法老立法的记载了解得更为详细。对于此点的解释，有些人以为埃及文化比亚述和巴比伦尼亚的来得幼稚，而且埃及又不是从事航海的民族，常比巴比伦尼亚同族的含族（Hamite）较乏冒险性。但是这种推测并没有历史事实的根据。从摩西曾学得"埃及人一切的学问"这句话（《使徒行传》第七章第二十二节）看来，我们便知道埃及因其位居尼罗河及红海以及地中海沿岸，所以一定是一个海上霸权的国家。并且在狄奥多罗斯·西库路斯的著作中认为它曾一度被认为是地中海帝国（公元前787年~公元前734年）[2]，或者以前也曾被同样地承认过好几次。而最后埃及的艺术和科学，尤其是哲学，达到登峰造极的地步，这就可以表示它在立法上也是同样的精巧。此外，在它的各朝帝王中，有5位是被狄奥多罗斯·西库路斯认为是特别伟大的立法家——穆涅维斯[3]（Mnevis）［他称

---

〔1〕 民国版为"代俄多拉斯·西苛罗斯"。狄奥多罗斯·西库路斯（Diodorus Siculus，生卒年代不详），公元前1世纪古希腊历史学家，著有《历史丛书》40卷。——点校者注

〔2〕 即古埃及第二十二王朝（Twenty-second Dynasty）时期，由利比亚人建立的，时间从公元前945年~公元前720年。——点校者注

〔3〕 民国版为"尼维斯"。穆涅维斯（Mnevis），赫利奥波利斯（Heliopolis）的神圣黑牛，两角之间有太阳轮盘，是太阳神的使者，因其生殖

这位创立者为美尼斯[1]（Menes）]、萨西奇斯[2]（Sasyehis）、塞索西斯（Sesoosis）[即希罗多德之塞索斯特里斯[3]（Sesostris of Herodotus）]、博克霍里斯[4]（Boccharis）和阿玛西斯[5]

能力和传达神谕而被崇拜。在古埃及早期的神牛崇拜传统中，国王常自称“一头强壮的公牛”，因此可指代后文的埃及国王美尼斯（Menes）。——点校者注

〔1〕民国版为“米尼斯”。美尼斯（Menes，生卒年代不详），传说中古埃及第一王朝（公元前3200年～公元前2850年）的创立者，统一上埃及和下埃及，其真实性尚待考证。希罗多德（Herodotus）在著述中称其为“米恩”（Min）。——点校者注

〔2〕民国版为“萨司西斯”。萨西奇斯（Sasyehis），被希罗多德（Herodotus）称之为“阿苏奇斯”（Asychis），即古埃及第四王朝（公元前2625年～公元前2515年）的第六位法老舍普赛斯卡夫（Shepseskaf），在位期间王权与僧侣集团矛盾日益尖锐。希罗多德说他曾经定下一条法律，欠债者可以用自己父亲的尸体作为抵押，这也反映了当时债务矛盾的尖锐。——点校者注

〔3〕民国版为“塞索司特利斯”。塞索斯特里斯（Sesostris）也就是前文提及的塞索西斯（Sesoosis），即古埃及第十九王朝（公元前1320年～公元前1200年）的第三位法老拉美西斯二世（Ramesses Ⅱ），他进行了一系列的远征，其执政时期是埃及新王国最后的强盛年代。——点校者注

〔4〕民国版为“菩开诺斯”。博克霍里斯（Boccharis）即古埃及第二十四王朝（公元前730年～公元前715年）的第二位法老，伟大的立法家，即后文提及的“博克霍里斯智者”（Boccharis the Wise）。博克霍里斯参照梭伦（Solon）立法限制高利贷，废除债务奴役，目的是为了保持纳税和服兵役的自由民数量，保证国家的兵源。——点校者注

〔5〕民国版为“阿美斯”，阿玛西斯（Amasis），古埃及第二十六王朝（公元前664年～公元前525年）的第六位法老，是埃及被波斯征服以前最后一位伟大的统治者，平民出身，通过兵变取得王位，以其智巧而不是暴力赢得人民拥戴。其在位期间允许希腊人定居埃及。——点校者注

（Amasis）——其中博克霍里斯和阿玛西斯是生在该王国后部的时期中。至少其中一人，就是所谓“博克霍里斯智者”（Bocchar-is the Wise），是因为他所颁行的法律以睿智明敏而著称于世。

不知什么缘故，古埃及法制的痕迹遗下很少。埃及的政治组织分为上下埃及两部——后来则分为上中下三部——又将全国再分为三十省或州（nome）。据说中部计有七州，因此在希腊时期就被称为哈普坦密斯〔1〕（Heptanomis），即七州。在每州以及在数州中的主要城市内都有若干地方法院的设置。此外从上中下三部或这三部的三个主要城市，即底比斯、孟斐斯及安即赫利奥波利斯〔2〕（Heliopolis）（即日城），各派法官 10 人组成一个含有法官 30 人的中央大法院。据说法官中之一是被选或被指定担任院长的，因此便需从他的本城或本部中另选一人以补其缺，所以除了院长之外，法官的数目常为 30 人。这可表明法官的选择是使用某种选举法而不是由国王指定的。中央及各地方法院的法官均从僧侣的名列中选出，因此他们不但在宗教上占据垄断地位，并且把持着医药的事业及法律的执行。至于国王当然像古代各国一样，很少亲自审判案件。在历史上曾记载过埃及王虽然不是从僧侣名列中而是从武士中出身，但是当他登位时便要使之熟习祭司的职务，因此就要加入当时拥有一切知识的僧侣阶级中。

我们上述的阶级制度，在古今许多国家里都曾见过。它在民主主义占据优势的 21 世纪的今日并没有消灭，在古埃及和现在之印度斯坦十分发达。在这两个国家中一切权力都由僧侣和武士两阶级平均享有，僧侣阶级当然因其智力上的影响而常占据优

---

〔1〕 在托勒密王朝（Ptolemaic Dynasty）时期，在中埃及所形成的行政区划，共计 7 个省（nome）。——点校者注

〔2〕 民国版为“希利俄波利斯”。——点校者注

势。在埃及这两个阶级好像形成了一种封建的阶级，他们拥有大部分的土地赁给农民耕种。

从埃及碑文的记录中和历史上很少的记载中，我们颇能知道埃及法院也有写成的诉状，和我们今日所有的在实质上没有多大差异。对双方当事人都有关于人证的调查，惟双方却没有辩护人的出庭辩护——因为法庭的辩护制度在尼罗河流域似不发达。法院的判决以法官多数的意见为根据。当事人双方都不须缴付费用，务使一般人都能够自由获得法律的保障。这种主张在现代的社会或者不能实行，但是在学说上当然有许多可供考虑的优点。

关于家属关系，有一件特殊的事情就是埃及对于婚姻的结合比任何古代国家都要重视，就连以色列国也不及之。虽然他们对于多妻多夫主义及离婚也是准许的，但是都不常见，或者竟可认为例外。夫妻在家务上是平等的。据历史家狄奥多罗斯·西库路斯说，妻好像常居一家之主和管理者的地位，而财产之承袭，也好像传于女方者较男方者为多。他所举述的种种情形是以在埃及黄金时代所流行的各种制度为根据的。因为当艾西斯[1]（Isis）和欧西里斯[2]（Osiris）在位时，欧西里斯是附属于他的王后及女神艾西斯权力之下的。因此又好像在埃及各时代中的已婚妇女虽然有婚姻关系的存在，但是仍能绝对管理其个人财产及其特有的产业，正如英国的普通法一样，丈夫是无权过问的。

埃及所流行的奇异婚姻风俗在法律上并不像在社会上那样关系重要，但是和我们的观念却不相容。例如紊乱伦常的兄妹姐弟

---

〔1〕 民国版为“埃西”，后文均改为“艾西斯”。艾西斯（Isis），死者的守护神，也是生育之神，欧西里斯的妻子。——点校者注

〔2〕 民国版为“奥赛烈司”，后文均改为“欧西里斯”。欧西里斯（Osiris），冥王，也是农业之神。——点校者注

结婚，这种习惯也是溯源于艾西斯和欧西里斯的缔姻。他们相互间是有两重亲属关系的。至于这种风俗在当时是如何地流行，我们却不知道。但是很奇怪的就是在马其顿的托勒密〔1〕(Ptolemy)皇室中曾经极力仿效。这是当亚历山大帝国正在分裂时，在各大将中最能干的一个名字叫作托勒密·索特〔2〕(Ptolemy Soter) 的所建立之埃及的希腊化的〔3〕(hellenic) 王国，首都是亚历山大城〔4〕(Alexandria)。还有一件或者更奇怪的事，就是这个著名的皇室，或可说是前所未有的最聪明的皇族，从未产生过神经错乱和体质退化的人。但据近代的发现，则认为神经错乱或体质退化有由于两个血统接近的人联婚而来的原因。所以有许多地方和国家都制定法律禁止这种婚媾。当然根据从基督教主义得来的近代文明的一般原则，对于艾西斯和欧西里斯的这种联姻是不能予以认许的。但是在宗教上和民事上的法规还更进一步地对于血统不怎样十分相近的婚媾也予禁止。宗教法对于此点通常比国内法更为严厉〔5〕，禁止的范围且扩张到四亲等的亲属。读者可以回

---

〔1〕 民国版为“托雷密”，后文均改为“托勒密”。——点校者注

〔2〕 民国版为“托雷密·苏塔”。托勒密·索特（Ptolemy Soter，公元前367年~公元前282年)，即托勒密一世，埃及托勒密王朝创建者。托勒密原本是马其顿帝国亚历山大大帝麾下的一位将军，公元前323年，亚历山大病逝以后，帝国分崩离析，托勒密便在埃及建立自己的王国。公元前305年，托勒密宣布自己为埃及法老，建都亚历山大城(Alexandria)。——点校者注

〔3〕 民国版为“希尼伦”，后文均改为“希腊”。赫伦（hellen)，相传为希腊民族祖先。希尼伦（hellenic）即古希腊别称。——点校者注

〔4〕 民国版为“亚历山大拉”。亚历山大城（Alexandria)，位于尼罗河口以西，埃及的最大海港和埃及全国第二大城市，历史名城。——点校者注

〔5〕 民国版为“严历”，后文均改为“严厉”。——点校者注

想到一个著名的实例，就是著名的克利奥帕特拉七世女皇[1]（Queen Cleopatra）时的埃及制度，这位女英雄生在世界史中最纷乱的时期中，她是一个血统关系接近的父母的女儿，她很早便和比她年纪轻几岁的兄弟托勒密结婚，然而这是和她的志愿相反的。

儿童在埃及的家庭中比任何国家占着更重要的地位。这又是它的宗教的结果。艾西斯、欧西里斯和荷鲁斯[2]（Horus）——就是母亲、父亲与儿子——构成埃及最流行的三位一体之神。很奇怪的就是他们的神大都是三个一组的。因此在家庭中，母亲父亲与儿子便构成了一个完全的家庭。继承的财产多由母亲传给儿子。至于由父亲将其财产传给母亲，以便其儿子由其母亲处继承之，也是很常见的。

遗嘱在埃及托勒密族以前简直是没有的，它是跟着希腊其他风俗一同导入到该国的公民政体中。在托勒密的时代，据一般历史家叙述的几件实例，王权也是用遗嘱传袭的。克利奥帕特拉的父亲托勒密·奥勒忒斯[3]（Ptolemy Auletes）是用遗嘱分派他的

---

〔1〕 民国版为“克利俄培特拉女皇”。克利奥帕特拉七世（Queen Cleopatra，约公元前70年~约公元前30年），通译称为“埃及艳后”，埃及托勒密王朝的最后一任女法老。她卷入罗马共和国末期的政治漩涡，同恺撒、安东尼关系密切，并伴以种种传闻逸事，使她成为文学和艺术作品中的著名人物。——点校者注

〔2〕 民国版为“荷拉斯”。荷鲁斯（Horus），古代埃及神话中法老的守护神，是王权的象征。他的形象是一位鹰头人身的神祇。——点校者注

〔3〕 民国版为“托雷密·奥理梯斯”。即托勒密十二世（Ptolemy Auletes，公元前117年~公元前51年），埃及托勒密王朝国王，统治残暴，公元前58年人民推翻了他，拥戴其女儿贝勒尼基四世为女王。然而，托勒密十二世在庞培军事支持下又夺回王位，于公元前55年残酷处死自己的女儿。在其去世前，他立另一个女儿克利奥帕特拉七世（即“埃及艳后”）为共同执政者。古代史书上多使用他的绰号，称“托勒密·奥勒忒斯”，即“吹笛者”，因为托勒密十二世很擅长吹笛子。——点校者注

王国及其属地予他的四个儿子的。

我们很自然地会想到埃及的法律及制度和摩西法典中的若干规定在某几方面是有些类似的。二者都是以 7 日为一星期，对于伪誓及伪证都有相同的刑罚。这两部法典在刑事方面比起各国所规定之严厉的刑罚都要宽缓得多。又二者都设有关于参酌情有可原的情形而准许减刑的规定。在埃及死刑常减为在埃及上部及努比亚（Nubia）的花岗石矿中，或在阿拉伯西奈沙漠的矿中充服惩役。这种规定大约是为着宽悯而设，但是在实行上通常却非常苛刻，与活地狱毫无区别。

我们曾经说过埃及的僧侣和武士阶级拥有大部土地，仅仅把它租给农民耕种。我们曾发现关于这种土地租借的契约，其中有些规定着一定的租金，有些则规定以所收获之一部分作为租金。因此似乎是需要着一种土地户名登记的制度。

抵押和典质的制度当时也曾使用，对于贷金的利率也设有规定。有一种特殊的典质就是将一个人的父母或祖宗的尸体作质而使用其一族的坟墓——这种典质的方法是因为埃及人之尊重祖宗及用香油保存其尸体冀其将来便于复活之这种异常的爱护而发生的效力。尸体的复活及灵魂之不死与他们的宗教制度有些关系。尸体完整的保存，在将来的复活是必要的。因此效力最强的典质就是坟地的典质。

埃及的法律为梭伦、柏拉图、亚里士多德、希罗多德和狄奥多罗斯·西库路斯等所钦慕。它对于雅典的大立法家以及摩西的立法有很大的影响，因此我们虽然面前有着微明的光线仍不能看到它对于后世制度直接的感应，然而它或者对于人类思想和人类历史的趋势却有很大的影响。

埃及在公元前 331 年亚历山大大帝（与其说是埃及的征服者毋宁说是波斯之统治的让与人）踏进该国以前时的历史，约有

2500 多年之久，其间经过各朝代的变迁，国内的冲突和国外的征服，又遭遇着传染病和鼠疫，战争和饥荒等。这些种种的盛衰变化虽然使它的法律和风俗也发生许多的变换，但是似乎在尼罗河流域之固有制度的永久而卓著的固执性也渐渐和托勒密朝系的希腊文化相混合，最后更屈服在百战百胜的罗马人的掌握中，尤其是受到更有势力之罗马法的影响。它们经过罗马统治而遗下或保存着的一切遗物，都被在 639 年回教徒之征服时的野蛮的狂热中全然毁灭了。当这些野蛮的入寇者将伟大的亚历山大图书馆〔1〕毁掉时，不独把古埃及的法律消灭了，并且将许多古代的文学也都使其同归于尽。

---

〔1〕 亚历山大图书馆始建于托勒密一世（约公元前 367 年 ~ 公元前 282 年），是世界上最古老的图书馆之一。馆内收藏了贯穿公元前 400 年 ~ 公元前 300 年的手稿，拥有最丰富的古籍收藏，可惜的是，这座举世闻名的古代文化中心，相传于 3 世纪末被阿拉伯征服者所毁。——点校者注

第四章 印度斯坦、中国、米底和波斯法

一、印度斯坦

美索不达米亚，埃及和腓尼基是放射古代文化之三个伟大的中心地，泰西[1]（the Occident）现在的文化是从他们和巴勒斯坦[2]（Palestine）经过了希腊和罗马的传递而来的。但是欧美的风俗习惯也受到另一个较远地方的影响，而这种影响要比一般人所揣度的更多。我所说的这个地方就是印度斯坦[3]（Hindustan）的巨大半岛。

印度斯坦是值得研究法律的人们深细地予以考察的。对于历史家和建筑家来说，这是一个有特殊兴趣的国家。在某种意义上，它的文化对于我们来说是比巴比伦尼亚、亚述、埃及、腓尼基，甚至比巴勒斯坦都要重要。巴比伦尼亚、埃及、腓尼基是含

---

〔1〕 泰西（the Occident），旧泛指西方国家，一般指欧美各国。——点校者注

〔2〕 民国版为“巴剌斯坦”，后文均改为“巴勒斯坦”。——点校者注

〔3〕 英文版为“Hindustan”。历史地区，指北印度。包括的区域：北面以喜马拉雅山脉（the Himalayas）为界，南面则是温迪亚山脉（Vindhya Mountains）和讷尔默达河（Narmada River），包括从旁遮普（Punjab）到阿萨姆（Assam）的恒河流域（Ganges River）。——点校者注

族的国家。亚述和巴勒斯坦是闪族（Semitic）的国家。印度斯坦的人民，虽然在位置上和英美相隔很远，但是却和英美同属于雅利安的民族，希腊、罗马和欧洲近代许多国家也都属于此族。大约在4000多年以前，他们的祖宗和在亚洲中部大夏〔1〕(Bactria)大平原的英美人民的祖宗相混合。广义地说来，这个亚洲中部是从印度河起到咸海〔2〕(Aral Sea）止，在那里产生了好几座著名的城市，例如布哈拉〔3〕(Bokhara)、撒马尔罕〔4〕(Samarkand)、美卢〔5〕（Meru）和赫拉特〔6〕(Heart)。在这个中心地有两支住居此地的人民向外移动。一向东南方跨过印度河，经由印度斯坦的平原来到温迪亚山脉〔7〕(Vindhya Mountains）和孟加拉海湾〔8〕(Bengal

〔1〕英文版为“Bactria”。大夏国是公元前3世纪中期古希腊殖民者在中亚草原地区建立的希腊化的国家。巴克特里亚（Bactria）是古希腊人对今兴都库什山以北的阿富汗东北部地区的称呼。——点校者注

〔2〕民国版为“阿拉咸海”。咸海是俄语“阿拉尔海”一词的意译，是哈萨克斯坦境内的一个咸水湖。——点校者注

〔3〕民国版为“菩卡拉”。布哈拉（Bokhara)，有2500多年历史，是乌兹别克斯坦第三大城市，中亚最古老城市之一。——点校者注

〔4〕撒马尔罕（Samarkand)，乌兹别克斯坦第二大城市，是中亚最古老的城市之一。——点校者注

〔5〕民国版为“美卢”。美卢神山（Meru)，即须弥神山（Sumeru)，古印度神话中位于世界中心的山。——点校者注

〔6〕赫拉特（Heart)，阿富汗西北部一城市，是中亚最古老的城市之一。——点校者注

〔7〕民国版为“文底拉山脉”，后文均改为“温迪亚山脉”。温迪亚山脉(Vindhya Mountains)，印度中部的山脉，是习惯上划分南北印度的分界线。——点校者注

〔8〕孟加拉湾（Bengal Bay)，位于印度半岛、中南半岛、安达曼群岛、尼科巴群岛间，是印度洋东北部的一处海湾。——点校者注

Bay)。另一支则向西移动来到伊朗[1](Iran）或波斯的大高原。他们又好像继续再向西行，结果构成了凯尔特人[2](Celt)、条顿人[3]（Teuton)、斯拉夫尼亚人[4](Slavonian)、罗马人、伊利里亚人[5](Illyrian）和希腊人等著名的民族。最后接着就有了在居鲁士和大流士·希斯塔斯皮斯（Darius Hystaspes）等领导之下来到地中海沿岸而给予泰西历史以重大的影响之波斯的雅利安人。

在后述一支的移民中有两种互相竞争而显然彼此仇视的宗教制度，一派是波斯的琐罗亚斯德教[6](Zoroastrianism)（译者按，即

---

〔1〕民国版为“伊兰”。伊朗高原（Iranian plateau)，又称“波斯高原”(Persian plateau)，亚洲西南部大高原，四周被山脉围绕，为典型的山间高原。——点校者注

〔2〕凯尔特人（Celt)，公元前2000年活动在中欧的一些有着共同的文化和语言特质的，有亲缘关系的民族的统称。其祖先生活在爱尔兰、苏格兰、威尔士以及法国的布列塔尼半岛。——点校者注

〔3〕条顿人（Teuton)，是古代日耳曼人中的一个分支，公元前4世纪时分布在易北河下游的沿海地带。后世常以条顿人泛指日耳曼人及其后裔。——点校者注

〔4〕民国版为“斯拉佛尼阿人”。斯拉夫尼亚（Slavonia)，南斯拉夫北部的一个历史地区，位于德拉瓦河与萨瓦河之间。17世纪时成为斯拉夫人的一个邦，曾长期与克罗地亚联盟。1918年斯拉夫尼亚成为南斯拉夫的一部分。——点校者注

〔5〕伊利里亚（Illyria)，巴尔干半岛西北部古国，从公元前10世纪起，印欧民族的一支伊利里亚人（Illyrian）就居住在这里。公元前168年成为罗马的伊利里亚省。现改称“阿尔巴尼亚”。——点校者注

〔6〕琐罗亚斯德教（Zoroastrianism)，中国史称“拜火教”，是基督教诞生之前中东和西亚地区最有影响的宗教，古代波斯帝国的国教。琐罗亚斯德教的教义一般认为是神学上的一神论和哲学上的二元论。琐罗亚斯德教的经典主要是《阿维斯塔》，意为“知识”、“谕令”或“经典”，通称《波斯古经》。——点校者注

拜火教），另一派就是印度斯坦的吠陀教[1]（Vedism）。至于他们的宗教制度因他们宗教的冲突而发生了什么变革，我们这里不用推究。

雅利安印度人（Aryan Hindus）在印度斯坦平原上的新居中，发展了一种很高度的文化。关于此点，有一个证据足以引起我们的注意，这就是我们所用的阿拉伯数字之发明（这种称呼是错误的，因为它全然不是阿拉伯的）和数学上之小数点的制度。他们又从事天文学，发现黄道带[2]（Zodiac），并且描出天空的图形，可以和巴比伦人相媲美。他们又被称为西洋象棋（chess），以及流行极广的纸牌的发明者。至于说到哲学范围内，他们表现出一切深奥的不朽的思想，那又是在柏拉图和亚里士多德使雅典文化登峰造极很久以前的事。他们又撰有著名的咏史诗（epic poem），比荷马[3]（Homer）的不朽作品还要早。这和在希腊最伟大时代的“希俄斯石岛上之老盲诗人”[4]（The blind old bard of Scio's rocky isle）的诗同样地为今日一般梵语的学者所喜爱。他们的文

---

〔1〕 民国版为“吠陀经（Vedic）的宗教”。吠陀教（Vedism），印度古代宗教，公元前1500年左右从现伊朗地区进入印度，成为印欧语系民族所信奉的宗教。吠陀教（Vedism）、婆罗门教（Brahmanism）与印度教（Hinduism）是同一个宗教的初中后期的三个不同发展阶段。——点校者注

〔2〕 黄道带（Zodiac），是指天球上黄道南北两边各约9°宽的环形区域，太阳、月亮及主要行星在此带内运行，古人认为黄道带内有12个星座。——点校者注

〔3〕 荷马（Homer，约公元前9世纪～公元前8世纪），古希腊盲诗人，相传著有记述公元前12世纪～公元前11世纪特洛伊战争及有关海上冒险故事的《伊利亚特》和《奥德赛》两部古希腊长篇叙事史诗。——点校者注

〔4〕 民国版为“赛俄石岛上之老盲诗人”，此处即指“荷马”。希俄斯岛（Chios），即文中的赛俄石岛（Scio's rocky isle），是位于爱琴海的希腊岛屿，相传是盲诗人荷马的出生地。——点校者注

学非常之多，他们的历史充满着兴趣，但是年鉴体裁的历史则可以说是完全没有。因为关于他们国家已往的叙述，神话和寓言过多，而且又充满了宗教上的特殊色彩，即关于他们的灵魂轮回及转生的学说，所以我们现在便不能从他们书本所充满着的大量寓言中分别出事实的本体来。

但是以神话及寓言为根据最少的就是他们已达充分发展地步的法制，据说这是他们的大立法家摩奴（Manu）的作品〔1〕。可是摩奴是什么人，生在什么时候，他在何种环境之下从事这种著作，凡此问题都好像是全然不能解决的。但是就一个大立法家为其国家创立法制的意义上观察，是否曾经有过这样的人的确是一个很大的疑问。这里可以提示我们的就是印度的法制既然是连续经过好些时期之努力的结果，因为它具有伟大的制裁力和效果，所以必须诿诸一个从前的理想或真实的人物即所谓该民族初期历史记载中某个模糊的人物。然而照我们现在目的来推定，现存的摩奴法是始于公元后的最早几个世纪，可是实质上却包含着古老的习惯法。那些习惯法的形成时间早于现存摩奴法近一千余年，那时正值腓尼基兴盛的时代。毫无疑问的是，腓尼基那些富有进取心的商人曾经来到过印度斯坦的沿岸。

据说摩奴法并不像摩西法、梭伦法或《优士丁尼法典》〔2〕、

〔1〕民国版为“摩拿”，后文均改为“摩奴”。摩奴（Manu），印度神话所传人类的始祖及立法者。《摩奴法典》（*Manava-dharma-shastra*），据传出自摩奴之手，是最具权威性的印度教法典，其重要特点是种姓制度。——点校者注

〔2〕《优士丁尼法典》（*the Justinian Code*），又称《民法大全》或《国法大全》，东罗马帝国皇帝优士丁尼一世于公元 6 世纪下令编纂的一部汇编式法典，是罗马法的集大成者。——点校者注

或《拿破仑法典》[1]在公布时一样本身就有效力。它之所以有效，仅因为它包含有人民太古的习惯，这是就我们对于柯克[2]（Coke）和布莱克斯通关于英国普通法的意识上来讲的。我们还可加上一句话，就是《摩奴法典》虽然是最著名、最流行和最受人欢迎的印度法制，可是却非印度这个大半岛上的唯一编辑或注释。因为印度斯坦是具有不同风俗的许多民族的，因此就有不同的法制。不过《摩奴法典》，像前所述，是最为一般人所承认的，而且又为英国法学者所认为在印度斯坦行使司法权时最为常用的。

我们应注意的，就是为了要使他们的人民易于记忆这个法律起见，尤其是为着那些婆罗门教徒（因为这是专供他们使用而制定的），摩奴法是用诗句写成的。

在印度斯坦像在古代各国一样，国王是一国之最高法官。在印度斯坦通常是有许多国家和国王的。在古代各大王国，一切权力都集中于国王一人手中。在学理上说来，他的主要职务是判断人民间的冲突，当然除了很小范围之外，这是不可能的，尤其是在一个包含有许多城市和版图广大的王国更属困难。这种职务大都付诸委托，这个委托最初常是付诸王室所在地的官员或机关。

---

〔1〕《拿破仑法典》（*the Code Napoleon*），广义指拿破仑统治时期制定的五部法典，包括《民法典》、《商法典》、《民事诉讼法典》、《刑法典》、《刑事诉讼法典》；狭义仅指其中的《民法典》。法学著作中常使用狭义概念，即1804年之《法国民法典》。——点校者注

〔2〕民国版为“科克”，后文均改为“柯克”。爱德华·柯克爵士（sir Edward Coke，1552～1634），英国法学家和政治人物，1613年被任命为王座法院首席法官后，又常被称作“柯克大法官”。柯克身上有许多光环：“普通法的福音”，“活着的普通法”，“法学之源”，而最出名的事件就是他与詹姆士一世的那场争执，以及作为1628年《权利请愿书》的一名起草者。——点校者注

就是这个王室法庭，在人口增加时，不久便只好限于管理较重大的案件和复审[1]（review）下级或地方法院的判决。地方法院是用来判断平常的争执，而王室法院则为较重大的案件和上诉及复审的法院，这都是各国司法方面的必要设施。这构成了我们今日的制度，而这又是印度斯坦好久以前已有的制度。每村或每区域都有他们自己的法院，由 4 位或 5 位或 6 位的法官所组成，以一位充任审判长，其他的则为审判官。都按照各地方的风俗和习惯，有由各区域选举的，也有由世袭而来的。这些地方法院解决了许多当地所发生的争执，而其程序也较王室法院简单而较不拘泥于形式。

在古印度斯坦的王室法院中，《摩奴法典》的规定与我们的法院十分相同。诉讼是用书面的，对于答辩的提出设有一定时间的限制。答辩的方式计有 4 种，就是否认（denial）、承认（confession）、承认与辩白（confession and avoidance）和前审判决（previous adjudication）。然后根据法官的判定令负有举证责任之一方，提出证据。通常只需要 3 个证人便可使事实成立。举证时是要宣誓的，但是对于举证的证人为无能力者或无资格者则为例外。在印度斯坦也像英国以前的普通法一样，有所谓的神明裁判法（ordeal）——火审（fire ordeal）、司法决斗（judicial duel），以及古英国法律著作家所提及的其他神明裁判法。[2]

民事裁判的执行方法是印度斯坦最显著的弱点，几乎全由胜诉的一方自己执行。通常最初采用温和的手段，如果不成功，便要行使强力，例如财产的押收、债务人的禁锢或沦为奴隶以及最后置债务人于死地皆是。

---

〔1〕民国版为“覆审”，后文均改为“复审”。——点校者注

〔2〕民国版为“有所谓神的裁判法——即火裁判法、战斗裁判法以及古英国法律著作家所提及的其他神的裁判法”。——点校者注

《摩奴法典》是印度唯一最著名的法典，可是并非唯一的法典。它对于法律的编制和论述通常被认为是印度各种法律中最完备的。对于法学所涉及范围的广狭，我们可由它所用的18个节目中看到。这就是：①债之收回；②寄托与典质；③无主物之出售；④合伙商店；⑤赠与物之返还；⑥工资之拖欠；⑦契约之不履行；⑧买卖之撤销；⑨牲畜之主人与其受雇者间的争执；⑩关于疆界之争执；⑪侵犯；⑫诽谤罪；⑬盗窃罪；⑭强盗及强暴罪；⑮奸淫罪；⑯夫妻间之权利与义务；⑰遗产之分割；⑱赌博罪。

在编制方面，令我们注意的，就是民事和刑事并未分化，它的分类也不像我们的分类。其中有六个节目——就是第十一、十二、十三、十四、十五和十八节目——是属于刑法的；第十六节目是关于家属的关系，似乎认为夫与妻是一家最主要的人物；至于其他十一节目则为关于动产与不动产的权利的规定。

印度斯坦刑法中的特点和其他各国的刑法没有多大差别，我们不必在这里讨论它。在《摩奴法典》中，印度的亲属法和埃及巴比伦的法律也没有多大的差异，只不过摩奴法对于家庭是社会基础之单位这一点，比其他两国的规定较为注意确切罢了。婚姻是一种神圣的契约，但是妻的人格要归并入于夫方，其内容并不出乎英国普通法所规定之范围以外。离婚在夫方是允许的，但在妻方则否，不过这好像是极罕见的事情。多妻制度也只允许夫方享有此种权利，但是也和离婚一样绝对罕有。多夫制度在印度斯坦历史上的若干时期中，也可看到其相当地流行。摩奴法并没有寡妇殉夫，即寡妇当其丈夫火葬时，亦行自焚之恶习的规定，因为这是该国的风俗习惯而为比较近来才产生的。

阶级制度我们已经说过，在埃及颇为普遍，但是在印度斯坦则极为流行，而且对于人民整个的社会政策影响尤深。然而这却是在印度斯坦极繁盛之后才发生的。其实可说是当国家丧失独立权之后，才坚定和发达起来的。这就是在八九世纪中从亚洲北部而来的野蛮人，和从阿拉伯前来之极可恶的回教徒侵入该国并将它征服的时候。在其歧异待遇之严厉与不自然的制度下面，法律中加入了一种很大矛盾的现象。例如，杀死一个婆罗门教徒，便认为是一切犯罪中最残恶的，在时间上永远不能获到赦免；至于在同一的环境中杀死一个南印度的下等人，则便认为是一种十分细微的犯罪。

财产共有制，就是现在所称的共产主义（communism），是家族中的制度。在印度乡村中和在古代的雅利安社会中以及在今日的俄罗斯各地也都是如此。父亲以及为其继承人的儿子为着公共利益起见，都是共有财产的经理人。这种共有财产是不能让与的，不过如为由所有者特殊获得的财产，例如由赠与或在战时所获得的，则可自由加以处分。遗嘱，在摩奴法中没有提及。一切遗产的传袭，在子女间是平均分派的。但是有时在子与女之间，长子与幼子之间，却有若干差异的待遇。不过遗产往往不进行分割，由长子管理，直待其母逝世后始得为之。因为法律设有其母有毕生享受其财产之权利的具体的规定。

土地不仅可以通过继承的方式取得，还可因时效而取得。至于时效的期间则因各作者之意见而有差异。有认为是 20 年，有认为是 30 年，更有人认为是 60 年。这个差异也许是因为地方上的习惯不同的缘故。经过三代的占有约等于 100 年，而认为是人类记忆力的最高点，这在最后便被认为是时效的普通期间。至于动产若能继续平和地加以占有达 10 年之久，便可取得其所有权。

以担保债务之清偿抵押土地，在埃及和巴比伦尼亚很普遍，而在印度斯坦差不多是没有的。但是为担保债务之清偿而出质动产却很流行。而委托（Bailment）的法律则已改进到极精细的程度。利息的收取为法律所许，其总数通常不能超过所借出之本金的数目。契约在印度法典中是用神来担保的。他们常用宣誓方式来订约，依这样方式订结后，如有违反，不但被认为是民事上的损害，还是一种刑事的犯罪。契约的无效和我们今日所规定之无效的条件相同，并且像我们一样。例如，一个契约虽然未曾全部履行，但其应得额[1]（Quantum Meruit）可以恢复。不过对于侵权行为，印度法和英美法却有许多不同的地方，我们应予注意。例如，受雇者所为的侵权行为雇主是不负责的，就是基于职务的行为时所发生的亦然。至于对家畜，例如，狗或马所引起的侵权行为，主人也不负担赔偿的责任。

总而言之，印度法在摩奴法中所表现出来的是一种很精美的法制，它虽然有许多规定是为我们所不能赞同的，但是却值得我们欣赏。这是一部农业或田舍风味的法典，而不是为商人们而制定的，因此，和巴比伦尼亚及腓尼基的法制不同，而与埃及的法律则较近似。英国的普通法，在其变为商业性质以前，也是一种久居于农业及田舍的人民所传遗下来的东西。

据上所述，印度斯坦的文化和埃及、亚述、巴比伦、腓尼基等文化同时而较希腊及罗马为早，但是可以说是比它们都保持得长久，一直到今日还保存着。虽已不是像它原来的那样有声势，然而却还没有毁灭。印度斯坦是一个大国，约有合众国一半的面积，包含着许多在种族及风俗习惯上不相同之人民的若干国家。《摩奴法典》，如上所述，并不是印度法律中唯一被发现过的法典。至于其他的则未曾被多数人采用过。因为在这个巨大半岛上面各地各有不同的习惯，遂产生着不同的法制。在它们间虽然有一个共同之点，不过在甲省的法律是如此的，在乙省则不然。这

---

〔1〕应得额（拉丁语 quantum meruit），是指在普通法上，计算违约赔偿数额的一个标准。该词作为衡平救济的一种方式，现仍用于返还不当得利之诉中。——点校者注

正如在美国的各州一样。印度斯坦早经统一成一帝国，而且从未完全成为统一的民族。在英国政府和该地各王公订结的条约之下，英国操有控制全国的权力，但却允许人民享有各该本地的法律，并由各该本地的法院来执行，不过仍须受在英国监督之下的一个专司上诉案件之最高法院的管辖。因此，对于英国法学者和英国一般民族，摩奴法和印度法典不但有如推罗和巴比伦的那种仅仅与学理上或考古方面有关的价值，而且因为它们是统治数亿最智慧的人民之行为的准则，这些最智慧的人民是在人类历史上曾经出现过民族的一种，且为构成不列颠帝国（the British Empire）最重要之属地的民族。

二、中国[1]

转瞬之间我们就将目光转向了那幅员辽阔且人口稠密的中华帝国，那是一个现存于地球之上最古老、组织最严密的国度。由此，它的国家制度在过去被认为是最为稳固和持久的，在将来亦会保持此种特性。

最近，摆在世界上那些雅利安国家[2]（Aryan nations）和那

---

〔1〕民国译者王学文漏译“中国”部分，后由本书第二版点校者补译。——点校者注

〔2〕这里的雅利安国家分布于中亚，以印度斯坦为主。雅利安人指史前时期居住在伊朗和印度北部的一个民族。在19世纪，由于戈宾诺伯爵及其门徒张伯伦的积极鼓吹，出现过一种“雅利安人种”的说法，认为凡是讲印欧诸语言（特别是日耳曼诸语言）和居住在欧洲北部的人，都是“雅利安人种”；这些雅利安人比其他种族优越。这种说法已被博厄斯等绝大多数人类学家所否定，却被希特勒所利用，并成为纳粹对犹太人、吉普赛人以及其他一切非“雅利安人”采取灭绝政策的依据。——点校者注

些或许因自感优越而蠢蠢欲动的雅利安文明（Aryan civilization）面前的一个问题是：为何中华帝国尽管曾多次遭受侵略，几近被征服，但是在光复斗争中从未败北？这个问题实际上是源于被雅利安国家吹嘘持久存在长达4000年以上的与中华文明圈剑拔弩张的冲突关系。这种冲突远远早于阿伽门农〔1〕（Agamemnon）统领的希腊联军与特洛伊（troy）城邦的那场史诗战争〔2〕。由于崇山峻岭、荒漠密林的阻隔，中国在断绝与世界其他同样拥有灿烂文明的国家联系的情况下，在东亚特立独行地矗立了数个世纪。在它的国度里生活的居民，占世界总人口的1/4或许甚至是1/3，并且它的国家制度在地球上的其他地方无出其右。

正如一位英格兰作家温格罗夫·库克〔3〕以讽刺且略显夸张的口吻（尽管无失公允）写道："中国是这样一片土地，在那里玫瑰不再馥郁〔4〕，妇人不着衬裙〔5〕，男丁终日劳作〔6〕，文官

〔1〕阿伽门农（Agamemnon），希腊传说中迈锡尼国王，特洛伊战争中的希腊联军统帅。——点校者注

〔2〕特洛伊战争（Trojan War），传说在小亚细亚西部希腊人和特洛伊人之间发生的战争。在荷马的《伊利亚特》和《奥德赛》以及希腊悲剧和罗马文学中也均有记载。——点校者注

〔3〕乔治·温格罗夫·库克（George Wingrove Cook），伦敦《泰晤士报》记者，1857年~1858年曾专访中国。——点校者注

〔4〕这里有两种解释：一种解释是在西方国家，玫瑰、月季和蔷薇被泛称为"rose"，玫瑰与月季同是蔷薇属植物，不易区分。玫瑰茎干高长，刺多为直刺，花小、味香，月季茎干低矮、刺大、花大、味道淡或者无味。库克记者误认月季为玫瑰；另一种解释是玫瑰有富饶之意，玫瑰没有香味暗喻中国贫瘠。——点校者注

〔5〕衬裙是女性的服装，尤其是作为内衣穿在裙子里。西方人认为，穿裙子没有穿衬裙是不雅观、不文明的。——点校者注

〔6〕英文版原文为"the laborer has no Sabbath"（安息日），在犹太教和基

寡廉鲜耻，指向仪器的针尖却对着南方〔1〕，人们以挠后脑勺表示疑惑，尊贵者坐在左边〔2〕，人们的心思都花在了满足口腹之欲之上〔3〕，摘去帽子是一种傲慢无礼的行为〔4〕，穿着白色的外袍表示参加丧礼。”

从我们的观点来说，中国这个国家甚是吊诡（contradiction）。然而，假如你好好地去理解这些问题，就会发现它们并不是非逻辑和非理性的。众所周知，中华文明早于我们西方文明数个世纪，并且令人奇怪的是，尽管他们在诸多重大发明上领先我们西方，但却未曾对它们进行过改进。他们号称拥有的航海罗盘、印刷术、黑火药，实际上在欧洲早已问世。数世纪以来他们拥有着和我们公立学校制度（common school system）同样覆盖广泛的教育体制。中国是一个最家长制的国家同时也是最民主的国家。在那里没有特权种姓和特权阶级，却又极端地保守。它的政体是一

督教中，每周抽出一天来礼拜和奉行宗教义务。犹太教安息日从星期五日落起到星期六日落止，在这段时间不能进行例行工作和劳动。对大部分的基督教派来说，安息日在星期日，所规范的行为各异，但所有人都要参加礼拜是共同的。在伊斯兰教，星期五是礼拜之日。——点校者注

〔1〕 指向仪器有两种：第一种为“direction determinants”，译为“方向指定仪器”，中国古代四大发明之一，称为“司南”，是用于陆地上、较简单的指南仪器；第二种为“compass”，译为“罗盘”，欧洲和中国同时出现，无先后之分，是用于航海和勘测上、较专业的指北仪器。所以库克记者误认司南为欧洲罗盘。——点校者注

〔2〕 中国除秦汉元以右为尊外，一般以左为尊，左手边为上手。——点校者注

〔3〕 也可以译作“民以食为天”。——点校者注

〔4〕 在清朝革职或降职时，即革除或摘去所戴顶子。摘掉顶戴，就是开除官职（包括去除待遇）。而西方以脱帽表示致敬行礼。——点校者注

种绝对的和不可靠的君主制[1]。官员的升迁完全是基于政绩的高低，并且进入仕途的唯一方式是在科举考试中展现文字功底。我们的文官制度（the System of Civil Service）较之中国的而言，尚且不成熟。这个伟大的帝国拥有内容广博却又“心胸狭隘”（scope exceedingly limited）的文化。它有自己的虎贲将士、治国贤臣和三位思想巨擘——孔子、孟子和老子。然而，这三位思想家并没有和古希腊、古罗马以及当代最有智慧的哲人进行过对话。尽管他们活跃在 2500 年之前，但是他们的著述在当今仍然极具影响力，并且孔子制定出的道德准则丝毫不逊色于基督教的那些戒律。

中国的武备力量并不总像现在那么羸弱。中华帝国的势力范围一度西至里海（the Caspian Sea），统治着整个亚洲。甚至在 1878 年[2]之前的世界军事历史上最辉煌的篇章之一便是那场由中国将领指挥的战役。那位将领挥军穿越了东布哈拉（Bokhara，现作 Bukhara）可怕的崇山狭道，行军一千多英里，奇袭喀什

[1] 此处的绝对君主制是指相较于西欧君主制而言，中国皇帝权力的集权程度更高。——点校者注

[2] 1878 年爆发了著名的第十次俄土战争，规模空前，异常惨烈，双方投入兵力总数达 100 余万人，最后俄国与支持奥斯曼帝国的欧洲列强签订《柏林条约》，它实质上是部分地瓜分奥斯曼帝国在欧洲东南部的属地，但却远没有解决巴尔干半岛的许多冲突问题。正是奥斯曼帝国势力退出巴尔干半岛，才使得后者成为引爆第一次世界大战的“火药桶”。而在该年也爆发了第二次阿富汗抗英战争（1878 ~ 1880），阿富汗人民英勇抗击英国殖民者，十万起义大军在谢尔布尔包围英军。1880 年 7 月，阿军在迈万德之战中击溃英军一个旅，迫使英国殖民者放弃霸占阿富汗的企图，于同年 9 月缔结妥协协定，准许阿富汗内政自由，外交则由英国控制。1881 年英军撤出阿富汗。——点校者注

(Kashgar) 叛军大本营，最后奏凯而归。[1]有人认为以这种军事编制方式[2]再加之一位强有力的统帅（诸如某些新的成吉思汗[3]或帖木儿[4]式的人物）可能不会带领中国人再次横扫亚洲，或许也不会压制欧陆，在任何情况下都不会固执己见排斥西方国家，这种论断或许过于草率。

中国的国家机构据说几乎完全是建立在家长式管理（paternalism）的基础之上。谨奉孝道（filial piety）、崇拜祖先（worship of ancestors）、尚古非今（veneration of the past）、事法古制（adherence to precedent），这些组成了他们民事法律和道德律令的基本精神。从理论上讲，它并没有想象中那么糟糕。譬如说，在中国，假如一个人因为对国家功勋卓著（distinguished service）而蒙恩嘉奖，这会使其光宗耀祖；然而在西方，却将空头衔授予一个浪荡的不肖子孙，显然前者更加明智合理，因为后者会使整个家系蒙羞。

中国的刑法从理论上讲是足够仁慈的，但是在执行上是残忍

---

〔1〕推测可能是成吉思汗在1220年春“河中之战”中，率领蒙古军在不花剌（亦称布哈剌，今乌兹别克斯坦布哈拉城）击败花剌子模军的一次战斗。——点校者注

〔2〕推测是蒙古式的“兵牧合一”制度，即草原上的成年男子均有出军义务，上马战斗，下马畜牧。——点校者注

〔3〕英文版为“Genghis Khan”，即成吉思汗（Genghis Khan，1162～1227），本名铁木真（Temujin），出身于蒙古部孛儿只斤氏族。大蒙古国开国君主，著名的军事统帅。——点校者注

〔4〕英文版为“Timur”，即帖木儿（Timur，1336～1405），又作“Tamerlane”或“Tamburlaine”。信仰伊斯兰教的突厥人征服者，曾征服从印度、俄罗斯到地中海的辽阔地区。加入成吉思汗儿子察合台的一支后，居住于河间地带（今乌兹别克斯坦）。后来其使用诡计，接管了河间地带地区，并宣布他本人是蒙古帝国的重建者。——点校者注

和野蛮的。笞杖刑[1]（bastinado）、流刑[2]（exile）和死刑是最常见的刑罚，因为一个人的犯罪行为而被抄家（confiscation of goods）、满门抄斩（slaughter of whole families）、甚至是株连九族（massacre of whole villages and communities），此类事件在中国司空见惯。当地的司法长官[3]（magistrate）手中掌握着充分的自由裁量权，这就意味着法律的不确定性。贿赂尽管是法律明令禁止的刑事犯罪行为，但是在行政领域和司法领域中，仍然是一种众人皆知的做法。这种使得父亲在家族中享有绝对权威和官员在供职部门享有绝对权力的家长式管理模式将违反民事契约作为一种刑事犯罪来惩罚，这反映出了其在司法活动中带有原始社会特征的粗糙而权宜的处理方式。这一点在某种程度上和印度斯坦（Hindustan）的《摩奴法典》（the Code of Manu）有相似之处。当谈到民事契约这一问题时，有一点需要补充，那就是中国的商贾尽管非常精明且热衷于讨价还价，但他们却是世界上最诚实和最值得信赖的贸易伙伴。

中国没有律师[4]，据说也没有法典，并且除了我们先前提到的谨奉孝道（filial piety）和事法古制（adherence to precedent）以外，别无他法。以上论断似乎勾勒出了中华法系的基本轮廓，但是作为世界上最古老的国家，其法律发展却尚处于起步阶段。

---

〔1〕 英文版中的“Bastinado”译为“笞跖刑”（笞打足心），是印第安人独具特色的惩治方法，属于较重的刑罚；中国古代的笞杖刑则用竹板或荆条拷打犯人脊背或臀腿。——点校者注

〔2〕 英文版中的“Exile”译为“流放”，在欧洲是指将犯人放逐到国外，被喻为“不流血的断头台”；在中国即为流刑，为五刑之一，一般作为死刑的代用刑，在《大清新刑律》中被废除。——点校者注

〔3〕 英文版为“magistrate”，是指行政权和司法权合一的行政长官。——点校者注

〔4〕 推测作者认为中国讼师制度并不是美国式的律师制度。——点校者注

就此而言，中华法系几无可鉴之处，除了家长式管理（paternalism）中隐藏的危机。

三、米底与波斯

我们在亚洲再朝西，便要说到米底[1]（Media）和波斯[2]（Persia）两个大国，它们在亚洲南部称霸了300年，而且也给予欧洲以很大的威胁。

关于印度斯坦我们上面已经说过，即在古时，大约在公元前2000年至公元前1500年的时候，为欧美多数人所隶属之雅利安族有两支的移民，从大夏中部向外移——一支是崇信吠陀经[3]（Veda）的印度人，向东南方出发，来到印度河和印度斯坦的大平原，直达温迪亚山和孟加拉海湾；另一支为米底人和波斯人，向西南方来到伊朗大高原（我们通称之为波斯高原）。我们现在要注意的是这第二支的移民。

米底人和波斯人在希腊的史鉴上占了很大的部分，因此在世界

---

〔1〕米底王国（Media）是一个古伊朗王国，公元前612年灭亚述帝国。公元前550年居鲁士消灭了米底王国，建立了波斯阿契美尼德王朝。——点校者注

〔2〕波斯是兴起于伊朗高原西南部的古代文明。公元前550年居鲁士消灭了米底王国，建立了阿契美尼德王朝，史称第一波斯帝国；其后，阿尔达希尔一世推翻安息帝国，重新统一波斯，建立萨珊王朝，史称第二波斯帝国。——点校者注

〔3〕吠陀经（*Veda*）意思是“知识”、“启示”，古梵文创作的颂神诗歌和韵文，据传估计为公元前1500年～公元前1200年间创作，是婆罗门教之根本经典，共计四部：《梨俱吠陀》、《娑摩吠陀》、《夜柔吠陀》、《阿达婆吠陀》。——点校者注

史上也极重要。他们俩好像是同源于雅利安的民族，因为显然地是说着同样的言语，信仰同一的宗教，而且又具有同一的风俗及习惯。在这方面，他们之间无论怎样都没有实质上的差异。二者的祖宗都信仰大夏所特有的波斯琐罗亚斯德教的性善和性恶的二元教义［即欧马兹特[1]（Ormuzd）和阿里曼（Ahriman）］，认为二者是永远互相敌视的——这个教义和崇信吠陀经的印度人的宗教绝对相反。米底人好像是这两族人中首先向西方移动的，因此和亚述帝国的军队便发生冲突。起初被逐后退，暂时地屈服于亚述巴尼拔王即萨尔达尼拔勇士的帝国之下，但是最后却把在较懦弱的萨尔达尼拔管理下的亚述王国征服了，并将尼尼微大城化成灰烬。从此以后，尼尼微城便不能复兴起来。不久后，波斯人在米底人此前所结合的诸民族中获得了霸权，就于公元前536年，在其著名的首领卡伊库斯罗[2]（Kai Khosrou），即居鲁士大帝之下征服了巴比伦并制服割取亚洲西部全境。此外，即对埃及以及尼罗河大瀑布[3]（Cataracts of Nile）、利比亚直到撒哈拉大沙漠的边境，以及欧洲的色雷斯[4]（Thrace）和马其顿地方也尽予并吞。波斯帝国的权力从

---

〔1〕 阿胡拉·马兹达（Ahura Mazda）是琐罗亚斯德教的最高神，又名欧马兹特（Ormuzd），在善恶二元论中是代表光明的善神，与（后文提及的）代表黑暗的恶神阿里曼（Ahriman）进行长期的战斗，最后获得胜利。——点校者注

〔2〕 民国版为“开克哈斯劳”。——点校者注

〔3〕 民国版为“尼罗大瀑流”，后文均改为“尼罗河大瀑布”。尼罗河从苏丹的喀土穆向北奔流途中，河水在六个地区受阻，形成了著名的尼罗河六大瀑布。——点校者注

〔4〕 色雷斯（Thrace）爱琴海北岸之一地区，现分属于希腊及土耳其两国。古色雷斯人为印欧血统，公元前2世纪已在此定居，他们的文化以诗歌和音乐著称，他们的士兵则以勇敢善战闻名。——点校者注

克什米尔[1]（Kashmir）起，经过印度直达爱琴海（the Aegean Sea），多瑙河（the River Danube）及亚得里亚海之间都被人们所承认，就是远在地中海西岸的迦太基也曾一度向其进贡。这样看来，米底—波斯帝国几乎称霸全世，并操纵着各时代人类之善或恶的命运。

居鲁士大帝把在巴比伦被掳的犹太人释放，使他们回到祖国那里重建他们自己的法律和制度，这在基督教的新宗教制度中被认为是注定着来改革这个世界的。大流士·希斯塔斯皮斯是居鲁士的次承继人，他是该国伟大的组织者及立法家，他又是第一个和希腊人冲突的波斯帝王。在公元前490年，当他在位时，发生马拉松[2]（Marathon）大战，他的11万人的军队在他的大将大提士[3]（Datis）和阿尔塔费尼斯[4]（Artaphernes）指挥下，和雅典

---

〔1〕民国版为“喀什米尔”。克什米尔（Kashmir）是南亚次大陆西北部（青藏高原西部和南亚北部的交界处）的一个地区，自1947年印度分治以来，该地区成为印度和巴基斯坦之间的争议地区。——点校者注

〔2〕民国版为“马拉敦”。马拉松战役（The Battle of Marathon），是公元前490年的希波战争中，在雅典城外的马拉松平原上进行的一场决定性战役。大流士一世率领的波斯大军对抗由米太亚德率领的少数雅典军队，最终，雅典军队以少胜多。据说信使奔跑了约40千米回到雅典，在宣布胜利之后，力竭而亡。——点校者注

〔3〕大提士（Datis）和阿尔塔费尼斯（Artaphernes）是波斯王大流士一世出征希腊时手下的两员得力干将，前者是波斯舰队的指挥官，负责马拉松湾登陆作战，后者是大流士一世的兄弟，领兵围攻埃雷特里亚。——点校者注

〔4〕民国版为“阿塔斐尼”。——点校者注

在米太亚德[1]（Miltiades）指挥下的1万人的军队交战——这是判定人类的文化和命运之世上三大战役之第一次。这或者不是欧亚间的第一次大冲突，荷马所歌咏之阿尔戈斯人[2]（Argives）对抗特洛伊人[3]（Troy）的那次战争，或者可以获得这个荣誉。但是马拉松是希腊波斯间延有160年之久最初一次及最末一次的决战，其目的在于决定是否希腊的自由可以图谋人类的幸福，或者是亚洲之专制主义博得胜利。这个竞争最后在公元前331年由马其顿的亚历山大于阿贝拉[4]（Arbela）战场中将波斯帝国毁灭时才行决定。

波斯帝国像亚洲其他的大国一样，是绝对专制主义的国家。通常希腊人称米底人和波斯人等非希腊民族为野蛮人（Barbarian）。但是在希腊人的"Barbarian"一名并不是英语那样的意义，它等于英语的异国人或外国人（Alien and foreigner）。米底—波斯人早就不是野蛮人了，这个国家最初曾创立一种邮政制度（虽然这个制度很简陋），他们自然不是属于如我们所称的野蛮人民的。

---

〔1〕 民国版为"米底雅第"。米太亚德（Miltiades，公元前540年~公元前489年），雅典将军，曾在马拉松战役（公元前490年）中以少胜多打败了波斯大军。——点校者注

〔2〕 民国版为"Argives"。阿尔戈斯（Argos/Argives）位于伯罗奔尼撒半岛东北部，靠近阿尔戈利斯湾上方。青铜器时代早期开始有人居住，斯巴达兴盛前是古希腊最强盛的城邦之一。——点校者注

〔3〕 民国版为"特垒人"。特洛伊（Troy），小亚细亚西北部古代特洛阿斯平原的城市。它曾被包围并最终在长达十年的特洛伊战争中被摧毁，在荷马史诗中有所记载。——点校者注

〔4〕 民国版为"阿俾拉"。公元前331年，亚历山大大帝在底格里斯河左岸的阿贝拉城附近的在高格米拉平原上同波斯军队进行了一场著名的战役，史称"阿贝拉会战"，是西方世界战争史中著名的以少胜多的战役。——点校者注

据我们所知，大流士·希斯塔斯皮斯是最初创立邮政制度的人。此外，米底人和波斯人的宗教——琐罗亚斯德教，这个名字是从它的伟大的创立人琐罗亚斯德[1]（Zoroaster）这个名字得来的——除了崇信一神的犹太教和基督教之外，它算是世界古今一切宗教制度中最纯洁、最高尚的一种。这对于希腊粗俗的多神教即从腓尼基、埃及、亚述和巴比伦输传而来的，却是一种无上而优美的宗教制度。不过后来却退化了，而只有它这已退化了的形式保存到了今日。

琐罗亚斯德教和其同源的印度斯坦之吠陀经制度一样，人为法和神法都极混杂不分。其实这是古代多数法制的特征，就是摩西制度亦无不然。摩西立法的严格性是因为这个事实以及因为受了犹太历史上的哈斯摩尼[2]（Hasmonean）和希律王[3]（Herodi-

---

〔1〕 琐罗亚斯德（Zoroaster，公元前628年～公元前551年）生活在古代伊朗地区，是琐罗亚斯德教的开创人，《火教经》（*Avesta*）的最早分册《伽泰》（*Gathas*）的作者。——点校者注

〔2〕 民国版为“阿斯摩安（Asmonean）”。哈斯摩尼王朝（Hasmonean dynasty，公元前143年～公元37年）古代犹太王朝，马加比家族的后裔。其名来自他们的祖先哈斯蒙尼斯，公元前143年左右，西蒙·马加比领导马加比人反抗塞琉西国王的统治，胜利后成为犹太人的祭司长、统治者和总督。——点校者注

〔3〕 民国版为“赫罗德（Herodian）”。犹太历史上共有四位希律王：①希律王（公元前40年～公元前4年统治加利利和犹太），该希律王曾想杀害幼儿耶稣（马太福音2：1）；②希律王安提帕（公元前4年～公元39年统治加利利），该希律王杀死了施洗约翰（马太福音14：1）；③希律王亚基帕一世（公元41年～公元44年统治犹太），他杀死门徒雅各，并想杀害使徒彼得（使徒行传12）；④希律王亚基帕二世（公元50年～公元53年统治犹太），听保罗传道的希律王（使徒行传25：26）。——点校者注

an）时期中各拉比的注释而越发加剧起来。因此就引起了较温和及较合理之基督教的成功。至于米底法和波斯法则因其具有严格性，益使它们在帝国衰落以前早被废弃。然而就是在其法律中的不变性质（就是它的严格性的一种要素），才引起了我们对于它的注意。

在《圣经》的《但以理书》[1]（The Book of Daniel）中的一章（第六章第八节及第十二节）里就有两个地方经这个著名的以色列作者写道："米底和波斯的法律是不可更改的。"好像这种不变的性质是米底—波斯制度中的一个特征。同时我们又从几位从事记述波斯的希腊历史家那里知道了波斯王的命令是不能变更的。这样看来，这种不变的性质在他们的法制上，对于控制波斯王的专制行动似乎是有若干影响的，而且在该帝国的初期，即在基亚克萨雷斯、居鲁士大帝以及大流士·希斯塔斯皮斯等国王统治之下极有效力。但是在后世的衰落时期却不怎样重要了。

波斯人不是一种商业的人民。的确，他们好像有些藐视商业，全都让诸居留在其国内的其他外族人民。因此他们就没有商法。这里我们或者要发生疑问，就是虚伪和伪证通常既然是由商业方面发生的，那么他们是否对于虚伪及伪证等恶行较诸其他恶行更为嫌恶呢？历史上除了关于他们的刑法外，很少谈及他们其他的法律。好像其他许多情事一样，他们的理论和他们的实行不能一致。在理论上他们的法律曾规定，重罪之初犯是不能处死刑

---

〔1〕 但以理（Daniel），四大犹太先知（以赛亚、耶利米、以西结、但以理）之一。出生时犹太已亡国，他与另外三个犹太年轻人被选中服侍尼布甲尼撒王。由于他的聪明才智，在巴比伦帝国内扶摇直上。及至巴比伦亡国被波斯王国取代，但以理都一直被重用。死后葬于今日乌兹别克的撒马尔罕。《圣经》中的《但以理书》相传有部分内容由他所写，而其他部分则是后人记录他的生活事迹。——点校者注

的，但是在实行上却没有这种宽恕。又在理论上，凡未经证人与之对抗的犯人，不能认为犯罪。这是我们法律的规定。在实行上，这也许更是普通案件的习惯。但是在专制主义的君主要陷害任何人民时，这个法则是不会存在的。波斯刑法是以极端残忍的刑罚见称的，这好像是全世界各刑法制度中最坏的一种。实则在18世纪的末叶以前，没有一种刑法制度曾注意到了人道主义。也许在波斯法以后，英国的普通法就算是最有系统之野蛮刑法的法典。

第五章　古希腊法

一、克里特与罗德—米诺斯

我们从亚洲再谈到欧洲，从波斯人再说到他们永久的敌人——希腊人（Greek）。这种转移的叙述颇为合理。

古时希腊（Greece）的文化在世界文化中正如中午之太阳一样。在这个世界上，此前迄今实在没有比古代的希腊人更精干、更迈进、更机巧、更多才多艺、更艺术、更文雅、更深思，在各项知识部门中更富有修养的人民。他们在其本国语多自称为希尼伦人〔1〕(Hellene)。在上列的比较中，就是在19或20世纪的国家也没有任何例外。希腊曾产生过一些空前绝后的诗人，如荷马、萨福〔2〕(Sappho)、品达〔3〕

〔1〕希尼伦人是希腊人的古称。——点校者注

〔2〕萨福（Sappho，约公元前630年～约公元前560年），古希腊著名的女抒情诗人，一生写过不少情诗、婚歌、颂神诗、铭辞等。一般认为她出生于莱斯沃斯岛的贵族家庭。青年时期曾被逐出故乡，原因可能同当地的政治斗争有关。被允许返回后，曾开设女子学堂。古代流传过不少有损于她的声誉的说法，但从一些材料看，她实际上很受乡人敬重。——点校者注

〔3〕民国版为“平达”。品达（Pindar，公元前518年～公元前438年），古希腊诗人。出生于维奥蒂亚贵族家庭。他的名声可能主要源自后来歌颂诸神的赞美歌作品。后成为古希腊最伟大的抒情诗人，他的17卷作品集几乎包括了各类合唱抒情诗，但只有4卷被完整保留下来，乐谱已丢失。——点校者注

(Pindar) 和埃斯库罗斯[1](Aeschylus) 皆是。只有稍为近代的但丁[2](Dante)、莎士比亚[3](Shakespeare) 和歌德[4](Goe-

---

〔1〕 埃斯库罗斯(Aeschylus, 约公元前525年~约公元前456年)公元前525年出生于希腊阿提卡的埃琉西斯。青年时期在希皮阿斯的暴政下度过,希波战争期间参加过马拉松战役和萨拉米斯战役,热爱城邦,拥护民主制。公元前470年应叙拉古僭主希埃隆邀请赴西西里作客,公元前458年以后不久重赴西西里,最后死在该岛南部的革拉城。他是古希腊悲剧诗人,与索福克勒斯和欧里庇得斯一起被称为是古希腊最伟大的悲剧作家,有"悲剧之父"、"有强烈倾向的诗人"的美誉。主要作品有《被缚的普罗米修斯》、《波斯人》、《乞援人》等。——点校者注

〔2〕 民国版为"丹泰"。但丁(Dante Alighieri, 1265~1321)意大利诗人。出身佛罗伦萨贵族世家,一生都在教皇和皇帝两派党羽(即归尔甫派与吉伯林派)之间的冲突中度过。他对贝雅特里齐(1290年卒)精神上的爱情使生活有了方向,并为她题献了大部分的诗歌。著有《新生》、《飨宴》、《论俗语》、《帝制论》、《神曲》等。——点校者注

〔3〕 民国版为"莎士菲亚"。莎士比亚(William Shakespeare, 1564~1616),英国诗人、剧作家,常被视为世界文学最伟大的作家。1594年时,他显然是逐渐在伦敦崭露头角的剧作家,也是宫内大臣供奉剧团(后为国王供奉剧团)的重要成员,剧团从1599年起在寰球剧院演出。莎士比亚戏剧包括《仲夏夜之梦》、《亨利六世》、《理查三世》、《理查二世》、《罗密欧与朱丽叶》、《威尼斯商人》、《尤利乌斯·恺撒》、《皆大欢喜》、《哈姆雷特》、《奥赛罗》、《麦克白》、《李尔王》等。——点校者注

〔4〕 民国版为"哥德"。约翰·沃尔夫冈·冯·歌德(Johann Wolfgang von Goethe, 1749~1832),出生于德国法兰克福,作为诗人、自然科学家、文艺理论家和政治人物,歌德是魏玛的古典主义最著名的代表。而作为诗歌、戏剧和散文作品的创作者,他是最伟大的德国作家之一,也是世界文学领域的一个出类拔萃的光辉人物。主要作品有《少年维特的烦恼》、《浮士德》等。——点校者注

the）或者可以和他们并列。希腊又有空前绝后的演说家，如德摩斯梯尼[1]（Domosthenes）和埃斯基涅斯[2]（Aeschines），哲学家如柏拉图和亚里士多德，历史家如希罗多德和修昔底德[3]（Thucydides），人民领袖如伯利克里[4]（Pericles）和伊巴密浓达[5]（Epaminon-

---

〔1〕民国版为"多斯坦密斯"。德摩斯梯尼（Domosthenes，公元前384年~公元前322年），古雅典雄辩家、民主派政治家，早年从伊萨学习修辞，后教授修辞学。积极从事政治活动，极力反对马其顿入侵希腊。后在雅典组织反马其顿运动，失败后自杀身亡。——点校者注

〔2〕民国版为"挨斯基尼"。埃斯基涅斯（Aeschines，约公元前390年~公元前314年），雅典政治家、演说家。出身低微，曾反对马其顿腓力二世的扩张。公元前346年出使马其顿以后，又成腓力政策的传播者。德摩斯梯尼等控告他叛国，支持马其顿的政策，他成功地进行了辩护。公元前330年，他反过来控告德摩斯梯尼受贿，抨击其道德品质，败诉后离开雅典，旅居罗德岛等地。他在诉讼中的讲演有《驳提马科斯》、《出使之罪》、《驳克忒西丰》等。——点校者注

〔3〕民国版为"修昔的底斯"。修昔底德（Thucydides，公元前460年~公元前404年），古希腊最伟大的历史学家，雅典人。曾在伯罗奔尼撒战争中指挥舰队，但未能阻止重镇安菲波利斯的陷落，后来被流放20年。流放期间，他写了《伯罗奔尼撒战争史》。该书对国家战争策略提供了第一个记录式的政治和道义上的分析。——点校者注

〔4〕民国版为"伯里克里斯"。伯利克里（Pericles，约公元前495年~公元前429年），古希腊民主政治的杰出的代表者，古代世界最著名的政治家之一。伯利克里时代，是雅典最辉煌的时代，产生了苏格拉底、柏拉图等一批知名思想家。——点校者注

〔5〕民国版为"意巴密嫩达"。伊巴密浓达（Epaminondas，公元前410年~公元前362年），底比斯军事战术家和政治领袖。公元前371年在留克特拉战役中以新战术击败斯巴达人，使底比斯成为希腊最强的城邦。——点校者注

das)，声名显赫的妇人如阿斯帕西娅[1]（Aspasia）和希帕蒂娅[2]（Hypatia），雕刻家如菲狄亚斯[3]（Phidias）和利西普斯[4]（Lysippus），绘画家如阿贝列斯[5]（Apelles）和巴赫西斯[6]（Parrha-

---

〔1〕民国版为“阿斯培喜阿”。阿斯帕西娅（Aspasia，约公元前469年~公元前406年），古希腊名媛，来自古希腊东部的城市米利都，于公元前450年左右到达雅典，传说她以美貌与智慧名动整个希腊半岛。她与当时的政治家、哲学家有颇多往来，其中就包括柏拉图。据传她还是古代希腊著名政治家伯利克里的情人，伯利克里的演说稿大部分都是出自他的这位聪颖过人的情人之手。——点校者注

〔2〕民国版为“海波萨”。希帕蒂娅（Hypatia，约370~415），出生在埃及，古希腊著名数学家、天文学家和哲学家，世界上第一位女数学家，新柏拉图主义的学术领袖。这位聪慧的女性以她的才华和贡献跻身于古代世界最优秀的学者之列。然而，她主张的哲学理论在当时被认为是异端邪说，最后受到基督教狂热分子迫害而身亡。她的惨死，被西方世界作为“文明消失”的象征而供奉。——点校者注

〔3〕民国版为“斐狄亚斯”。菲狄亚斯（Phidias，约公元前480年~公元前430年），古代雅典雕刻家、画家和建筑师，被公认为最伟大的古典雕刻家。其著名作品有奥林匹克城的宙斯巨像和帕台农神庙神殿的雅典娜巨像。——点校者注

〔4〕民国版为“来西巴斯”。利西普斯（Lysippus，生卒年代不详），古希腊古典后期的著名雕塑家，也是最后一位重要的雕塑家，活动时期公元前4世纪。他曾担任马其顿国王亚历山大的御用雕刻家。其代表作品有《刮汗污的运动员》、《赫拉克勒斯》等。——点校者注

〔5〕民国版为“亚比利”。阿贝列斯（Apelles，生卒年代不详），出生在小亚细亚的古希腊时代早期画家，活动时期公元前4世纪。他的作品虽无真迹传世，但一直被认为是古代绘画大师。他最著名的作品是《阿佛洛狄忒和阿纳德约梅尼》。其绘画风格与技法极大地影响了后世文艺复兴运动。——点校者注

〔6〕民国版为“巴累喜阿斯”。巴赫西斯（Parrhasius，生卒年代不详），古

sius)，学者如阿利斯塔克[1]（Aristarchus）和德米特里厄斯[2]（Demetrius Phalereus），医师如希波克拉底[3]（Hippocrates）和盖伦[4]（Galen）等，都是各项知识界中的杰出人才。古希腊人，尤其是希腊民族中最著名的雅典共和国，在知识上的成就，在古今各时代中是罕有能够和它媲美或超过它的。罗马之奥古斯都[5]（Augustan）时代，英国之伊丽莎白[6]（Elizabethan）时代，法国在路易十四[7]（Louis XIV）时代的光荣，若和希腊民

希腊画家，鼎盛期在公元前400年左右。他出生于艾菲索斯，但定居于雅典。他的画作以超常写实主义著称。巴赫西斯据说画过一幅窗帘，画得非常自然，以至于他的对手宙克西斯认为它是真的。——点校者注

〔1〕 民国版为“亚利斯他克”。阿利斯塔克（Aristarchus，公元前315年~公元前230年），生于爱琴海萨摩斯岛，古希腊第一个著名天文学家。他是历史上最早提出日心说的人，也是最早测定太阳和月球对地球距离的近似比值的人。——点校者注

〔2〕 民国版为“狄麦多流·法拉利斯”。德米特里厄斯（Demetrius Phalereus，公元前350年~公元前280年），公元前3世纪希腊哲学家，雅典总督，亚历山大图书馆创立人之一，编写了世界上第一部《伊索寓言》。——点校者注

〔3〕 民国版为“希波革拉第”。希波克拉底（Hippocrates，约公元前460年~公元前377年），被西方尊为“医学之父”的古希腊著名医生，提出“体液学说”，他的医学观点对以后西方医学的发展有巨大影响。——点校者注

〔4〕 民国版为“格林”。盖伦（Galen，约129~216），希腊解剖学家、内科医生和作家，其著作对中世纪的医学有决定性影响。——点校者注

〔5〕 民国版为“奥加斯坦”。——点校者注

〔6〕 民国版为“伊利萨伯”。——点校者注

〔7〕 民国版为“路易士十四”。——点校者注

族伟大的成功比较起来都要减色不少。在艺术方面仅有意大利的米开朗基罗[1](Michelangelo)、提香[2](Titian)、列奥纳多·达·芬奇[3](Leonardo Da Vinci)和拉斐尔[4](Raphael)等，才是希腊人天才家最成功之作品的劲敌。

还有希腊语言——也就是古希腊人的语言——人类从来没有发展过一种比它更壮丽、更精巧、为表现人类知识上一切观念之用的语言。如果我们以为它是一种消逝了的语言，那么我们是大错特错了。它仍然十分活跃，即使在今日我们还用希腊语言来思想和谈话。假如我们没有那种伟大的语言来做那些最近最伟大发

---

〔1〕民国版为“米雪尔·安极乐（Michael Angelo）”。米开朗基罗（Michelangelo，1475～1564），意大利雕塑家、建筑师、画家和诗人。他与列奥纳多·达·芬奇和拉斐尔并称“文艺复兴三杰”，主要作品有雕像《大卫》，绘画《末日审判》等。——点校者注

〔2〕提香（Titian，1490～1576），原名蒂齐亚诺·韦切利奥（Tiziano Vecellio），意大利画家，曾活跃于威尼斯。主要作品有《圣母升天》、《酒神与阿里阿德涅》、《欧罗巴的被劫》等。——点校者注

〔3〕民国版为“雷俄那多达芬奇”。列奥纳多·达·芬奇（Leonardo Da Vinci，1452～1519），意大利文艺复兴三杰之一，也是整个欧洲文艺复兴时期最完美的代表。他是一位思想深邃、学识渊博、多才多艺的画家、数学家、天文学家、寓言家、雕塑家、发明家、哲学家、音乐家、医学家、生物学家、地理学家、建筑工程师和军事工程师。主要作品有《蒙娜丽莎》、《岩间圣母》、《最后的晚餐》等。——点校者注

〔4〕拉斐尔（Raphael，1483～1520），原名拉斐洛·桑齐奥（Raffaello Sanzio），意大利画家和建筑师，1504年，移居佛罗伦萨，在那里他完成了许多著名的圣母题材作品。作品有《带金翅雀的圣母》、《雅典学院》、《西斯廷圣母》、《基督显圣容》等。——点校者注

明品的命名，例如电报、电话、摄影机、留声机以及自行车[1]（Bicycle）、汽车等名词之肇始于希腊语言，科学便要残缺不全而且游移不定。当我们打算选定近代医学上最伟大发明的一个适当的名称时，我们就不得不借助于希腊语“麻醉药”（Anaesthetic）这个词。所以在我们这个伟大的发明时代中，无数的改良物和发明品是使用希腊语的名称，而在人类的知识中增加了许多光彩。因此古希腊人的语言和思想，对于后世实具有不可磨灭的影响！

古希腊人从来未曾组织过单一的国家，可以说是从来未曾有过一个叫作赫拉斯[2]（Hellas）的国家。希腊著作家从未用过赫拉斯这一个字，但是却用希尼伦人[3]（Hellene）这个名称。他们虽然没有国家，可是对于国籍却非常注重。他们不但占有所谓希腊这一个细小的地方，并且在爱琴海、黑海、地中海沿岸各地，从克里米亚半岛[4]（Tauric Chersonese）起到直布罗陀海峡[5]（Straits of Gibraltar）为止，散布着整千的殖民地。这些广泛散布的希腊人是由于同一的语言，同一的宗教和在德尔斐[6]（Delphi）

---

〔1〕 民国版为“自由车”。——点校者注

〔2〕 民国版为“希拉”。赫拉斯（Hellas）是希腊的古称。——点校者注

〔3〕 希尼伦人是希腊人的古称。——点校者注

〔4〕 民国版为“道利刻索尼萨斯”。克里米亚半岛古代称作陶鲁斯的切尔松尼斯（Tauric Chersonese），位于亚洲中部。——点校者注

〔5〕 直布罗陀海峡位于西班牙与摩洛哥之间，连接大西洋及地中海。——点校者注

〔6〕 德尔斐（Delphi），古希腊城市，位于中希腊的弗西斯境内的帕那索斯深山里，因有阿波罗（Apollo）神庙而闻名。古希腊人认为，德尔斐是地球的中心，是“地球的肚脐”。——点校者注

地方所供奉之同一的阿波罗神庙[1]，由于每4年在伊利斯[2]（Elis）所举行的奥林匹克运动会[3]，由于荷马的诗歌以及他们随时随地对于他们所理会的公民自由主义的努力等将他们联系起来。虽然古希腊人是这样广泛地散布着而且从来没有统一成为一个有组织的国家，但是他们在世界史的演进上其文化之共同目标的一致实为其他较有组织的民族所未曾有的。就是罗马后来所担任从事的那件伟大事业，也是在古希腊人时早已十分成熟了的。

我们上面已经说过古希腊人是十分注重公民自由主义的。当他们强盛的时候，他们曾有过共和制度，他们在知识活动上的自由，也是因为有了这种制度的协助才能够建立他们伟大的文化。他们那种文化就是我们现有的文化。只有一神主义是由以后共和政体的以色列才添加上去的。所以我们这里可以坦白地说，只有共和制度才适于发展最高的文化。共和政体的以色列族、共和政体的希腊、共和政体的罗马、在文艺复兴时期意大利的各共和国以及荷兰共和国都是很好的例证。我们在宗教上、在政治上、在法学上、在科学、艺术和文学上，以及在人类一切其他伟大的成功都是靠着他们才有实际的进步。因为有了他们所宣传的共和主义，美国和法国才能够有19和20世纪的文化。但是这说得太远了，我们谈古希腊人罢。

古希腊人的文化就是我们的文化。他们的科学、他们的艺术以及他们的文学就是我们的科学、艺术以及文学的基础。同样的就是他们的法律以及他们的政治经济，也是我们的法律政治和经济。因为他们和我们是走着同一的途径，并且在法学上也具有同

---

〔1〕 民国版为“阿普罗圣庙”。——点校者注

〔2〕 伊利斯（Elis），西伯罗奔尼撒半岛的古希腊地区和城市，位于该地区的奥林匹克平原，是奥林匹克运动会的起源地。——点校者注

〔3〕 民国版为“奥林辟亚运动会”。——点校者注

样的经验。他们和我们也曾为同样的事件而奋斗——即自由与权利彼此间的永久冲突。法律和立法是他们最喜欢的论题。从他们最初的时候直到最末的时候，那英勇民族的政治家和哲学家都忙于把人类安乐的问题实施于有组织的社会中。他们对于我们能够给予许多关于法学和政治方面有益的贡献。

在我们或可算为希腊本部的向南沿岸的一带地方，和靠近爱琴海而离开地中海主部的地方，有一个克里特（Crete）岛，大约有 170 哩〔1〕长，40 哩宽，比美国纽约海岸的长岛〔2〕(Long Island）稍大一点，且在外廓上有些类似。它恰位于推罗及西顿勇敢的航海者所必经之途径上，这是古希腊人最初受到从腓尼基和埃及传来的文化种子的地方。

大约在公元前 1350 年或公元前 1400 年，伟大的米诺斯（Minos）王在克里特登极。他的名字在古希腊人中几乎是象征着法律和立法。他是腓尼基人的后裔。据那荒诞不经的作品，即所谓《希腊神话集》（Hellenic Mythology）告诉我们，他是西顿王的女儿美丽的腓尼基公主欧罗巴（Europa）的儿子。欧罗巴这个名字就是欧罗巴洲〔3〕(Europe）的名字，她由朱庇特〔4〕(Jupiter）化成牛身背着她渡海到克里特，就在那里产生了米诺斯。这个神话当然是有一种寓意，但是我们不必加以推究。不过我们可以知道的就是，由其他方面都可认为米诺斯是具有腓尼基的血统。他后

〔1〕“哩”即“英里”。“哩”是近代新造的字，借用中国传统的长度单位“里”，并加口旁以示区别。1 英里等于 1609.344 米。——点校者注

〔2〕长岛（Long Island）是美国纽约州东南端岛屿，位于长岛海峡和大西洋之间。——点校者注

〔3〕欧罗巴洲即欧洲的古称。——点校者注

〔4〕民国版为“朱彼忒”。朱庇特（Jupiter）是罗马神话中的主神。罗马统治希腊后将希腊主神宙斯（Zeus）之名改成了朱庇特。——点校者注

来成为海上巨大帝国的统治者，除了他本部的克里特岛外，还包括小亚细亚沿岸、爱琴海各岛、希腊本部、西西里岛等地在内。他同时又是一位大立法家，制定了一部克里特法典，成为后世希腊各国的典型。当他制定和实施这些法律的时候，他得到他两个兄弟埃阿科斯[1]（Aeacus）和拉达曼图斯[2]（Rhadamanthus）的帮助和有力的合作。因此他们三人的名望都震动起来，所以后来在希腊神话中都说他们在阴间做了幽灵的司法者。由于这种和其他的原因，再后来——即在怀疑主义[3]（skepticism）的时期中——发生了究竟是否实际上存在过这样的人的疑问。虽然在许多神话和寓言里都曾提到他，但是我们现在至少可以断定是有米诺斯这样一个人的，而且他在实际上是一个比希腊历史家所表示的要来得更活跃（active）的人物。奇怪得很，最出人意料的，就是他的克诺索斯[4]（Cnossos）宫殿，即在希腊故事中所颂扬的

---

〔1〕 民国版为“伊阿卡斯”。埃阿科斯（Aeacus），埃伊那（Aegina）的第一位国王，阿喀琉斯的祖父，以他的虔诚和正义闻名，死后被任命为冥府的判官。——点校者注

〔2〕 民国版“拉达曼塔斯”，拉达曼图斯（Rhadamanthus），欧罗巴与宙斯之子，米诺斯的弟弟，为奖赏他堪为表率的正义感，他死后被任命为冥府的判官。——点校者注

〔3〕 民国版为“怀疑派”。怀疑主义就是避免宣称有最终真理的一种哲学角度。哲学界一般认为，最早的怀疑主义哲学家是后苏格拉底时期的皮浪（Pyrrho）。——点校者注

〔4〕 民国版为“格诺萨斯（Gnossus）”。克诺索斯（Cnossos）是克里特岛上的一座米诺斯文明遗迹，被认为是传说中米诺斯王的王宫。它位于克里特岛的北面，海岸线的中点，是米诺斯时代最为宏伟壮观的遗址，可能是整个文明的政治和文化中心。据希腊神话记载，雅典王子忒修斯（Theseus）在克里特国王米诺斯的迷宫（Labyrinth）中杀死牛头怪米诺陶（Minotaur）。——点校者注

著名的迷宫（Labyrinth），最近已被发现，而且又已经发现了许多证据证明在希腊攻打特洛伊（Troy）城以前老早就有高度的文化了。如果证据在实际上是为历史上已经确定之事实所需要的话，那么，希腊神话中的事实的根据都被证明了，并且克里特和腓尼基间的往来也经证实。克里特给予早期希腊文化之形式的影响业已明显，而米诺斯的立法则为其中伟大而重要的因素。

米诺斯的立法在古希腊人中获得很大的名誉和威信，他经过了希腊各立法家和希腊各城市国家的协议才形成了希腊的法典。然而我们可以说是对于他我们是毫无所知。亚里士多德在他的《政治经济》〔1〕即他自己所称的《政治和经济》的作品中确有许多关于克里特法律和政治制度的记述。在涉及拉凯戴孟〔2〕(Lacedaemon）和迦太基的法制时，因为有许多类似的地方，他就将这三国列为一类，而认迦太基为其中最优美的一个。

不过亚里士多德所指的克里特不是米诺斯的克里特而是多利亚人〔3〕(Dorian）的克里特。因为多利亚的征服是在攻打特洛伊城之后，借赫拉克勒斯后裔的返归〔4〕(Return of Heracleidae）的

---

〔1〕据点校者推测，作者在此处意欲指称古希腊哲学家亚里士多德（Aristotle）的著作《政治学》(*De Politica*）——点校者注

〔2〕民国版为“拉西提蒙”。后文提及的拉凯戴孟（Lacedaemon）是斯巴达的别称。——点校者注

〔3〕多利亚人（Dorian）是古希腊人的一支。在古典时代，多利亚人的国家斯巴达、克里特诸邦曾显赫一时。多利亚人不喜欢舞文弄墨或建城设防，却以全民为战，战斗中义无反顾著称。——点校者注

〔4〕民国版为“赫拉克来提人返归”。赫拉克勒斯，原本由宙斯决定成为阿尔戈斯、斯巴达和派娄斯（Pylos）的至尊国王，但由于赫拉从中作梗，他的这些荣耀落入了迈锡尼国王欧律斯透斯的手中。在赫拉克勒斯死后，他的后代经过长期的流离后终于在雅典找到了保护他们不受欧律斯透斯迫害的庇护所。其后，他们得到神谕，于特洛伊战争结束后 80

名义把伯罗奔尼撒[1]（Peloponnesus）毁灭了，同时并且冲激（surge over）了克里特而把新的事物导入该岛，因此我们目前殊难（如果不是不可能的话）说出究竟有多少米诺斯的法律和制度保存直到后世。

在有史以后，克里特岛从来没有享有像有史以前的那种光荣。它在古希腊历史中并未占着什么重要的位置。即在古希腊人的历史家的作品中亦罕被提及。它对于后来的希腊文化很少甚至并无何种贡献，然而仍可表示着它对希腊文明确有影响。我们谈及米诺斯和他的立法以及他在克里特所发展的文化，并不是因为我们对于那种立法的琐碎知识知道多些，而是因为那种立法对于其他希腊各城市国家的立法以及对于后来的罗马都有很大的影响。虽然关于米诺斯立法除了由间接地知道了一些之外，其余则毫无所闻。但是若不提及这位伟大的克里特立法家，我们对于法律发达的史迹便不能谈得很满意。

大约在克里特东北50哩或75哩，恰在小亚细亚的西南角，腓尼基人到爱琴海必需湾绕（steer）的水道上，有一个小小的罗德岛（Island of Rhodes）是地中海的一个最优美的海港。好像克里特一样，罗德也因其法律的优美而著称于世。它是一个海洋国家。据历史家狄奥多罗斯·西库路斯（Diodorus Siculus）说，大约在公元前900年，它曾一度成为地中海的帝国。我们知道罗马人的海商法（maritime law）和海上法（admiralty law）是来自罗德，这是罗马历史家告诉我们的。至于我们的海商法及海上法却

年返归伯罗奔尼撒半岛，历史上也称为多利亚人入侵。——点校者注

〔1〕民国版为“伯罗奔民撒”。伯罗奔尼撒（Peloponnesus），希腊大陆南部半岛。辽阔、多山，向南延伸到地中海。通过科林斯地峡与希腊其他大陆地区相连。迈锡尼文明在此处的迈锡尼和皮洛斯繁荣起来。当时的主要城市有科林斯和斯巴达。——点校者注

又是从罗马人那里得来的。因此我们关于安置海上事务的规律，在实质上无疑的是和3000年前罗德这个小岛上所规定的一样。该项法律的永续性虽经1300年的风波和纷争，大体上仍无改变，这便可以证明罗德法律和罗德制度的优点了。但是我们最认为遗憾的，就是好像克里特一样，除了知道若干关于他们的立法、制度、法律和风俗以及著称于后世的伟大阿波罗石像〔1〕，或者在1000多年后那个豪侠的圣约翰骑士〔2〕之勇敢地和那横暴的奥斯曼土耳其〔3〕人相抵抗时所干的更卓著的事情以外，其余毫无所知。

克里特、罗德和比奥西亚的底比斯（Boeotian Thebes）是希腊地方受有腓尼基文化的三大前哨。古希腊人直接地从这三个地方，或仅间接地从腓尼基和埃及获得了他们法学上的要素，以及他们文化的残余。这种法学和文化从希腊各城市国家后来成为强盛的雅典国和拉凯戴孟（Lacedaemon）即斯巴达国之中，都可以很明显地看到。

---

〔1〕太阳神阿波罗石像（The Colossus）位于希腊罗德岛，高逾30米，耸立在港口，为古代世界七大奇观之一。——点校者注

〔2〕耶路撒冷圣约翰医院骑士团成立于第一次十字军东征之后，又称罗德骑士团、圣若翰骑士团，最后演变成马耳他骑士团，本为本笃会在耶路撒冷为保护其医护设施而设立的军事组织，后来演变成为天主教在圣地的主要军事力量之一，其影响一直持续至今。——点校者注

〔3〕民国版为“鄂图土耳其”。奥斯曼土耳其帝国（Ottoman Turk）是1299年~1922年在目前土耳其、部分中东、部分北非的突厥族国家。由塞尔柱土耳其人（Seljuq Turks）创造，其创始人是奥斯曼一世。——点校者注

二、斯巴达

在有史后，雅典和拉凯戴孟即斯巴达是古希腊中最著名的两个城邦。有史以前很著名的底比斯（Thebes）在两位英俊的领袖伊巴密浓达（Epaminondas）和佩洛皮达斯[1]（Pelopidas）之下曾一度在很短的时期内很迅速地又走到前锋，并曾一度地凌驾于雅典及斯巴达之上。在此三者之间，当古希腊人强盛时，希腊历史都集中于此。其中拉凯戴孟是第一个要引起我们注意的。这并不是因为它最重要或资格最老——二者或都不是——只不过是因为它对于立法方面不很重要，所以我们提早些加以叙说罢了。

拉凯戴孟即斯巴达是东南部伯罗奔尼撒内之拉哥尼亚[2]（Laconia）区域的首邑。这个城市的两个名字是混合称呼的，其人民也被称为拉凯戴孟人或斯巴达人。也许这两个名字有些区别，不过在这里没有什么重要。其实这个国家中共有三种不同的民族，就是斯巴达农奴[3]（Helot）、拉凯戴孟土人[4]以及斯巴

---

〔1〕 民国版为“百乐巫达”。佩洛皮达斯（Pelopidas，公元前410年～公元前364年），底比斯的政治家和将军，因于公元前371年在留克特拉战役中打败斯巴达人而威名大振。——点校者注

〔2〕 拉哥尼亚（Laconia），古地区名，位于今希腊伯罗奔尼撒半岛东南部，东临爱琴海，南濒地中海。——点校者注

〔3〕 斯巴达农奴即“希洛人”。希洛人（Helot）是斯巴达征服麦西尼亚人后对其的贬称，属于城邦的奴隶，固定在土地上，被分发给个别的斯巴达人替他们耕作田地。主人既不能释放也不能贩卖他们。希洛人在向主人缴交一定比例的耕作收成后，可以有限地累积私产。——点校者注

〔4〕 拉凯戴孟土人是斯巴达人征服拉哥尼亚后对当地原住民的贬称，其无公民权但有人身自由。——点校者注

达人即赫拉克勒斯的后裔（Heracleidae）。斯巴达农奴后来成为奴隶（serf），拉凯戴孟土人成了该处人口的大部，而斯巴达人则成为军阀阶级。这些种种情形都是历来不断地散布在全国的征服潮流所造成的结果。其最后一次的征服就是历史上著名的赫拉克勒斯后裔的返归（Return of Heracleidae），有时又称为多利亚人的征服（Dorian Conquest），那正是在特洛伊战争以后的一世纪内发生的。这两个民族相互间的关系有些和1066年诺曼[1]人征服英伦以后一世纪中的诺曼人和盎格鲁—撒克逊人彼此间的关系一样。

我们可以回想到关于古希腊人的四大支派之为他们自己通常所承认的这一个事实——就是爱奥里斯人[2]（Aeolian）、多利亚人（Dorian）、伊奥尼亚人[3]（Ionian）和亚该亚人[4]（Achaean），其中只有多利亚人和伊奥尼亚人后来成为最重要的分子。斯巴达是多利亚各城邦中的首领，正如雅典是伊奥尼亚的主要城邦一样。他们都有共和制度，或由他们自己所称谓的共和制度。但是多利亚各邦通常都是倾向于贵族政治，而伊奥尼亚各州邦却大都是民主政治的。雅典是希腊民主政治的藩屏，正如斯巴达是贵族政治的重镇一样。关于它俩一向是互相竞争的，通常又是仇敌而且从来又未曾互相谅解过这件事，我们用不着说它。在斯巴达那里还有君主政治的成分。当古希腊人强盛的时候，它是希腊各城邦中独一

---

〔1〕 民国版为“诺尔曼”，后文均改为“诺曼”。诺曼征服指1066年诺曼人在诺曼底公爵威廉的率领下征服英格兰的历史事件。其最重要的结果是盎格鲁—撒克逊的国王和贵族为诺曼—法国世系的国王和贵族所取代。这一征服为英格兰法律的发展带来了重要而深远的影响。——点校者注

〔2〕 民国版为“伊利俄人”。——点校者注

〔3〕 民国版为“爱奥尼亚人”。——点校者注

〔4〕 民国版为“阿基安人”。——点校者注

无二有国王的一个城邦——它不仅有一个国王，同时还有两个。但是这两个国王的权力都受很大的限制，在事实上不过等于罗马的执政官而已。他们虽是世袭的，可是徒负虚名。实际的权力却在于他们所称为“挨福拉斯”[1]（Ephor）的手里，通常共有5人。同时还有一个像罗马的元老院，但是权力却显然地比较少些。

凡研究希腊历史的人们都要感到斯巴达人的特殊性质以及他们在希腊各城邦中的特殊地位。基于某种在历史上所没有记明出来的理由，在无论什么时候，希腊各城邦或其大部分都曾联合起来抵抗他们共同的敌人。例如他们在反对波斯时，斯巴达总是充任着他们所称的盟主，握着希腊的领导权。不过他们大都是还是领导着多利亚各城邦去攻打雅典和伊奥尼亚联邦。他们在实际上全然不是希腊人而仅是一群从亚洲移来的强蛮而冒险的民族所组成的一个纯粹武力的集团逗留在希腊地方而已，其情形正如哥特人[2]（Goth）、汪达尔人[3]（Vandal）和法兰克人[4]（Frank）在

---

〔1〕“挨福拉斯”即斯巴达的执政官，共5人，每年由民众公决，权力远在国王之上，得拥护国法，监督国家一切公权私权，又可召集元老院，对于国王有罪，亦得加以审判。但执政官的任期仅1年，且每事须经5人的同意始有效，故其权力虽大，理论上仍有限制。然而由于该职务并无连任限制，故此后来执政官成为斯巴达城邦中最有实权的职务。——点校者注

〔2〕民国版为“哥德人”。哥特人（Goth），古代欧洲日耳曼民族的一支。历史上，哥特人是一直以狂暴的作风著称于欧洲。——点校者注

〔3〕汪达尔人（Vandal），古代日耳曼人民族的一支，曾在西罗马帝国的末期入侵过罗马，并以迦太基为中心，在北非建立一系列的领地。——点校者注

〔4〕法兰克人（Frank）是5世纪时入侵西罗马帝国的日耳曼民族的一支。他们统治现为法国和德国的地区，建立了中世纪初西欧最大的基督教王国——法兰克王国。——点校者注

西罗马帝国毁灭之后驻留在罗马各省中一样。若和其他的古希腊人比较起来，他们永远是野蛮人。他们一切的努力和他们全部的政策都是直接地以保存他们的军事组织为目的。他们所打算促进的唯一艺术就是战术。至于把雅典发展起来的那种平和的艺术，在拉凯戴孟却不能占有任何地位。

一般历史家常有一种主张就是把公元前 884 年的那位大立法家莱库古[1]（Lycurgue）所规定的制度当作拉凯戴孟人的特殊社会制度。但是我们没有确切的方法可以知道莱库古是斯巴达制度的创设人还是仅仅只是旧制度的修改人。

在法律史上很少有比斯巴达立法家莱库古更著名的。他的制度在古代颇获盛誉，据我们一向所注意到的，我们很难举出它固有的特点。这种制度的确具有一种巩固耐久的原质，而且是为雅典、底比斯、米利都[2]（Miletus）那些在风波变化中的共和国家所缺少的。至于他们注重于对武力光荣之欲念的养成似乎是他们所固有的，那是因为他们是上古时期野蛮人兽性的遗传。然而我们应该牢记的就是对于斯巴达和斯巴达制度的崇拜是深深地固植在那通行贵族政治和寡头主义的多利亚各城邦中。至于人们对于他们的赞赏大都是从罗马的著作家传给我们，因为在罗马那里也有类似制度的设定。

如果莱库古是将他的国家的制度加以改塑和人道化，而不是一个创始者的话，那么他就会获得更大的声誉。因为最优美的制度不是创造的而是进化的。莱库古颇似把半野蛮的赫拉克勒斯的

---

〔1〕 民国版为“来喀古士”。莱库古（Lycurgus），传说中公元前 8 世纪斯巴达的国王，著名的立法者。——点校者注

〔2〕 米利都（Miletus）是位于安纳托利亚西海岸线上的一座古希腊城邦，靠近米安得尔河口。今日米利都的废墟距离海面数十公里，在土耳其艾登省内。——点校者注

后裔开化起来，而不像是那野蛮的封建组织的创始人。一般人都以为他是受着克里特和米诺斯的法律的影响，因此最后分析起来还是受到腓尼基的影响。我们已经说过亚里士多德曾把拉凯戴孟、克里特和迦太基的制度列为一类，而其中的迦太基又完全是腓尼基人，至于克里特一大部分也是从腓尼基殖民来的。因此我们很有理由可以推定在特洛伊战争不久之后，征服伯罗奔尼撒的赫拉克勒斯的后裔即多利亚人，全体或一部分是从腓尼基那里来的。

这种推定，姑不置论，然而我们的确认为克里特的米诺斯法有许多地方曾反映到斯巴达的莱库古法中。关于克里特用腓尼基所给予的影响无疑地就是斯巴达两个国王并治制度的设立。这个制度我们知道是流行在迦太基和其他腓尼基各邦及殖民地的。他们所称的迦太基或腓尼基的执政官（Suffete；Sophatim）即裁判官人数是2个，虽然都不是世袭而且和斯巴达一样的没有王号的尊称，可是他们通常都终身任职。这种制度就是后来在罗马所奉行的执政官的职位，但是任期却改为1年。无疑地罗马人是从迦太基和斯巴达那里传袭而来的。在斯巴达，国王的权力虽然比迦太基的执政官（Suffete）或罗马的执政官（Consul）是要小得多的，但是他们是世袭的。

莱库古的“挨福拉斯”（Ephor）即“五员会议”（Council of Five）制度的起源也是由克里特或克里特—腓尼基来的。斯巴达的实权都握在这个会议的手里，就是国王也受其管束。“挨福拉斯”是一个常设的团体。他们的人数遇有空缺时，便由元老院加以填补，人员的任期是终身的。他们形成一个确实而最巩固的寡头政治，战时或平时他们都支配和指导斯巴达一切事务。这是一种很优越的制度，在整部历史中似乎只有过一个和它相似的组织——就是统治威尼斯好几百年的“十员会议”。由该会议推举出一位最高行政长官（Doge）做威尼斯城邦名义上的首领，[1]还有一个元老院在名义上是立法机关，其实也仅仅是从事于记录这个“十员会议”历次的命令而已。

当我们研究到莱库古法律的内容以及什么是它的主要特点和性质时，我们暂不论到政府组织和一种极巩固之国家社会主义（state socialism）的建立，这或者可以认为是极端民主主义和极端寡头主义的——所谓民主主义，就是指较小的斯巴达或赫拉克勒斯后裔的少数人所形成的统治阶级——所谓寡头主义，是指这少数占有势力的人对于拉凯戴孟遗下来的人的关系——我们殊难发现一些关于他的成就的范围和性质，而且有时竟叫我们打算去相信如若干史家所说的这位伟大的斯巴达立法家完全是一个神话中的人物。不过这话我们并不相信。他的身世和古今一般名人一样是给寓言和传奇糊弄了。但是我们可以断定在公元前 884 年曾有一个斯巴达人莱库古为斯巴达创制了一部法典，或者确实曾经把该国的政府改组过。

普鲁塔克[2]（Plutarch）把莱库古的传记收在他著名的《希腊罗马名人传集》（Biographies of Eminent Greeks and Romans）

---

〔1〕 威尼斯执政官（Doge of Venice）从 8 世纪 ~ 18 世纪末为威尼斯最高领导人。“Doge”一词来源于拉丁语“dux”，原意是“军事领袖”。“Doge”这一头衔通常经过选举产生，虽任职终身（被罢免除外），但不能世袭，也不是贵族称号。——点校者注

〔2〕 民国版为“波卢塔克”。普鲁塔克（Plutarch，46 ~ 120）是一位用希腊文写作的罗马传记文学家、散文家以及柏拉图学派的知识分子。著作极其丰硕，传世之作为《希腊罗马名人传》（*Parallel lives*）和《掌故清谈录》（*Moralia*）。尤以前者更为脍炙人口，对后世之影响最大，莎士比亚的三出戏剧，很多情节是根据《希腊罗马名人传》的内容得来的。——点校者注

里，他说莱库古从未将他的法律编成文字。他又写道："他的意见以为最重要的几点而为最直接有裨于公共利益的，如用良好的教训方法铭之于少年的脑海中，一定可比任何强迫的方法——如他们最优良的立法家所规定之行为的准则、教育等更能得到强大的效果。至于较不重要的，例如商业上或金钱上的契约等，其形式每因情形之需要而有改变，他以为这种案件最好的方法是不要设定一种积极的或不可变更的规则，并希望其体裁及形式的更改应与当时的情形和有决断力的人们的决定相符合。"

这些都似乎十分合理。但是如果这位闲谈的传记家是把莱库古的观念准确地说出，而且实在并不打算蒙蔽[1]我们关于他本人对于莱库古所自认立法者的意见的假定，那么我们不得不认为古斯巴达立法家的判决力是很简陋的。或者更进一步推断他们的法律全然不是一种法律，只不过是斯巴达国家的一种制度而已。或者可以说是一种纯然以军事为根基的改组，和欧洲各国当中古时代处于封建制度之下的情形一样。因为斯巴达在希腊各国中是独一流行封建制度而以之为社会秩序的柱石的国家。

如果普鲁塔克在他对于莱库古观念的释明是对的话，虽然莱库古负有立法家的盛名，但是显然地他对于世界的法学却是丝毫没有贡献。他仅将斯巴达的风俗习惯予以确认，而这些风俗习惯又是不需要确认的。但是那些风俗虽属良好，然而仍不过是一种野蛮人的法律。文化是需要成文的法律和确定知识的记载。如果莱库古没有将他的法律写成文字，那么他的立法对于文化进展上是没有什么重要的。他不过组织了一个为希腊文化之阻障和为希腊文明佳誉之污点的社会主义的军阀封建制度而已。他唯一诱导人民使他们养成的就是战术。斯巴达在他的创立或改组的制度之

---

〔1〕 民国版为"朦蔽"。——点校者注

下成为一个狭窄的军阀寡头政治。这个寡头政治从未表现过不是极端自私的爱国精神，并且无论何时为了满足其自私的目的起见，也都毫不犹豫地使希腊的主义中了波斯王的诡谋。

斯巴达国是缺少人类同情心的。它从来不打算去增加人类幸福的极点，它也未曾做过促进人类文化的事情。它对于文学、艺术或科学毫无贡献。它从未产生过一个学者，一位政治家，或是一位大将，或是在人类任何一种知识上或是知识界上任何著名的人物。我们就是说它从未产生过一个诚实的公共人才〔1〕，也不算是言过其实。它的最伟大的人物有亚杰西劳斯〔2〕(Agesilaus)、赖山德〔3〕(Lysander) 和布拉西达斯〔4〕(Brasidas)。其中最后一位只不过是有些应变之才的人而已，并不是一个拘谨的政治家，其余如赖山德和亚杰西劳斯，则都是希腊向所未有过的两位丝毫没有主义的恶汉。

斯巴达帮助雅典人在萨拉米斯〔5〕(Salamis) 作战，当他们极

---

〔1〕 民国版为“人材”。——点校者注

〔2〕 民国版为“亚偈西劳”。亚杰西劳斯（Agesilaus，约公元前 444 年 ~ 公元前 360 年），斯巴达国王，被一些西方历史学家看作后期斯巴达最重要的人物，或者是“中兴之主”。——点校者注

〔3〕 民国版为“来山特”。赖山德（Lysander，出生年代不详 ~ 公元前 395 年），古希腊斯巴达海军统帅，在伯罗奔尼撒战争中施展了其军事才能，成为斯巴达历史上举足轻重的人物。——点校者注

〔4〕 民国版为“柏拉西特”。布拉西达斯（Brasidas，出生年代不详 ~ 公元前 442 年）在伯罗奔尼撒战争的第一阶段是统率全局的斯巴达将领，于公元前 422 年，在从雅典人手里夺取安斐波里的会战中阵亡。——点校者注

〔5〕 民国版为“萨拉米”。萨拉米斯（Salamis），位于塞浦路斯东部，古代是一个重要的城邦国家，为特洛伊战争中的英雄所建。此处曾爆发过希波战争中著名的萨拉米斯海战。——点校者注

想离开的时候，提米斯托克利[1]（Themistocles）用计加以阻止，于是就决意一战了。他们因为有他们的列奥尼达斯[2]（King Leonidas）和他300位勇敢兵士之上卓著的功绩在温泉关[3]（Pass of Thermopylae）内和波斯王的百万人马对峙了一个星期，最后仅剩一人，因此就名震于世。如果我们对于为故事和诗歌中所称颂的这项伟大事业加以非难，当然不胜遗憾。但是在温泉关中还有五千个和这些斯巴达人同样勇猛的希腊人在那里，这是事实，而且这场战争终是一种痛饮宴会的结果。它是全然没有目的的，也没有得到什么好的结果，若以为它是有重要性的，那是估计得太高了。

总而言之，斯巴达人虽然不是一般地没有勇气，如果这在某种环境之下是一种美德的话，那么这就是他们唯一的美德。因为它的致力于恶正如致力于善一样容易，而且在事实上还是常常趋于恶的方面。他们大多没有荣誉心并且又缺乏一切诚实的天性。如果他们在希腊文化开始以前就已消灭的话，那么对于希腊以及对于希腊的文化即人类的文化都有好处。我们很难找出他们有什么地方是值得我们佩服的。最不容易的就是关于莱库古之为一著

---

〔1〕 民国版为“赛密斯托克利斯人”，民国译者此处误译。提米斯托克利（Themistocles，约公元前524年~公元前460年），古雅典政治家和统帅。公元前493年~前492年任执政官，为民主派重要人物。力主扩建海军，于公元前480年萨拉米斯海战中大败波斯舰队。——点校者注

〔2〕 民国版为“李奥倪大司王”。列奥尼达斯（King Leonidas，出生年代不详~公元前480年），古代斯巴达国王，他率领的300名斯巴达士兵在温泉关（Pass of Thermopylae）战役中的英勇表现使他成为了古希腊英雄人物。——点校者注

〔3〕 民国版为“德摩比利关隘”。——点校者注

名立法家究竟有什么根据。如果说斯巴达的国家是莱库古立法的结果，但是显然地关于那种立法却没有曾经传给我们。

三、雅典

现在我们要说到一个具有希腊真正荣誉的国家，它不仅在武力上名震于时，而且在文学上、科学上、艺术上、哲学上、演讲学上、音乐上，政治经济上和一切主要的知识上以及一切构成所谓普通的文化上都非常卓著。这个国家使希腊获得很大的盛名，比其他各国合拢起来的功绩还要多——这就是不朽的雅典。

雅典是希腊一个最初采用共和政体的国家。在这个国家存在的大部分时期中，它的共和政体是最彻底的民主政治，但仍免不了缺点。据说，大约在公元前 1070 年（或者公元前 1044 年），它推翻了帝皇的种种压迫，由各执政长官[1]（Archon）——意即统治者或指导者——建立了一个政府，这种执政长官有些和罗马的执政官[2]（Consul）相似。他们最初的任期是终身的，后来是 10 年一任，最后在文艺昌盛的时期则仅为 1 年。执政长官的任期成为 1 年一任是在公元前 683 年，差不多是在马拉松（Marathon）之役的 200 年以前的时候。

在公元前 624 年的时候，有一个很有才干的人名字叫作德拉

---

〔1〕 雅典执政官（Archon）是古代雅典城邦中职位最高者的头衔。最初有 3 个执政官，大约在公元前 680 年，增加到 9 个。从公元前 487 年起，执政官以抽签的方式选任。这以后，执政官在政治上的作用就不大了。执政官负有行政和司法职责。——点校者注

〔2〕 罗马执政官（Consul）指罗马共和制时期每年选出的 2 名执政官，拥有最高执政权力。罗马帝国成立后，执政官职位仍予保留，但其权力已缩小成挂名职务，由皇帝任命或由皇帝兼任。——点校者注

古[1](Draco)充任执政长官，因为办事很能干，所以被选连任了8年。当时发生一种对于该国法律修改的要求，尤其是关于刑法典的方面。于是德拉古在人民一致的呼声中被选担任这项工作。他经过相当的考虑以后才答应下来。结果编成一部极端严厉的法典，因此一些著名的希腊作家说它是用血书写成的。例如，对于具有懒怠恶习的人也和犯暗杀罪的人同样受着严厉的处罚。据说德拉古曾亲自说过，就是最细微的犯罪，以他的意思，也应处以死刑，但是他对于较重大的犯罪却想不出什么更严厉的刑罚，因此他就不得不有一切犯罪都受平等处罚的规定了。

德拉古的法典因为有了这种极端严厉的规定，当然不能长久维持下去。不过最奇怪的就是它还能施行30年之久，后来这个法律名义上的存在也即告终。在这30年的末叶，另有一种较有理性和较按照人类需要的立法代替了它的地位。它唯有的遗迹就是在后世“德拉古”这一名称每成为任何特殊严苛的法制——通常是指一切关于犯罪的法律——的代用词。它又表明了法律的过分严苛完全是无谓的。然而德拉古的法典比诸英国大约在1800年亨利八世在位时施行了200多年的刑法还要人道和残忍得多了，因为当时英国刑法所规定的有200多种犯罪是要处死刑的，而且死刑还附上最可怕的苛刑和财产的没收。

在各时代中（除了摩西以外）最伟大的、最聪明的而为雅典纯正的立法家，可以说就是在公元前594年大约在马拉松一役之后100年时被任为雅典执政长官的梭伦了。他在就职不久以后，又为爱戴他的公民所推选以从事修改德拉古的法典，并且再进一

---

〔1〕民国版为“德累科”。德拉古（Draco，生卒年代不详），古希腊政治家、立法者。他曾统治雅典，于公元前621年整理雅典法律，并写出一部完整的法典，但该法以严酷著称。——点校者注

步预备为雅典共和国编成一部比较适当的法典。梭伦早年的时候曾从事商业，颇获巨利。其后，他便从事哲学和政治经济的研究，并周游希腊、克里特、小亚细亚、塞浦路斯[1]和埃及各处。他的正直、他的天资、他的博学，以及他丰富的经验，使他对于他的公民所叫他担任的工作很能胜任。他的工作成绩证明了人民的推选是适当的。在古代没有一位立法家曾享有过像梭伦那样伟大的声望，并且除了真的像我们上述那位以色列大立法家以外从来也没有过像他那样影响到后世的法律思潮。他被列在“希腊七智者”[2]（seven wise men of Greece）之中，并且被认为是其中最聪明的一个。据说他们每人都有一些著名的格言。例如梭伦的“人当自知”[3]（Know thyself）——这是一句纯正的基督教观念，如果能够加以遵守，一切的人类都是能够得到很大的益处。还有，当他起草完竣而颁行他的法典的时候，他便叫他的人民宣誓在100年以内遵守它，然后他就自动地流浪到国外而且死在国外，好使他

---

〔1〕 民国版为“居鲁士”。塞浦路斯（Cyprus），位于地中海东部，《圣经》称之为“基提岛”。——点校者注

〔2〕 希腊七智者又称“希腊七贤”，是指古希腊人所说的七个最有智慧的人，分别是：雅典的梭伦（Solon of Athens）、斯巴达的奇伦（Chilon of Sparta）、米利都的泰勒斯（Thales of Miletus）、普林纳的毕阿斯（Bias of Priene）、林度斯的克莱俄布卢（Cleobulus of Lindos）、米蒂利尼的庇塔库斯（Pittacus of Mitylene）、科林斯的佩里安德（Periander of Corinth）。——点校者注

〔3〕 此处似乎是作者援引错误，据点校者查考，雅典的梭伦（Solon of Athens）的名言是“避免极端”（Nothing in excess）；“了解你自己”（Know thyself）相传是刻在德尔斐的阿波罗神庙的三句箴言之一，也是其中最有名的一句。这句话一说出自古希腊七贤之一斯巴达的奇伦（Chilon of Sparta），一说出自米利都的泰勒斯（Thales of Miletus），一说出自苏格拉底（Socrates）。——点校者注

的人民不致受他个人的影响而能够完全自由地让他们养成遵守法律的习惯。在这100年的时期中虽有庇西特拉图[1](Pisistratus)的篡夺，但是梭伦法在雅典国整个存在的时期中，依然维持其势力，仍然是雅典共和国的法律，仅有极小的改变而已。梭伦的法典不但是雅典国的法律，就是希腊其他各城邦也多采用，尤其是那伊奥尼亚民族的希腊人更把它当作法学的基础。同样地，它对于后来的罗马法律也有极大的影响。

普鲁塔克在他的《梭伦传》里说，有一次这位大立法家被人们问到他给雅典人制定的法律是不是制定得最好的法律。他的答复[2]是说这是雅典人所能够接受之最优美的法典。如果这句话是真的，那么便可证明梭伦的治世才学是绝端聪明的。因为不论什么法制的真正优点大部分不在它的本质上，而是在乎它是否适应于所施行的人民的性质和环境。最值得我们注意的就是在近代有一位酷肖雅典的梭伦，几可与之并肩而行而且又是处在相同环境之下的人，这就是在制定美国联邦宪法时的本杰明·富兰克林[3](Benjamin Franklin)。

梭伦的立法对于雅典各部分的组织都有影响。他改革了法院和判事(magistracy)的职务，又为管理该共和国的政务起见，把人

---

〔1〕民国版为“庇士特拉妥”。庇西特拉图(Peisistratus，约公元前600年~公元前527年)，古希腊雅典僭主。被驱逐出雅典一次，自己主动出逃一次；制定过一系列奖励农工商的政策，促进大规模海外贸易。他是雅典政治、经济、宗教和文化生活中的重要人物。——点校者注

〔2〕民国版为“答覆”。——点校者注

〔3〕民国版为“便雅悯·法兰克林”。本杰明·富兰克林(Benjamin Franklin，1706~1790)，18世纪美国最伟大的科学家、政治家、哲学家以及美国独立战争的伟大领袖，参与起草《独立宣言》和美国1787年宪法。——点校者注

民区分为四个相当的阶级。这些阶级的区分，多少是根据他们所有财产的多少以及他们对于国家利益的多少而定。但是他们却没有籍谱制度加以隔离，而且每个人都可以因获得或丧失某种必要的资格而从一阶级转到另一阶级。不过仅限于第一、第二及第三阶级才得享有充任官吏之权。至于第四阶级，因为是一般较贫乏的人民，当然在数额上占居多数，梭伦的立法就是特别地注重于保护他们免使受人压迫，并且主张使他们在公民大会中和其他三个阶级同有平等的发言权，因此他们曾一度握有该国最高的权力。

各部落在公民大会中议事，对于一切立法上、行政上及司法上的事情有最后的决定权。就是这个大会使雅典在它强盛的时候成为一个最大的民主国家。但是，如上所述，这种民主政体并不是没有缺点的。此外还有一个元老院，最初有议员 400 人，其后则为 500 人。因为每个部落的组织各有首长，所以他们是由若干部落首长所指定的大多数人名中以抓阄方法所选出。这个元老院每年选举一次，它的职务是把一切将在公民大会提出的议案先予通过。如果公民大会有什么议案未曾先经元老院讨论过，那么便要被视为不合法。这种规定在实质上和我们近代立法机关之两院制的作用相同。

执政长官制度（Archontate）也经梭伦加以改革。据我们所知，单一执政长官制在 500 年以前便有了。最初任期是终身的，后来是 10 年，最后则为 1 年一任。到了梭伦则规定每年要选出 9 人，其中第一个或主要的一个称为“首席执政官”（The Archon），他兼任行政和司法的职务。他是行政首长，至于他在司法上的职务，有些像英美的遗嘱检验院[1]（court of probate），但

〔1〕 即英美法上的遗嘱认证法庭，其负责验证遗嘱有效或无效。遗嘱检验程序包括搜集遗产、清偿债务、缴纳税款、向继承人分配遗产。——点校者注

是范围较广。第二位称为执政官王（the King Archon），掌理宗教上和教会的事务，并且也掌理一切关于暗杀案件的起诉而把它移呈于阿雷奥帕古斯山法院[1]（Court of Areopagus）。第三位执政长官称为“司令官”（Polemarch）或称“战事长官”（War—Leader），起初是在作战时握有军队的指挥权，后来便担任保护在雅典外来侨民的职务，同时对于他们兼有司法管辖权。而“首席执政官”则专对本国人民行使司法权。通常这三位执政官各皆指定2个助手，他们大都富有经验、饶有才识，协助各执政长官行使司法上的职务。至于其他6位执政官好像一种合议的机关，处理各种行政和司法的事务。他们的特殊职务在于审理本国人与外国人之间所发生的诉讼事件。

在雅典各种制度中最著名的就是阿雷奥帕古斯山法院。我们之所以这样称呼它，是因为它是设在阿雷奥帕古斯（Areopagus）地方的战神山[2]（Hill of Mars）上。那是在著名的雅典卫城[3]（Ac-

〔1〕民国版为“亚略巴古山法院”。阿雷奥帕古斯山法院（Court of Areopagus）又称“战神山贵族会议”，古代雅典最古老的地方自治会，并是其宗教、政治和司法中心，在阿雷奥帕古斯山上集会。它由贵族组成，并向国王提供咨询，最初它对杀人和企图杀人而致伤的案件有专属管辖权。此后其权力逐步被削弱，并最终在公元前462年失去了全部政治权力，仅保留了对谋杀案及宗教方面的有限的管辖权。——点校者注

〔2〕民国版为“马斯山”。马尔斯山（Hill of Mars）即战神山，罗马神话中马尔斯（Mars）即为战神。——点校者注

〔3〕民国版为“阿克罗波利”。雅典卫城（Acropolis），是希腊最杰出的古建筑群，是综合性的公共建筑，为宗教政治的中心地。雅典卫城位于雅典市中心的卫城山丘上，始建于公元前580年。卫城中最早的建筑是帕台农神庙和其他宗教建筑。雅典卫城，也称为雅典的“阿克罗波利”，希腊语原意为“高处的城市”。——点校者注

ropolis）的西面，在那里建有帕台农神庙[1]（Parthenon）即密涅瓦神庙[2]（Temple of Minerva）。它的建立似乎并非肇始于梭伦，在梭伦以前700年便有了。它的创始是在雅典最早存在的时候。在神话里有一段述及战神马尔斯（Mars）曾一度因密涅瓦女神（Goddess Minerva）的请求在那里受审。然而梭伦也曾将它完全修理和改革过，因此有时就说这个法院是他所创始的。这个法院人员的任期是终身的。雅典的9位执政长官似乎是在任期终止后，陆续地被补充到这个法院来。但是他们必需以在解除职务以后被公民大会认为满意者为限。法院的人数依各著作家的意见并不一致，有的说是9人，有的说是31人，有的说是51人，有的说是比51人还要多。其实它的数额是每年不同的。那一定是由于退职长官陆续补入以及人员都是终身任期所造成的结果。据普鲁塔克所说，该法院投票赞成判决苏格拉底犯渎神罪的票数是281票，但却没有述及反对票数的数目。在某种古代的文件中曾说到法官的人数是300人。也许当它最活跃的时期中，大约就是在雅典最强盛的时候即从梭伦起到伯利克里（Pericles）的时候止。其较少的人数比较能够正确地表示出该法院的人数。但却无疑地是因为环境的需要而又分为若干庭，每庭代表着法院审理案件，因此就把法官的数目弄到纷乱不清的地步。

阿雷奥帕古斯山法院的特殊习惯就是它常常露天的在晚上开庭审判。前者的习惯通常以为是有某种宗教上的理由；至于后者据说黑夜能使法院没有偏见，因而能够很详细地听取双方的意

---

〔1〕民国版为“雅典神庙”。帕台农神庙是供奉雅典娜女神的最大神殿，坐落在雅典卫城中央最高处。——点校者注

〔2〕民国版为“密纳发庙”。希腊神话中的雅典娜（Athena）即罗马神话中密涅瓦（Minerva）。——点校者注

见。这种预防并不是无理由的，如在英美法院中常使双方当事人在陪审员面前列队而行时所激起的同情心或引起的偏见，我们是很可以常常见到的。就是梭伦似乎也想到这点，所以对于这个习惯并不反对。据说他的这种主张是因为有一次有一个在希腊故事中著称的美丽妇女，本来是一个很败德的妇人，但是因她突然出现在她被控的法院，竟得到一个不应该给她的判决。〔1〕

阿雷奥帕古斯山的高等法院在希腊各城邦中很为著名，就是在远方的希腊人中亦是如此。据说许多国外的地方都自愿把争执事件前来受它处理。其判决之机巧、正确与公平，均为举世所公认。即在雅典的光荣和势力消逝了许久以后直到罗马的时候，它的盛名仍继续维持迄未稍衰。就是在圣保罗于其周游希腊的著名行程中受到该法院的审判而感化了其中一位人员狄奥尼修斯（Dionysius）时，它的光荣还未消逝。这位狄奥尼修斯，我们又称他为阿雷奥帕吉塔的狄奥尼修斯〔2〕(Dionysius Areopagita)。

雅典除阿雷奥帕古斯山法院之外，还有许多法院。通常所举，约有 10 个。它们都是普通的法院，至于阿雷奥帕古斯山高

---

〔1〕此处指古希腊美女弗里妮（Phlyne），她因裸露身体而犯不敬神之罪，受到了法庭的传讯。弗里妮的律师希佩里德斯（Hypereides）当庭扯去了弗里妮的衣服，让这位美女赤裸裸的“以身说法”。希佩里德斯指着弗里妮的胸部，对着在场的法官和陪审团的成员大声喊道：“各位，难道你们都希望让这样美丽的乳房从此消失吗?”美的力量是无穷的，弗里妮美丽的乳房征服了众位法官，不过她被释放后，雅典通过了法律，禁止被告在法庭上裸露胸部或私处，以免对法官造成影响。弗里妮靠乳房拯救了自己的性命，而且成了一个孤例。——点校者注

〔2〕阿雷奥帕吉塔的狄奥尼修斯（Dionysius Areopagita），约生活于公元 1 世纪的希腊雅典人，为阿雷奥帕古斯山的法官，因为使徒保罗在阿雷奥帕古斯讲道而成为基督徒。他后来被教会推崇为雅典的主保圣人。希腊语“áreios Págos”在拉丁语中作“Areopagita”。——点校者注

等法院则为一具有监察权的法院。如果我们详细讨论到它们的工作会花费很多时间，而且对于我们这种详细考察雅典司法制度也许没有多大的好处。我们若去讨论一些关于在各该法院内施行而为梭伦所创始的法律的性质，那或者是比较有用的。我们没有知道梭伦立法的全部，我们所知道的只有比较琐碎的特征，但是这已经足够使我们得到关于它的范围和性质的大概了。

梭伦曾将他的法律记录下来，并且把它刻在铜板上，放在市场（Agora）地方公示于众。虽然在当时书写已经很平常但是还未能十分普及，为了便利记忆起见，于是就用诗句把它写出。在这方面梭伦的立法和印度的《摩奴法典》相似。这种铜板早就毁失了。至于它的内容，可能曾经抄录过，但是并未传给我们。我们从上古文学的残篇中得到大约有150首悲哀式的诗文，据说都是梭伦的作品。它们都含有关于规定人类生活中之道德上的格言和指示。但是这些是否列入在法典中抑或仅为法典的一种序言，我们现在还不能确定。总之，梭伦的法典没有全部传给我们。虽然古代著作家曾常常提及而且保存到今，使现代一般考古学者能够把它的制度的大概重建起来。然而在确实认识梭伦作品的时候，还有一种困难就是在后世有许多良好的法令，常常与梭伦的立法相混。其实它们有许多都是在以前即已存在而为梭伦所采用因而遗传下来的法律。正如我们在英国于金雀花（Plantagenet）家族的法王统治之下时，常有一种要求恢复着某种所谓“忏悔者”爱德华〔1〕(Edward the Confessor）的法律一样，然而这种法

〔1〕 民国版为“爱德华忏悔者”。“忏悔者”爱德华（Edward the Confessor，约1004～1066）是英国的盎格鲁—撒克逊王朝君主，因为对基督教信仰有无比的虔诚，被称作“忏悔者”，或称“圣爱德华”。——点校者注

律并非为“忏悔者”爱德华的时候所有过的。

梭伦法典除了上面曾经简单陈述过的雅典政府组织制度之外，还很宽泛地设有允许友邦人民之享有雅典公民权，以及关于雅典人民自动地放弃本国公民权的规定——关于这种公民权的学说实在比古今任何国家的都要来得磊落宽大。同时，它企图反对雅典人和外国人间过度地自由联婚而设定了种种的限制——这种聪明的规定即在今日也可予以采用，因为目前美国纯净的共和制度常常因为美国妇人与欧洲贵族政体国家的淫佚和卑劣的后裔彼此联婚而呈着混杂的状态。

至于亲属的关系，旧存的法律没有什么可使梭伦改良的地方。据我们所知道的，在梭伦法典中的命令“不得有一以上之妻”，是在法学史上最初见到的。但是据历史家告诉我们，那条法令在梭伦以前1000多年就有了。这是刻克洛普斯〔1〕(Cecrops)创始的。他是雅典的国家多少带有点传奇性的创立者，他大约是生在公元前1556年。其实，一夫一妻制，即一妻一夫的法律是雅利安或雅弗族〔2〕(Japhetic) 远古的习惯，和流行于埃及人、腓尼基人、亚述人、巴比伦人和以色列人间的一夫多妻或一妻多夫制是极端相反的。东雅利安人，即米底—波斯人和印度人似乎曾一度放弃这种制度，这无疑地是因为和四周的闪族人和含族人

---

〔1〕 民国版为“西克罗普斯”。刻克洛普斯（Cecrops），传说中雅典的第一位国王，拥有人的身体，蛇的尾巴。——点校者注

〔2〕 雅弗族（Japhetite）即雅利安人，在阿拉伯传说中指的是雅弗的后代。雅弗（Japheth）是《圣经·创世记》中的人物，诺亚的儿子。在犹太人世界观中，世界由亚、非、欧三洲组成，诺亚三名儿子即为白、黄、黑三色人种祖先。雅弗相传为雅利安人的祖先，其族人并列于诺亚的另外两个支脉：闪的后代——闪族人；含的后代——含族人。——点校者注

接触才混杂起来。虽然西雅利安人（即希腊人）、罗马人、凯尔特人、条顿人和斯拉夫尼亚人（Slavonian）有种种个人间的丑行，却在很早的时候便遵守着一夫一妻制的法律。在荷马的著作里便可见到这是古英雄时代的亚盖亚共和国（Achaean Commonwealth）的法律。照样地，这也是希腊—罗马一种不可侵犯的法律。我们应注意的，就是对于近代文化最有影响的两种因素，即以色列的一神主义和希腊—罗马的一夫一妻制。

不过在梭伦的法典中，在亲属关系方面也有一种重大的缺点，就是凡违反道德法则，如通奸，是要处严刑的，但是对于娶妾则不但不加禁止而且更予提倡。还有离婚是允许的，并且还和今日的南达科他州[1]（South Dakota）一样的容易。至于近亲结婚也予奖励，并不像我们那样地禁止。他们有好些事实证明兄妹间的缔婚，好像埃及在古法老王的时候以及在希腊—马其顿朝代的托勒密王系一样。

在梭伦所编订下的雅典继承法，土地由各儿子均分，至于女子须在没有儿子的场合才可分到。子女的立嗣法律也予认可，嗣子可以承继其嗣父的财产。若有其他亲生子时，可与他们平均继承财产。关于不动产的遗嘱仅在没有子女的场合才许可之。

在梭伦法里有许多是关于孤儿的监护和替他们指定监护人的规定。其中有一条是规定在被监护人死亡以后，凡有取得其财产的权利人，不得受指定为监护人。这是在于使他们不至于以取得财产为目的而对被监护人有所不利。

关于个人领有土地的数量也有限制，并且禁止任何人对之作一次以上的买卖。对于高利贷的唯一规定似乎就是凡贷金之利率

---

〔1〕 南达科他州（South Dakota），美国中西部一州。在美国，各州对提起离婚诉讼的当事人要求的必须在本州居住时限的长短规定不一，但南达科他州没有规定期限，因此选择在南达科他州离婚相对容易。——点校者注

一经规定，其后即不能增高。至于抵押或担保品的期间则不能超过一年，期满应按约归还或作诚实的移交。

梭伦的刑法典是十分有理性和人道的，杀人、叛国罪、路劫（highway robbery）、纵火、夜盗[1]（burglary）、绑票、贿赂以及其他几种犯罪均处死刑。其他各种犯罪或处以罚金或处以拘禁，或二者同时处罚，和我们的法律一样。对于生者或死者诽谤时，不仅是一种像我们所规定的民事赔偿而且还是刑事案件。窃盗（theft）的犯罪和摩西法里的规定完全一样，这也许都是从埃及的刑法典中仿效而来。就是要处该窃盗者以该窃取物价之二倍的罚金以偿还于受害人，就是对于国库也是如此。如果无力缴付（这当然是很平常的事情），法院便要处以相当的刑罚。在梭伦法典中，懒怠也是一种犯罪，但是这种规定并不是由它创始的。在德拉古的法律里已经有这种规定，或者在德拉古以前就已经有了。但是在雅典的普通社会中，流氓（tramp）、浪人（vagrant）或游荡者（idler）都没有什么地位，那些没有职业的人都必须为公众从事工作。

在梭伦的立法中有一个显著的地方，但是也是古今其他各国的立法所共同的，例如在英国和美洲各邦及其殖民地，多少都有关于撙节费用（Sumptuary）的法律——那就是关于规定个人行为习惯及个人费用的法律。美国的禁酒法也是一种撙节费用的法律。梭伦还打算规定和限制宴会、出殡以及妇人出外旅行时费用。古代的妇女对于她们的衣箱、手袋以及其他各种用具发生了很大的麻烦，因此就使聪明的梭伦也把这些规定加入在他的法典

---

〔1〕民国版为“抢劫”。“Burglary”一词是英美普通法上的术语，原指“夜盗”，即怀着犯重罪意图在夜里打开并且进入他人住宅的行为。——点校者注

中:“妇女不得携带三件以上之衣服,或一银币[1](Obolus)价值以上之肉食或饮料出游。此种携带不得装置于一以上之手袋,晚间出外时仅可使用悬有一灯或一火炬之车辆以运载之。”

这条规定颇能禁止晚间非使用悬有灯光之车辆的出游。但是这位大立法家如果以为这样便能够阻止一般妇女在举行野宴以外携带一个手袋以上之行李出游的话,他实在是太不懂得妇人的性情了。

至于他限制宴会所邀宴客人数的规定,照常识上来讲当然是对的。不过将这种规定也加入在法律中,是否适当,殊属疑问。至于对宴会仅能使用淡酒(mixed wine),而浓酒(pure wine)仅能于宴会后才可使用的规定,似乎也是同样地受着批评。[2]或者是因为宴客们对于希俄斯(Chios)酒[3]和塞浦路斯[4](Cyprus)酒不能辨别清楚——即如我们所谓香槟(Champagne)酒和勃艮第[5](Burgundy)酒的区别。但是这便很可以表示梭伦是

---

〔1〕“Obolus”是古希腊价值1/6德拉克马的硬币。——点校者注

〔2〕古希腊人特别是雅典人认为,不论饮用的葡萄酒有多高级,是一定要掺水的(mixed wine),把水加入葡萄酒中来饮用,既安全又不失礼节。不掺水饮用纯葡萄酒(pure wine)被认为是很野蛮的行为。在他们的观念中只有酒神狄奥尼索斯才能消受得了不掺水的葡萄酒。凡夫俗子,只能喝掺了水的酒,若是饮用了未掺水的酒会变得性格暴虐疯狂。当时的古希腊,最高级别的社交活动是一种以饮用掺水葡萄酒为主饮的酒会。——点校者注

〔3〕在爱琴海诸岛中,希俄斯是最大的葡萄酒出口地,据传这里酿造了最好的葡萄酒,它被称为古希腊的波尔多(Bordeaux)葡萄酒,装在绘有斯芬克斯的特色双耳酒罐中。——点校者注

〔4〕民国版为“居鲁士”。早从4000年前的远古时起,塞浦路斯就因种植的葡萄和生产的葡萄酒而闻名。——点校者注

〔5〕民国版为“柏干提”。香槟和勃艮第都是位于法国东北部的著名葡萄酒产区。——点校者注

一个有相当知识和耐性的政治家。他给予雅典人的扰害，正如他同美国规定着一人不能同时兼任二职时的扰害一样。在美国曾被迫着设有一人不可同时领取二份薪金的规定。这种规定所得到的害处正复相同。

凡熟习古希腊史的人们都可以回想到雅典曾经有过一种用以制止一般野心过大的政治家的特殊法律——贝壳放逐法（Law of ostracism），其规定任何雅典政治家不论出于何种原因遭遇市民反对时，即使无违反任何反对国家的犯罪行为也必须处以不超过 10 年的流刑（exile），但须有人民 6000 票的同意才生效。这使我们想起提米斯托克利（Themistocles）、亚里斯泰德〔1〕(Aristides)、西门〔2〕(Cimon) 和其他一些最能干最伟大的雅典政治家曾经根据这个法律而被驱逐。这个法律因为采用贝壳投票，所以就获得“贝壳”（Ostrakoi）这个名称。这种法律在梭伦法典内不能找到，它是出于这一个名字叫作克里斯提尼〔3〕(Kleisthenes) 的政治家的设计。这个政治家是领导驱逐在公元前 559 年～公元前 508 年之间篡夺政权之庇西特拉图运动中的重要分子。此项法律似乎是

〔1〕 民国版为“亚立司泰提”。亚里斯泰德（Aristides，公元前 530 年～公元前 467 年），古代雅典的将领和政治家，希波战争中发挥重要作用，是提洛同盟的创始人，主政期间得到“高贵者”的美称。——点校者注

〔2〕 民国版为“赛蒙”。西门（Cimon，公元前 510 年～公元前 450 年），雅典军事、政治领导人，扶助了提洛同盟的组成，并指挥击败了波斯舰队。——点校者注

〔3〕 民国版为“克来斯特”。克里斯提尼（Kleisthenes，约公元前 570 年～公元前 508 年），古希腊雅典城邦著名政治改革家。公元前 509 年联合平民推翻贵族统治，并当选为首席执政官。在梭伦改革的基础上，又一次实行社会改革：划分 10 个地区部落取代过去的 4 个氏族部落；以五百人会议代替梭伦创立的四百人会议，五百人会议日后成为雅典最重要的国家行政机关；创立十将军委员会和贝壳放逐法。——点校者注

一种古怪、暴虐和不公允的法律。然而若详细地加以考察，却不像初见时那样恶劣，在某种时期和情形之下它是能够达到良好目的的。

梭伦所制定的诉讼程序也是一种具有完美形式的程序。对于这些程序各执政长官得因环境之需要随时加以修正。这位大立法家为着维持社会的安宁以及调解人民的讼争起见，更把各种诉讼的时效一一规定，和我们现在所有的没有多大区别。5 年的时效期间似乎最为普通。对于被传的证人都可以强令出庭作证；利害关系人不得充任证人；对于伪证处罚极严。

梭伦法大约在梭伦死后 100 年，因亚里斯泰德的要求而作了一些修改，其后继续在公元前 450 年至公元前 429 年之间，因受著名之伯利克里的影响而有变更。基于受亚里斯泰德之影响的修改或者是很有好处的，但是受伯利克里影响的变更是否如此，则属疑问。伯利克里不但是雅典历史上唯一最伟大最能干的政治家，而且也是世界上空前最著名的一位政治家。只有罗马人里的尤利乌斯·恺撒[1]（Julius Caesar）可以和他媲美。但是他是一个有特殊野心的人，唯对他所希冀之欲望的计划并未十分顾虑

---

〔1〕 民国版为“未理亚该撒”。尤利乌斯·恺撒（Julius Caesar，公元前 102 年～公元前 44 年），即恺撒大帝，罗马共和国末期杰出的军事统帅、政治家。公元前 60 年与庞培、克拉苏秘密结成前三头同盟，随后出任高卢总督，在 8 年的时间里征服了高卢全境（今法国一带），还袭击了日耳曼和不列颠。公元前 49 年，他率军占领罗马，打败庞培，集大权于一身，实行独裁统治。公元前 44 年，恺撒遭以布鲁图所领导的元老院成员暗杀身亡，享年 58 岁。恺撒死后，其甥孙及养子屋大维击败安东尼开创了罗马帝国并成为第一位帝国皇帝。——点校者注

到。他虽然具有特殊魄力，但是却未能如愿地当选为执政长官。因此，他对于阿雷奥帕古斯山法院怀着妒忌，他因被该法院所阻以致不能当选，所以他就多方企图缩减其权力。人类的本性在各个时代都多么相同！关于美国联邦司法权限的减缩虽然不是基于完全不相同的理由，但是却是出自相似的暗示。

梭伦法直到雅典的末期仍为雅典制度及雅典立法的基础。它的精神曾为罗马法所采用，即对一切后世的法学也有极大的影响。在整部法律史中再也没有什么人能够比梭伦更伟大的了。

这里还有一件令人注意的事，就是在梭伦之后还有一个伟大的雅典人，即著名的哲学家柏拉图，他所著的《理想国》[1]（The Republic）一书可和负有最伟大声誉的哲学家亚里士多德相颉颃，这部作品是政治经济学及法学中的一部最优美的注释。

四、希腊其他城邦

雅典不是希腊人唯一以立法著称的国家。希腊人通常对于哲学、政治经济学和法学的研究已经成为一种嗜好。他们除了斯巴达人从来只知自私自利以外，都很专心从事研究人民自由的主

---

〔1〕 民国版为"《理想共和国》"。《理想国》（*The Republic*），是古希腊哲学家柏拉图在大约公元前 390 年所写成的作品。它以苏格拉底为主角，采用对话体的形式，共分 10 卷，为西方政治思想传统的最具代表性的作品。这部"哲学大全"不仅是柏拉图对自己此前哲学思想的概括和总结，而且是当时各门学科的综合，它探讨了哲学、政治、伦理道德、教育、文艺等各方面的问题，以理念论为基础，建立了一个系统的理想国家方案。——点校者注

义。在爱琴海、尤克森海[1]（the Euxine）以及地中海沿岸的希腊各城市中，希腊人的心思都致力于使法律以及希腊人的共同文化并行发达。在米利都（Miletus）、艾菲索斯[2]（Ephesus）、米蒂利尼[3]（Mitylene）、萨摩斯[4]（Samos）、昔兰尼[5]（Cyrene）、锡拉库萨[6]（Syracuse）、马西利亚[7]（Massilia）和一些所谓“大

---

〔1〕 民国版为“攸克里海”。尤克森海（the Euxine）即黑海。黑海是欧洲东南部和亚洲之间的内陆海，通过西南面的博斯普鲁斯海峡、马尔马拉海、达达尼尔海峡、爱琴海与地中海沟通。——点校者注

〔2〕 民国版为“以弗所”。艾菲索斯（Ephesus）位于现今土耳其伊兹米尔市东南，是目前世上保存最好也是最大的希腊古迹城。城中阿尔特米斯神殿名列古世界七大奇景，传说这座城是“埃及艳后”拜访安东尼并让古罗马人无比惊艳的地方。——点校者注

〔3〕 民国版为“密提利尼”。米蒂利尼（Mitylene），位于希腊爱琴海莱斯博斯岛东南岸，为该岛屿的首府，希腊著名港口。——点校者注

〔4〕 萨摩斯岛（Samos），希腊第八大岛屿，位于北爱琴海，希俄斯岛以南。在古希腊时代，萨摩斯岛是一个富有和强大的城市，为爱琴海文化的中心。哲学家毕达哥拉斯在此出生，并且古希腊历史学家希罗多德曾在萨摩斯岛居住一段时间，据说他的著作《历史》也是在岛上完成的。岛上出产著名的葡萄酒和萨摩斯红色陶器。岛上最著名的建筑是女神赫拉神庙（The Heraion）。——点校者注

〔5〕 民国版为“施靴尼”。昔兰尼（Cyrene），非洲北部古城。约公元前630年为来自爱琴海锡拉岛的一群移民所建，他们的领袖巴都斯成为第一代国王，建立了巴都斯王朝。——点校者注

〔6〕 民国版为“叙拉克”。锡拉库萨（Syracuse），意大利西西里岛东岸海港城市。公元前734年由来自科林斯的希腊人创建，现为农业区的商业中心，也是渔港和旅游中心。——点校者注

〔7〕 马西利亚（Massilia），地中海海港，古希腊殖民城市，位于现今法国马赛。约公元前6世纪希腊弗凯亚人在此建立城邦，殖民势力扩及高卢（法国南部）和西班牙沿岸。——点校者注

希腊”（Magna Graecia）繁盛的城市——即意大利的南部，就是环绕塔兰托[1]（Taranto）湾一带的肥沃地方，那里有麦特蓬托姆[2]（Metapontum）、赫拉克利亚[3]（Heraclea）、塔兰托、锡巴里斯[4]（Sybaris）、克罗托纳[5]（Crotona）和其他若干不大著名的共和国，在那里希腊人的勤勉不倦的精神与雅典人、斯巴达人争相辉映。它们的人民正如雅典人一样地努力于艺术、科学和哲学的发展。希腊人的历史上有许多伟大的人物都是出自这些小共和国中的。

后来，因为亚历山大的征服，雅典、斯巴达、底比斯和科林斯[6]（Corinth）都衰落了。埃及和叙利亚便接受了希腊人的文

---

〔1〕民国版为“他林敦（Tarentum）”。塔兰托（Taranto），意大利东南部海港城市，位于普利亚地区。濒临塔兰托湾，由斯巴达人建于公元前8世纪，当时称塔拉斯，是意大利南部希腊殖民区的主要城市之一。——点校者注

〔2〕民国版为“美塔蓬塔姆”。麦特蓬托姆（Metapontum），意大利东南的一座古老城市，临塔兰托湾，公元前700年由希腊人建立，6世纪时毕达哥拉斯曾在此讲学。——点校者注

〔3〕民国版为“赫拉克利阿”。赫拉克利亚（Heraclea），意大利南部的一座古代希腊城市，在塔兰托湾附近。公元前280年，比鲁斯王曾在此战胜罗马人。——点校者注

〔4〕民国版为“西巴利斯”。锡巴里斯（Sybaris），意大利南部古希腊城市，位于塔兰托湾。约公元前720年由亚该亚人建立，以富有和奢侈闻名，是大希腊最古老的城市之一。——点校者注

〔5〕民国版为“克罗托那”。克罗托纳（Crotona），意大利南部的一个城市，位于伊奥尼亚海沿岸。它作为大希腊的一个殖民地创建于公元前708年，并在公元前510年以后到达到其繁荣的顶峰。——点校者注

〔6〕民国版为“哥林多”。科林斯（Corinth）即《圣经》中的“哥林多”，古希腊城邦，位于伯罗奔尼撒半岛的东北，临科林斯湾，是希腊本土和伯罗奔尼撒半岛的连接点，同时又是通向伊奥尼亚海的航海要道，自古不仅是贸易和交通要地，同时又是战略重地。——点校者注

化，亚历山大城（Alexandria）和安条克[1]（Antioch）成为新文化的中心点。这两个大城曾一度超过雅典在哲学上、科学上和文学上所享的盛名。

每个希腊人的城邦实际上都是独立的共和国，而且每个希腊人的城市虽然都受到梭伦法很大的影响，但是它们都各有各的制度和法律。其中有许多著名的立法家，例如大希腊之克罗托纳地方的毕达哥拉斯[2]（Pythagoras）以及同地之卡塔尼亚[3]（Catania）和利吉姆[4]（Rhegium）地方的卡伦达斯[5]（Charondas）、西西里之锡拉库萨地方的狄奥克莱斯[6]（Diocles）以及远在尤克

---

〔1〕 民国版为“安提阿”。安条克（Antioch）古代塞琉西帝国的都城，位于今土耳其南部，地中海东北沿岸，是当时地中海东岸商业重镇和交通枢纽。公元前64年起属于罗马，7世纪为阿拉伯人占领，十字军东征期间在此创立安条克公国（1098～1268），16世纪初并入奥斯曼帝国。——点校者注

〔2〕 民国版为“彼塔哥拉斯”。毕达哥拉斯（Pythagoras，公元前572年～公元前497年），古希腊数学家、哲学家，出生在爱琴海中的萨摩斯岛。——点校者注

〔3〕 民国版为“喀大尼亚”。卡塔尼亚（Catania），意大利南部西西里岛的第二大城市，也是卡塔尼亚省的首府。——点校者注

〔4〕 民国版为“利基阿姆”。利吉姆（Rhegium）即《圣经》中的“利基翁”，位于意大利半岛的西南端的古代城邦。——点校者注

〔5〕 民国版为“卡隆达斯”。卡伦达斯（Charondas，生卒年代不详），古希腊立法者（Lawgiver），曾立法禁止公民在公共场合携带武器，有一天他忘了自己订立的法律，公然带剑入场，当有人提醒他违反了他自己订立的法律时，他居然拔剑自杀了。——点校者注

〔6〕 民国版为“代罗俄克利斯”。狄奥克莱斯（Diocles，生卒年代不详），锡拉库萨著名的演说家、立法者。受雅典在与迈加拉（Megara）城邦争夺萨拉米斯岛的战争中大获全胜的影响，锡拉库萨人决心效仿雅典民主政体对本城邦政体进行改革。改革由狄奥克莱斯领导，主要内容

森海或黑海沿岸西徐亚〔1〕（Scythia）地方的撒尔莫克西司〔2〕（Salmoxis）。此外还有些较不著名的地方，其中有一个我们在这里要特别地详予叙述。

在人类知识的历史上没有多少人能够比萨摩斯的毕达哥拉斯（Pythagoras）更为著名，其年代之开始和终止虽然未能明了——因为他的生时和死期都未经过确切的断定——但是我们可以大约地推定是从公元前 567 年 ~ 公元前 497 年之间。因此他是恰在梭伦之后，刚在马拉松和萨拉米斯之役以前。他的原籍是在爱琴海的萨摩斯岛，但是他一生很少居留在他的本乡。在他生时的大部

涉及对公职人员的任期进行限制，组织专门人员起草法律等。其立法为日后罗马的西西里岛地区所承袭。——点校者注

〔1〕民国版为“大月氏”。西徐亚王国（Scythia），即“斯基泰国”，黑海北岸的古国。中亚伊犁河流域原久为西徐亚人（又称“斯基泰人”，也即汉文文献中指称的“塞迦”）所居住。《汉书·张骞传》：“月氏已为匈奴所破，西击塞王。塞王南走远徙，月氏居其地。”后来天山北麓的乌孙部族攻破大月氏，迫使大月氏像之前的西徐亚人一样离弃伊犁地区向西南迁徙，而乌孙便从此占领了他们的地方。这次迁徙的年代约在公元前 139 年 ~ 公元前 129 年间。有一部分未能西徙的月氏人，便和留下来的西徐亚人一样，仍留驻原地，附属于乌孙，所以《汉书》上有乌孙国内“有塞种、大月氏种云”的记录。——点校者注

〔2〕民国版为“萨摩力萨斯（Samolxis）”。撒尔莫克西司（Salmoxis，生卒年代不详），据传原为萨摩斯岛的奴隶，其主人为毕达哥拉斯，后来被释放回到家乡色雷斯（据点校者考证，似乎并不是如作者所说的西徐亚）。因其在希腊的阅历而教化当地色雷斯人，他假装自己失踪躲入事先挖好的地下室中，4 年后又重新出现，因这个“神迹”被色雷斯人奉为神明。——点校者注

分是在波吕克里特[1]（Polycrates）政府统治之下。这个波吕克里特虽在希腊的字义上是一个暴君，然而却是这位哲学家的知交。毕达哥拉斯曾周游希腊和埃及各地，并且我们相信他也曾到过亚洲各国，或者波斯和印度斯坦也在其足迹之内。他奉了波吕克里特的命令来到埃及王阿玛西斯（Amasis）那里，他最希望拜访这个地方以便于可能时从那些神秘的教士们中得到各种学识。

据说毕达哥拉斯曾在埃及逗留了22年，他遍游赫利奥波利斯（Heliopolis）、孟斐斯和底比斯等著名城市。后来他似乎颇能得到那些万能教士们的欢心，至少有一部分曾学到他们的神秘。我们假定在波斯的冈比西斯（Cambyses）（公元前526年）侵入时他曾逗留在埃及，后来才被带到亚洲。我们又推定他曾取道来到巴比伦，在那里他结识了一些迦勒底（Chaldea）的古代圣贤和一些仍逗留在幼发拉底河沿岸大城中的以色列祭司和长老。还有些推测以为他曾深入亚洲来到印度河[2]（the Indus）和恒河[3]（Ganges）岸边，结识了一些印度斯坦的婆罗门教徒。他的确对于婆罗门教的教旨和礼节是有相当认识的。不过我们对于毕达哥拉斯这些种种假定的游历都不过是一种推测而已，他本人在事后却很少提到这些事情。

毕达哥拉斯从他的旅行回来之后，曾在他的本乡萨摩斯（仍

---

〔1〕民国版为“波利克拉提斯”。波吕克里特（Polycrates，生卒年代不详），大约公元前530年前后的古希腊萨摩斯城邦僭主。——点校者注

〔2〕印度河（the Indus），南亚地区一条横贯喜马拉雅山的大河，是世界上最长的河流之一，发源于西藏西南部，然后沿喜马拉雅山麓向西北流，穿过克什米尔西部边界后向南流入巴基斯坦。——点校者注

〔3〕恒河（Ganges），位于印度北部，是南亚的一条主要河流，被印度人民尊称为“圣河”和“印度的母亲河”。——点校者注

在波吕克里特统治之下）逗留了些时日。可是他在那里并未多大耽搁，他希望有一处较适宜的地方给他试验关于他的经济和哲学的学说。他本着希腊人勤勉的精神向西发展，颇像我们今日找寻一处适于建立新生活标准和新政府学说的地方一样。他们的西方乐土就是意大利和西西里岛。西西里岛和大希腊早已设有无数的希腊殖民地，希腊的冒险家常常成群结队来到那里的沿岸。毕达哥拉斯认为大希腊就是他的极乐地。他经过克里特和伯罗奔尼撒，在伯罗奔尼撒时，他曾在奥林匹克大会中帮了些忙。最后他来到塔兰托湾的克罗托纳城，在那里他颇获当地的优待，于是他就决意在那里长久居住下去。他在那里创办哲学院，聚合了一些学者和门徒，受了人民的委托从事于他们制度的改革，设立了一个贵族政治和社会主义混合的理想共和国。他在高年的时候，大约是在公元前491年便死在那里。但是他所创设的制度并没有保存多久，因为它们并不切合实际。然而他还有许多学说，在后也有很多动人之处。这种动人之处加上了他许多美德，于是使毕达哥拉斯的名字在希腊和意大利各城市中保存了许久。即使在近代也都认他是上古最伟大哲学家之一。

毕达哥拉斯是一个伟大的天文家、数学家和哲学家。他贡献于人们的是关于定理的论证（Demonstration of proposition），于是成立了欧几里得（Euclid）之《几何原本》[1]（Euclid’s Elements

---

〔1〕民国版为“欧几里得（Euclid）之《数学原理》”。欧几里得（Euclid，公元前325年～公元前265年），古希腊数学家，被称为“几何之父”。他活跃于托勒密一世（公元前323年～公元前283年）时期的亚历山大城，他最著名的著作《几何原本》是欧洲数学的基础。——点校者注

of Geometry）第一册中的“第四十七定理”〔1〕(Forty—Seventh Theorem)，即一直角三角形之弦边，其平方等于该三角形两边平方之总数。若是没有这个定理的话，那么就很难有数学、几何学或天文学等学科了。他又宣布现在人们所称的太阳系的中心是太阳而不是地球，这比哥白尼〔2〕(Copernicus）伟大的发现早大约2000年。〔3〕虽然哥白尼这个学说或者是从巴比伦或印度斯坦的天文家那里得来，但是在当时和以后都不能获得西方各国的信仰而屈服于天文学界中所谓托勒密学说〔4〕。

关于毕达哥拉斯的哲学家和宗教哲学的学说，我们仅有若干琐碎的认识。因为即使他有什么著作，但这些作品并未传给我们。至于他的门徒都为他个人的神秘观念所影响，不大努力于把它们一一传于后世。他在哲学上主要的主张就是假定思想和物质是合一的，物质逐渐消失成为渣滓，而灵魂或精神则最终为宇宙

---

〔1〕即“勾股定理”。是人类早期发现并证明的重要数学定理之一。在中国数学史中也称“商高定理”，《周髀算经》中将勾股定理表述为“勾股各自乘，并而开方除之”。在古希腊发现勾股定理的是毕达哥拉斯，所以勾股定理又称“毕达哥拉斯定理”。据说毕达哥拉斯证明了这个定理后，即斩了一百头牛作庆祝（百牛大祭），因此又称“百牛定理”。——点校者注

〔2〕哥白尼（Copernicus，1473～1543），波兰天文学家、数学家和教会法博士。哥白尼提出了“日心学说”，其著作有《天体运行论》等。——点校者注

〔3〕民国版为“这大约在2000年前哥白尼（Copernicus）伟大的发现中已预先见到的”；英文版为“He proclaimed that the sun，and not the earth，was the center of what we now call the Solar System，therein anticipating by about two thousand years the great discovery of Copernicus”。——点校者注

〔4〕托勒密（Ptolemy，约90～168），古希腊天文学家和地理学家，西方古代“地心说”的集大成者。——点校者注

的精神所吸收。这个学说引起了最空泛的泛神论[1](pantheism)，这就是佛教和佛教之涅槃[2](Buddhistic Nirvana）学说，并且也是婆罗门教徒间的吠陀派哲学的学说。他把这个学说和轮回学说(metempsychosis）即以灵魂从一肉体中轮回到另一肉体而因其高洁之专一而成神或因其堕落而沉沦的学说合并起来。他又把这个学说推进一步，他说他显然地记得他的灵魂的前身是各种不同的人物。据他所列举的其中之一是一个特洛伊人，名字叫作欧福尔玻斯[3](Euphorbus)，在特洛伊被困时死亡的。他这些学说最带着东方人的色彩，尤其是关于印度斯坦放肆的推论，这使我们更加相信毕达哥拉斯的信仰是因为与印度僧侣们的私人接触而得来。

关于毕达哥拉斯的行为正如他的学说一样有许多神秘的地方，大都是他自己做出来的。他在谈话和教授时多用符号；他的言辞常常故意地令人难解；他常用神秘的方法来掩蔽他自己；他常在众目睽睽之下隐匿起来；然后在种种情形之下又突然地出现使人惊奇起来。他之所以这样是因为他想叫他的门徒和人民相信他具有超人的能力。他一切的美德以及他所自认的优点足以使我

---

〔1〕泛神论（pantheism）是指把神和整个宇宙或自然视为同一的哲学理论。泛神论具有许多佛教和印度教信条的特点，可见于印度教著作《吠陀》和《薄伽梵歌》。——点校者注

〔2〕在印度宗教思想中，涅槃指消除了欲望和个人意识后达到的一种超然自由的状态。涅槃是默念修持要达到的最高境界，尤其是在佛教中。——点校者注

〔3〕民国版为“攸福巴斯”。欧福尔玻斯（Euphorbus，生卒年代不详），据荷马的《伊里亚特》中所载，其首先打伤帕特罗克洛斯（Patroclus）的特洛伊勇士，后被斯巴达国王、海伦的丈夫墨涅拉俄斯(Menelaus）杀死。——点校者注

们推想到：他在尼罗河畔及幼发拉底河畔的僧侣及在印度斯坦的佛教徒和婆罗门教徒那里除了获得他们的哲学知识之外，还曾学到一些其他的东西。他又曾学到他们的诈骗术以及他们的大言不惭的方法，无论什么时候凡适合了他的意旨时，他就毫不犹豫地把它使用起来。如果毕达哥拉斯的行为不是被人们视为有诈伪之嫌疑的话，那么近代的人们对于他就更要加倍推崇了。

上面已经述过毕达哥拉斯在克罗托纳地方曾创立了一个贵族政体的社会主义共和国（socialistic republic）。他对于那个小共和国的立法在古代负有盛名，这是因为适合于实行社会主义最成功之企图的缘故。这些主义在现代曾经两个法国人圣西门（Saint Simon）和傅立叶（Fourier）〔1〕两度提倡过，在美国也有许多人倡言相信这种国家社会主义或社会主义国家（Socialistic state）的建立足以补救现在社会上所感受种种的流弊。但是毕达哥拉斯的试验却没有维持多久，因此显然不能使其在古代或今日重新排演。在人类史上仅有一次例外，就是300年前的在南美洲巴拉圭（Paraguay）的土人在天主教之耶稣会〔2〕（Jesuits）信徒指导之下

---

〔1〕 圣西门（Saint Simon，1760～1825）和傅立叶（Fourier，1772～1837）都是早期的空想社会主义思想家，其学说为马克思的科学共产主义学说的诞生提供了宝贵的思想资料，成为马克思主义的三个来源之一。——点校者注

〔2〕 耶稣会是天主教主要修会之一，1534年由西班牙贵族依纳爵·罗耀拉创立于巴黎，1540年经教皇保罗三世批准。耶稣会为半军事组织，仿军队建制，纪律森严。其积极推进海外传教，最早的有方济各·沙勿略，来华传教士有利玛窦、汤若望、南怀仁等。在1610年～1767年间，耶稣会在巴拉圭建立了一个耶稣会国，以此他们将基督社会体系引入印第安人社会中，后西班牙和葡萄牙认为耶稣会妨碍他们的殖民主义行为，并于1767年，将在巴拉圭的耶稣会成员驱逐出境。——点校者注

组织了一个社会主义的共和国，这的确是很成功的。

我们不必再详细讨论这位萨摩斯哲学家在克罗托纳共和国内的立法，因为我们没有理由可以相信它对于希腊各国或其他各国法律的一般发达有何种重要的影响。虽然它在克罗托纳之独一无二的试验未曾获得良好的结果，然而除非它在重新试验上有障碍，我们在任何法学史上或政治经济史上都不应该把它遗漏不谈。

第六章　罗马法

我们现在进而谈到一种人，他们在法律的发达方面为一切国家在各时代最杰出的，他们曾编制一种为全世界以前所未见过的最完备的法制。当然这是相对罗马人而言，他们用武力征服全世界并没有像用他们那种伟大法学之不朽的力量那样来得大。

罗马历史的大概情形读者们当然是很熟悉的。这个大城的起源正如其他的起源一样，是含糊在神话和传奇中。所谓最初 360 年间的历史是和种种传奇混合着，所以我们很不容易（并非不可能）确定它们究竟有多少是有事实上的根据以及究竟有多少是经过粉饰的。不过依据两位最著名的历史学家以及证诸其他最可靠之学者的说法，我们或可窥见一些我们所要研究的事实。罗马人李维〔1〕(Livy) 和博学的希腊人哈利卡那苏斯〔2〕(Halicarnassus)

---

〔1〕 李维（Livy，公元前 59 年 ~ 公元 17 年），古罗马历史学家。早年受过良好的传统教育，学习了文学、史学、修辞学、演说术等，是罗马共和后期学问渊博、几乎无所不知的大学问家。李维著述丰富，但流传下来的只有《罗马自建城以来的历史》一书。——点校者注

〔2〕 民国版为“哈利加纳苏”。哈利卡那苏斯（Halicarnassus），卡里亚（Caria）的古城名，一座位于今天土耳其境内小亚细亚西南部爱琴海上的希腊古城 。在公元前 4 世纪，阿米特米西娅王后在这儿为她的丈夫摩索拉斯国王修建了一座雄伟壮观的陵墓，这座陵墓（哈利卡那苏斯的摩索拉斯王陵墓）被认为是世界七大奇迹之一。——点校者注

的狄奥尼修斯[1](Dionysius)(即希罗多德的同乡[2]),都驰名于奥古斯都[3](Augustus)的时代,都有过纪事和著作,但是我们现在已遗失了。他们曾毫无成见并十分恳切地释明事实的真相以从事于罗马历史的著述。他们给予我们神话和传奇并且给予我们已有根据的事实,他们的叙述都极诚恳丝毫没有疑问。西塞罗[4](Cicero)和瓦罗[5](Varro)也曾给我们关于罗马早期历

---

〔1〕 哈利卡那苏斯的狄奥尼修斯(Dionysius of Halicarnassus,生卒年代不详),公元前1世纪左右的希腊历史学家,著有20卷罗马史,其中10卷现存,对研究早期罗马历史极有价值。——点校者注

〔2〕 民国版为"它的本国人李维(Livy)和哈利加纳苏(Halicarnassus)的希腊学者即希罗多德(Herodotus)之著名的本国人代俄尼喜阿斯(Dionysius)";英文版为"Its own Livy, and the learned Greek Dionysius of Halicarnassus, the worthy fellow—countryman of Herododus"。——点校者注

〔3〕 民国版为"奥古斯丁"。奥古斯都(Augustus,公元前63年~公元14年)指第一位罗马帝国的皇帝"屋大维",但奥古斯都也同样可以用作为罗马皇帝的头衔。屋大维统治罗马达44年之久,这一时期被称为"奥古斯都时代",是罗马帝国最辉煌的时期。——点校者注

〔4〕 民国版为"西塞禄"。西塞罗(Cicero,公元前106年~公元前43年),古罗马著名政治家、演说家、雄辩家、法学家和哲学家。他出身于古罗马贵族家庭,以善于雄辩而成为古罗马政治舞台的显要人物。其从事过律师工作,后进入政界。公元前63年当选为执政官,在后三头政治联盟成立后被政敌马克·安东尼(Marcus Antonius,公元前82年~公元前30年)派人杀害。其代表作有《论国家》、《论法律》等。——点校者注

〔5〕 民国版为"梦禄"。瓦罗(Varro,公元前116年~公元前27年),罗马学者和讽刺家。其热心公务,曾任财务官,后效力于庞培和尤利乌斯·恺撒。瓦罗一生写了约75部计600多卷著作,题材广泛,其主要作品有《梅尼普斯式讽刺诗》、《论神事》等。——点校者注

史很有趣味的资料，他们关于罗马制度和罗马法律的引证对于我们也是极有价值的。

根据我们所知，大约在公元前753年，罗马的基础是由一位探险家安置下来的，他的名字叫作罗慕路斯（Romulus）。这个名字也许是出于拟制的，但是我们却认为除了这个真名以外，其他我们毫无所知。我们一向称他是个探险家，也许的确如此。我们假定他是来自阿尔班（Alban）山上的阿尔巴隆伽（Alba Langa）城[1]。这里大约是在罗马的东南15哩的地方。但是也有许多理由可以推想他是一个希腊人，来自意大利南岸的大希腊或坎帕尼亚沿岸[2]（Campanian coast）的某个希腊城市。英美两国人和罗马人有很大的区别就是英美两国人常常企图冒称一般从诺曼底（Normandy）跟着“征服者”威廉[3]（William the Conqueror）前来的凶残的人和海盗们为君子。当这些人们征服了英伦以后，还有更残忍的野蛮人仍被称为英豪的民族，这就是我们一向所说的盎格鲁—撒克逊人。他们跟着亨吉斯特（Hengist）和霍萨（Hor-

---

〔1〕 罗马历史学家李维这样描述了一个关于罗马建城的神话故事：罗马城邦第一位国王罗慕路斯的祖父是努米托，他是罗马东南部阿尔班山区阿尔巴国的国王。——点校者注

〔2〕 民国版为“空逢海”。坎帕尼亚（Campania），位于意大利半岛南部的大区，首府是那不勒斯。——点校者注

〔3〕 民国版为“威廉”。“征服者”威廉（William the Conqueror，1027～1087），英国国王，本是法国诺曼底公爵。其表兄英王“忏悔者”爱德华死后无嗣，大贵族哈罗德被拥立。威廉借口爱德华生前曾许以王位，乃渡海侵入英国，于哈斯丁一战击败哈罗德，自立为英王。这次征服对于英国乃至欧洲的历史进程影响极大。——点校者注

sa)[1]从德国北部的海岸前来蹂躏和克服不列颠人。但是罗马的历史家和罗马人却不犹豫地主张他们的祖宗，即他们那个大城的创立者，大都是一般犯法的逃亡者、窃贼、强盗以及因为鉴于前此居住地的环境于他们不利而从邻国前来的匪徒。其实罗马人对于他们民族的祖先缺少市民的美德的这种说法，与其说是轻视毋宁说是过分夸大。实则罗马原本是古意大利的拉丁姆[2]（Latium），伊特鲁里亚[3]（Etruria）和萨宾[4]（Sabinia）等三个城国的边疆。在数百年前或在罗慕路斯那黄金的时代以前，在后来建立该大城的七个山中的三个，早就给三个小村所占有。这三个小村一个是拉丁族（Latin）的，一个是伊特鲁里亚族（Etrurian）的，一个是萨宾族（Sabine Origin）的。在传奇上所说的罗慕路斯这位探险家，把这三个村落连合成为一城或为一区。而他复常常诱致像他一样年富力强的人们和探险家们前来居住。这许多新来者以及那些老住户，有的放弃了他们的旧居而为他们的国家效劳，有的则变幻无常毫无原则（principle），有的则为属于对过去

---

〔1〕 民国版为“亨歧斯特（Hengist）和霍而萨（Horsa）”。亨吉斯特（Hengist，生卒年代不详），英格兰传说中的一位国王，相传他与弟弟霍萨（Horsa，生卒年代不详）同为第一批迁到不列颠岛的盎格鲁—撒克逊人的领袖。——点校者注

〔2〕 拉丁姆（Latium），古地区名，位于现今意大利中西部拉齐奥区，以居住拉丁人得名。公元前2000年初拉丁人从东北移居于此，为古罗马国家的发源地。——点校者注

〔3〕 民国版为“伊特卢利阿”。伊特鲁里亚（Etruria），意大利中西部的一个古代国家，即现在的托斯卡纳和部分的翁布里亚。其在罗马建城之前是意大利半岛上一个重要城市，后来被罗马人吞并了。——点校者注

〔4〕 萨宾（Sabinia），古意大利城邦，位于台伯河东岸山岳地区。公元前449年曾为罗马所败，并于公元前290年为罗马所灭。——点校者注

一切就算了罢的人——其实只有这种人，在他们那个时候用他们不断地努力为我们建立许多边疆的居留地而成为那个繁盛城市以及巨大共和国的创始者。

在罗马历史中有三个伟大的时期——王政时代（有244年之久，自公元前753年至公元前509年止）、共和时代（有478年之久，其年数几倍于王政时代，即自公元前509年至公元前31年止）、帝国时代（有507年之久，较共和时代稍长，即自公元前31年至公元476年止），其中第二个时期即共和时代是罗马真正伟大的时代，而且是一切使罗马成为伟大的真正发达的时代。第一个时期为幼稚和形成的时期，第三时期则为衰落和灭亡的时期。

王政时代在历史上通常所传计有七个国王——除罗慕路斯外则为六人，奇怪得很，他们是按次序地轮流属于拉丁、萨宾和伊特鲁里亚族。或者他们不止此七人，但是这七个人已够代表全体了。我们在这里提到他们，是因为在他们中有两位是著名的立法家，很努力从事于那个新兴大城之制度的形成——而这个城市在整个王政时代和以后的一个世纪中依然是城市的方式，并且仅仅是一个带着少数周围土地比较美国的哥伦比亚特区[1]（District of Columbia）略大些的市区而已。希腊各城的性质也都与此相同，而罗马的发达和希腊各城市成为独立的共和国却没有什么区别。

照传奇上所说的次序第二代国王努马[2]（Numa）是被推选为罗慕路斯的继承人的，他是萨宾族人，又是罗马最初的立法家。据说他曾把罗慕路斯所采集的材料加以编制，历史家李维曾

〔1〕 民国版为“哥伦比亚区（District of Columbia）”。——点校者注

〔2〕 民国版为“纽马”。努马·庞皮留斯（Numa Pompilius，生卒年代不详），出身萨宾贵族，继位为罗马第二任国王，公元前715年~公元前673年在位，创立宗教制度和祭典礼仪，维持罗马长达43年的和平时期。——点校者注

流传下一件美妙的故事，但是不能断定这是实情。他说努马是因为和女山神埃吉里娅[1]（Egeria）谈话而受着她的影响。埃吉里娅是一位可爱的女神，她是神话中创设出来的，不是人类也不是纯粹的神。努马退隐（retire）时，常常到萨宾山谷中，在她的家里和她商酌种种事件。如果我们认为埃吉里娅在其他神话中从来未被提到而假定她比神话时代中其他的女山神较为类似人形，那么尽管说得更有凭证，对于这个故事我们自不必相信。试想妇女通常都和国家的倾覆有关，而这一个美艳的妇人独能对于罗马国的创立树有大功，真是多么令人快慰的呀！可是历史上或传奇上都没有提及埃吉里娅所影响的法律，也没有谈到努马所创设的法律。我们仅仅知道他们都极聪明，而且努马也很能够运用他的智慧建设这个幼稚城市的制度。他对于罗马后代的关系正如阿尔弗雷德大帝[2]（Alfred the Great）和“忏悔者”爱德华（Edward the Confessor）对于诺曼人和金雀花家族在英伦的时候一样。至于他的法律在罗马当时的需要也正如爱德华的法律对英伦在诺曼诸王统辖下的时候一样。

第六代王塞尔维乌斯·图利乌斯[3]（Servius Tullius）也是一

---

〔1〕 民国版为“伊基利阿”。埃吉里娅（Egeria），罗马神话的一位常在人梦里出现的仙女，给予人警告、建议、忠告或预示。据传曾为罗马国王努马·庞皮留斯的顾问。——点校者注

〔2〕 民国版为“亚勒弗烈大帝”。阿尔弗雷德大帝（Alfred the Great，849 ~ 899），英格兰盎格鲁—撒克逊时期威塞克斯王国的国王，由于其英勇地统帅臣民对抗北欧维京海盗的入侵，被后世尊称为阿尔弗雷德大帝。——点校者注

〔3〕 民国版为“塞维阿斯塔利阿斯”。塞尔维乌斯·图利乌斯（Servius Tullius，生卒年代不详），古代罗马王政时代第六代国王，其统治时期实行一系列军事和政治改革，使得罗马从氏族社会过渡到奴隶占有制社会。——点校者注

位很活跃的立法家，而且也是构成罗马城之制度的重要人物，他给予这个制度的形式似乎流传到好几世纪以后。在普通的罗马帝王的名录中，第五和第七位帝王两个塔克文[1]（Two Tarquins）对于罗马国的制度也遗有很大的影响。但是如果个别地追究到每个国王对于立法方面建了什么功劳，这或者是考古学家的问题而非研究法律者所能做到的，即使我们能够做得满意，但是仍属十分可疑。现在我们只要知道在罗马国的王政时代中，罗马民事制度的特殊组织已经渐成为固定的形式而继续地维持了好几个年代。

在罗马最初的时候，我们发现有两种确定的不同阶级，即庶民（plebeian）与贵族（patrician）。这种区别是否出于征伐，我们不很明了。李维以为庶民阶级是包括一般从拉丁姆等城迁来罗马居住的一部分人口，而这又是给一位好战的国王安库斯·玛尔提乌斯[2]（Ancus Martius）所征服过的。总之，那些贵族阶级是包括一般所谓“最初家族”（The First Family），也就是说，罗马最初的居留民。至于以后来到的，则称为“庶民”。我们须要记得，这两个阶级并不像我们预想的那样是因为在社会地位即出身和教育的差别而获得不同的名称。反之，“贵族”和“庶民”这两个名称的意想（meaning），不过是罗马的分类之结果罢了。换句话说，就是因为有了这种分类然后才有后来的意义，并不是因为这两个字的意义或这两个字所表示的限制而后才有这种分类。我们在研究罗马制度和罗马历史时，对于这个重要的区别点，应

---

〔1〕民国版为“塔魁恩”。古罗马王政时代，第五代和第七代君主分别为卢修斯·塔克文·普里斯库斯（Lucius Tarquinius Priscus）、卢修斯·塔克文·苏佩布（Lucius Tarquinius Superbus）。——点校者注

〔2〕民国版为“安卡斯·马喜阿斯”。安库斯·玛尔提乌斯（Ancus Marcius，生卒年代不详），萨宾人，王政时代第四位国王，公元前641年~公元前616年在位。——点校者注

该牢记着。

贵族阶级是一般较早的居留民及其后裔，他们拥有那些不准给予后来迁入的庶民所享有的权利和特权。他们二者都是自由民，但是贵族们结成一种特殊阶级，企图支配政权，而且也确曾把他的计策做到成功的地步。上述的第六位国王塞尔维乌斯·图利乌斯在位时对于罗马城的社会和政治组织曾施行了一次很彻底的改革，他把庶民的权力（power）扩大了，并且给予他们在政府中享有较前更大的发言权。虽然如此，但是两阶级间的分野还是区划得很清楚。此与英国平民（commonality）和贵族（aristocracy）的区别有点相像。这个区分继续了整个的共和时代，并且延到帝国时代最终才消逝了。在两阶级之间常常发生内战。其实因贵族阶级和庶民阶级的区分所屡次发生的内战实为造成尤利乌斯·恺撒和奥古斯都·恺撒毁灭了罗马共和国的原因。因为贵族是当时社会秩序的附从者，最初和庞培[1]（Pompey）为伍，其后又与布鲁图[2]（Brutus）和卡修斯[3]（Cassius）相结纳。至于尤利乌斯·恺撒和他的更能干的侄儿屋大维（Octavian）或称"奥

---

〔1〕庞培（Pompey，公元前106年~公元前48年），古罗马政治家和军事家，勇悍善战，凶残嗜杀，于前三头同盟（由恺撒、克拉苏和庞培组成的政治联盟）中势力最强。——点校者注

〔2〕民国版为"勃鲁多"。布鲁图（Brutus，公元前85年~公元前42年），罗马政治家，是公元前44年刺死恺撒的密谋集团头领。在第一次腓立比战役中打败屋大维（奥古斯都）所率的恺撒派军队，但在第二次交锋中，被安东尼和屋大维的联军彻底击溃。布鲁图眼见大势已去，最后自杀。——点校者注

〔3〕民国版为"卡喜阿斯"。卡修斯（Cassius，出生年代不详~公元前42年），罗马将军和行政官，参与了布鲁图暗杀恺撒的阴谋活动。后在腓立比之战败于安东尼，卡修斯遂下令其奴隶把他自己杀死。——点校者注

古斯都”则都自认为贫乏的庶民。但是在478年间的大部分共和时代中，尤其是在该时代的后半叶，贵族和庶民颇能融洽地住在一起。对于国事的管理虽则或者没有站在极平衡的地位，然却能够互相提携。在早期的时候，两阶级间的区别是极端分明的，因此他们相互间的缔婚是被禁止的。这种禁止后来虽然取消了，但是仍为一种社会的禁令，这在今日许多近代的社会中仍然存在着。

元老院（Roman Senate）可说是罗马国政府的普通统治机关。通常是从贵族内选举出来的。这种制度是始于该城最初成立的时候。起初包括议员300人，在那三个原始部落中，每一部落选出100人。这个数目后来我们相信是由塞尔维乌斯·图利乌斯才增加到400人。其后的各时期人数的增减也大不相同。它是古罗马的普通议会（Common Council）。罗马虽然像其他的希腊城市一样，不但是个城市而且很像一个国家，但我们不能认为在早时的罗马元老院其权力是和现代的市议会相等的。在王政的时代，古罗马的元老院与美国在殖民地时期中的市议会之从事于协助总督以处理若干殖民地的公共事务颇相类似。

我们通常误以为罗马元老院是罗马共和国的立法议会。唯当罗马渐渐强盛而占有领土的时候，它确是意大利境外各地的立法机关，即在罗马城以外的意大利地方，它也有很大的立法权。但是在罗马城中及其附近的区域，则绝未涉有立法的意义在内。它的职务，与其说是立法毋宁说是行政的。所谓立法权是寄托在“民会”（General Assembly）中，元老员在这里的参与是和其他市民处于同一地位的。但是“民会”共有两种，关于这点以及其他各点，罗马国的制度是特殊地复杂，即在我们现在看来也觉得含糊不明。这就是“库里亚大会”〔1〕(Comitia Curiata）和“森都

〔1〕 民国版为“贵族民会”。后文均改为“库里亚大会”。——点校者注

里亚大会”[1]（Comitia Centuriata）。

“库里亚大会”是原来的罗马民会，包括罗马最初的人民，即贵族。这些贵族分为30个部落，从原来的三大区域中每一部落派出10人。“库里亚大会”的选举是以每一部落为单位，每一部落有一选举权，以每部落投票的多数为决定的标准。这个“库里亚大会”的选举权限于贵族，庶民无权过问。

庶民享有发言权的“森都里亚大会”据说是由塞尔维乌斯·图利乌斯王创始的。他是罗马国的早期改革家，他因为出身卑贱以及其他种种的原因遂倾向于庶民的保护——并代他们获取政权。“森都里亚大会”这个名称，在英文中很少有适当的字可以表示它的意义。照字义上解释起来就是“百人团会”（Assembly of the Centuries）。它的创设是将罗马全体人民不论庶民或贵族，都根据其产业，分为五级（李维之说）或分为六级（哈利卡那苏斯的狄奥尼修斯之说），而每级又再分为193个百人团，每团100人。“Centuries”意即一百。因为据说它本来每团实际上为一百人所组成。这或且可以表示出这种制度初次施行之时罗马人口的确数。到了后来，名目虽存，但是其中有些百人团的人数在数目上当然就有些不同了。每个罗马市民不论贵族或庶民都有权参与“森都里亚大会”。其表决方法是按照等级和百人团的顺序——即第一级居先，其余按序而行。每个百人团有一表决权，且以获得团员之大多数定之。至于任何提案则须经97个的百人团的赞同始为大多数通过。在五级或六级的区分中，在最初享有表决权的一级如已通过，就可以不必请求他级再行通过，而通过案就可以实行了。因此更富有阶级[2]遂占优势。结果，直接或间接地，

[1] 民国版为“兵员民会”。后文均改为“森都里亚大会”。——点校者注

[2] 民国版为“资产阶级”。英文版为“the wealthier class”。——点校者注

罗马共和国也遂为贵族的势力所操纵。

“森都里亚大会”后来成为罗马人民的真正民会。它是制定法律、选举国家高级官员，即“执政官”（Consul）及“裁判官”（Praetor）的团体，并且对于一切死刑的刑事案件有最终审判权。“库里亚大会”最初对于“森都里亚大会”的执行事务有否决权，经过若干时间后渐趋不重要而仅变为一种形式而已。实则“森都里亚大会”之必须得到元老院的批准始为有效的事件，是从来没有被否决过的。“库里亚大会”和“森都里亚大会”的制度在整个罗马的共和时代继续维持着，一切权力虽然渐渐落在“森都里亚大会”手中，但是“库里亚大会”也不断地握有许多至上的权力和特权，尤其是关于宗教方面的事件，一直到罗马灭亡时为止。

罗马人民另外还有一个民会称为“特里布大会”[1]（Comitia Tributa）或称为“部落大会”（Tribal Assembly），内部人员由部落选举之，以获得一部落之大多数为决定当选的标准。但是这里“部落”这个名词似乎不是指罗马最初分为拉丁姆、伊特鲁里亚和萨宾而为罗慕路斯所合并为一的这个三部落。这里所说之部落的区分是一种基于地方行政的关系而划分出来的市区或区域。在这些市区或区域中，庶民通常是占居多数。因为他们颇能团结一致，所以有时他们为着利害关系遂通过种种议案，这就叫作“平民会通过之决议”（Plebiscitum），就是贵族和元老院也常常被迫而予以承认。元老院通过的法律称为“元老院之决议”（Senatus Consultum），正如“特里布大会”通过的称为“平民会通过之决议”一样。严格说来，它们虽非法律，然在直接或间接删都具有法律的效力。我们所说的罗马法律可以说大部分是直接来自“森都里亚大会”，对于庶民及元老一律有拘束力。

---

〔1〕 民国版为“民团民会（Comitia Tribuda）”。——点校者注

因此，可知罗马国的组织本来是十分简单的，不久以后才逐渐复杂起来。虽然在早时是由贵族阶级统治的，而且对于后来贵族阶级仍不断地占有很大的势力，但是这并非具有如希腊人所说的民主政治或贵族政治的那种意义，而且对于成人投票权的限制以及无限制的民主政治轻率造次也是有许多可以非议的地方。同时你们或者要想到在今日我们自己的政府组织中也并非没有相同的缺点，而且我们有些制度还是根据和罗马共和国相同的主义的。我们从古罗马共和国所学到的地方实超出我们一般所能够测度的。

从公元前753年到公元前509年的244年间的王政时代是罗马之特征和罗马之组织的形成时期。这并不是一个绝对专制的时代，其中帝王十分有权，他们享有行使立法、行政和司法的权力，但是他们的一切重大事件却须常常就商于（consult）专权的元老院。公元前509年——恰在希腊之马拉松之役前19年——在卢修斯·朱尼厄斯·布鲁特斯〔1〕（Lucius Junius Brutus）和卢修斯·塔克文·柯拉汀（Lucius Tarquinius Collatinus）指挥之下发

〔1〕民国版为“朱理阿斯·勃鲁多（Junius Brutus）和琉喜阿斯·塔魁尼阿斯·科林丁尼斯（Lucius Tarquinius Collatinus）”。卢修斯·塔克文·苏佩布（Lucius Tarquinius Superbus，出生年代不详 ~ 公元前496年），即小塔克文或“高傲者”塔克文，罗马王政时代第七任君主，暗杀了塞尔维乌斯·图利乌斯后，夺取了王位。在他的统治下，君主的权力也达到了鼎盛时期。然而，小塔克文好色的儿子塞斯图斯·塔克文用剑挟持并强奸了卢修斯·塔克文·柯拉汀的妻子鲁克丽丝，鲁克丽丝不甘受辱，随后自尽。卢修斯·塔克文·柯拉汀和卢修斯·朱尼厄斯·布鲁特斯号召人民，将卢修斯·塔克文·苏佩布一家驱逐出罗马城。随后卢修斯·塔克文·柯拉汀和卢修斯·朱尼厄斯·布鲁特斯共同当选古罗马共和国执政官。——点校者注

生革命。其中，柯拉汀或者柯拉汀、布鲁特斯两人都是罗马最后一朝帝王“高傲者”塔克文（Tarquin the Proud）的亲属，但是这个帝王的全家竟被驱逐出境。于是罗马便建立了一个共和国，每年选出执政官充任罗马国的行政首长，执行法律，主持元老院并在战时指挥军队。最初的执政官就是上面所说两位从事革命成功的领袖。这种执政官的职务以及它的二元性似乎是仿效着当时地中海西岸最强国家迦太基的模样。

这个把塔克文逐出而建立共和国的革命，与其说是民主主义的活动，毋宁说是一种贵族政治的活动。最初的收效就是扩大元老院和贵族的权力，从而减少庶民在国家方面的势力。当王政的统治被确实铲除，他们那种共和制度树立得很坚固时，两阶级间便起了争执甚至于发生了内战。在庶民方面开始着现在我们所称谓的扩大罢工，他们要求分离。他们成群结队地离开罗马而驻留在萨宾境内的圣山（Mons Sacer），这个山大约是在罗马东北45哩的地方。贵族们于是感觉到他们对于庶民的政权和公权实在太过藐视了，同时自觉罗马如果没有庶民，便要十分衰弱，势将成为它的妒忌邻居的牺牲品。于是和解成立，庶民重返。但是国内两阶级间的争斗却继续下去历220年之久（公元前509年~公元前289年）。一方为维持其特权而争斗，另一方则为扩大其政治及公民的自由而争斗。不过有一件很特殊的事情，就是这两个阶级在内虽不断地互相冲突，然而对外却能够维持着统一阵线，而且都抱着同一征服异国的宏愿，所以他们最初克服了意大利，后来把地中海沿岸的地方也都收置在罗马统治下。

在公元前454年，即经若干进展的内战之后，争斗的双方旋告休战。在这休战条约中有一条规定，就是必须将罗马的法律编为成文和制定的法典。当时的庶民有一件最不平的就是对于法律的不满意，因为当时大多数的法律是不成文的，而且法律的解释和执行又几乎全为贵族所控制。因此在斗争运动所产生的效果之一，就是关于改良法制的约定。

当时罗马有一个居民，是一个从小亚细亚著名的幼发拉底城被驱逐出来的希腊学者，他是一个富有哲学思想的人，名字叫作赫尔谟德鲁斯〔1〕(Hermodorus)。他在备受一般人尊崇之下劝告罗马人组织一个富有才识的委员会，前往希腊从事研究斯巴达、克里特和雅典的法律，尤其是关于梭伦的法律，以便研究希腊若干国家法律所获得的经验，就本国现行的法律准备为罗马编成一部法典。这个提议立刻被采纳了。但是罗马人性格中具有一种奇怪的特性，就是他们从来不相信自己具备了所有的美德，反之认为其他民族是有很多东西可以供他们学习的。〔2〕罗马人时常喜欢从别国输入的东西，尤其是希腊的，因为他们以为希腊实比他们更优秀更进步。即使在罗马最强盛的时候，他们也极尊重那些并入于他们那个强大帝国中之人民的风俗和习惯，并且在和罗马政府最高权力相符合的条件下，又允许那些人民享有最大可能范围内的地方自治权。这当然是使它广大的疆土能够持久的原因。

这个委员会组织成功后，便到希腊去。这是在“高傲者”塔克文被逐后50年的时候，正是西蒙（Cimon）和伯利克里（Pericles）的时代。换句话说，就是希腊人的光荣和文化登峰造极的

---

〔1〕 民国版为“赫摩多拉斯”。赫尔谟德鲁斯（Hermodorus，生卒年代不详），希腊的学者，法学功底深厚，指导罗马人起草《十二铜表法》，后罗马人竖其像以示纪念。——点校者注

〔2〕 民国版为“但是罗马人具有一种特性，就是他们从来不相信别国是具有什么长处的，而且认为其他国家是没有什么东西可以供他们采取的”。英文版为“It was a peculiarity of the Roman character that the people never believed that they possessed all the virtues and that nothing was to be learned from the experience of other nations”。——点校者注

时代。至于该委员会委员带了什么东西回来，我们不很知道。但是它的结果当然是露出了受梭伦立法的影响的。罗马在公元前541年颁行了一部法典，称为铜表法（Law of the Ten Tables）。这是因为它是刻在十块铜板上而竖立于朱庇特神庙[1]（the Temple of Jupiter）的壁上以公示于众，所以有此名称。不久又增加了两块，于是这部法典便被称为《十二铜表法》（Law of the Twelve Tables），一直传到后世还是如此称呼。它是后世一切罗马法的根据，也就是赫尔谟德鲁斯这位从幼发拉底来的希腊学者建功最大的工作。然而它并不是一部传入罗马的希腊法典，而仅仅是一部主要的罗马现行法的法典略带些由希腊诸国所获得的经验，尤其是由雅典而来的若干极有价值的增加和变更而已。

《十二铜表法》只有琐碎的断片传给我们，这并不能使我们满意地推测到那个整部的形状。但是它们却有像西塞罗在他的作品《论共和国》[2]（De Republica）中，并关于罗马的希腊历史家像哈利卡那苏斯的狄奥尼修斯以及另一位差不多同时代的希腊大历史家狄奥多罗斯·西库路斯（Diodorus Siculus）等诚恳的批评家注释。我们根据这些作家和罗马法的注释家如盖尤斯[3]

---

〔1〕 民国版为“天神庙”。朱庇特神庙位于罗马的卡比托利欧山，是古罗马最伟大的宗教庙宇。——点校者注

〔2〕 民国版为“《共和政体论》”。《论共和国》（*De Republica*），古罗马西塞罗所著，他在这部著作中对国家学说作了系统的阐述。——点校者注

〔3〕 民国版为“该雅斯”。盖尤斯（Gaius，约130～约180），罗马帝国前期著名法学家，罗马“五大法学家”中的出生最早的一位，其代表作有《法学阶梯》等。——点校者注

(Gaius)、马尔库斯·安第斯提乌斯·拉贝奥[1](Marcus Antistius Labeo)和其他诸人的作品，我们知道《十二铜表法》并不是一部完整的法典，好像我们现在照它的字义上的解释一样，只不过是一种通行的法律格言的集成而足以支持并供给后世发展之用的法律原则而已。

上面所提过的注释家盖尤斯是一位关于法律方面的最伟大最有成就的罗马作者，他生长在安敦尼帝[2](Emperor Antoninus)的时代，即2世纪。他曾提及《十二铜表法》中的两条，一条是关于社团的，即他们所称的"Collegia"，另一条是关于疆界的。据他说这是来自梭伦法。因此我们可以推想到还有其他的也许是出自同源。但是这部法典不论全部是起自本国还是大部分是源自希腊，的确是具有像一个伟大建筑物所需要的优美的基础的。至于这个建筑物如何建筑，这个伟大建筑物出于何人之手，我们可即予以推究。它好像人类其他可贵的制度一样，是一种逐步的发展，是一种由最适当的民族的空前未有的立法家从幼稚的主义中进化出来的。其实它是一个民族所建立的巨厦，并不是出于个人或若干人的手。罗马历代统治者就是法学者的民族（a race of lawyers）。

我们上面已经说到握有至高权力之罗马人民的民会或大会。罗马的学说像我们今日的学说一样，以为一切权力属于人民。罗

[1] 民国版为"安地斯·拉培"。马尔库斯·安第斯提乌斯·拉贝奥(Marcus Antistius Labeo，公元前42年~公元10年)，罗马著名法学家，在救助债务人方面做出了划时代的贡献。拉贝奥明智地绕开了"不履行—责任"这一古老规则，提出当给付不能的债务人有正当理由时，应基于公平原则赋予债务人以抗辩权。——点校者注

[2] 安敦尼·皮乌斯（Emperor Antoninus Pius，86~161），罗马帝国"五贤帝"中的第四位皇帝。——点校者注

马因为是一个城市，全体的人民都能够召集在市民大会中，因此罗马人以为这个学说在一城的当地政府方面是可以实行的。至于各省的政府则以之让给元老院，认为那些较少数的人可以构成一个较完美的立法议会。后来由百人团选举而来的“森都里亚大会”不但是罗马权力的最终源泉，并且也拥有处理一切具体事件的权力。它制定法律、选任官员、指导公共政策，并且又是普通诉讼案件之最终审理的最高法院，尤其是关于死刑的案件。因为罗马人的生命如未经过“森都里亚大会”人员的表决是不能遽予剥夺的，而且罗马市民的特权也扩张到使许多地方的人民都能够享有。那些拥有这种特权的人们也就可以上诉到罗马的“森都里亚大会”，或者在后来当“恺撒革命”〔1〕(Caesarian Revolution)以后的人民的司法权转到全权的帝王的手里时，更可上诉到帝王。我们回溯到《使徒行传》（Acts of the Apostles）有关于圣保罗的记载，他作为罗马人就是依照这样的做法接受审判的。〔2〕

“森都里亚大会”是法律上的最高法院，同时更是制定法律的最高机关。但是“库里亚大会”也享有一些司法权，而元老院则大都主持关于外人的司法案件。关于司法方面的事项以及政治上不平之请求纠正的事件从各省上诉到元老院的也不少。关于政府的权力分为立法、行政及司法三部以及各部独立的学说，在当时还没被人承认过。有一种叫做监察官（Censor）的也行使着司

〔1〕此处指公元前49年，恺撒带兵回到罗马，击败政治对手庞培，集大权于一身，实行独裁统治。——点校者注

〔2〕民国版为“我们回溯到《使徒行传》（*Acts of the Apostles*）关于圣保罗的记载，他是罗马人所以就依照这样做法”，英文版为“as we recall that St. Paul, who was a Roman citizen, is said in the Acts of the Apostles to have done”。根据资料记载，保罗被当时罗马暴君尼禄下令逮捕，后被送往罗马接受审判，并于公元68年被斩首处死。——点校者注

法权，不过主要的还是处理关于公共卫生和公共道德方面的事务。

但是罗马法伟大的进展并不是由于这些机关的力量。在罗马共和国存在的大部分时期以及在后来帝国的整个时期中，罗马国的司法权大部分握于两位官员的手里，即两位“裁判官”（Praetor），称为“内事裁判官”（Praetor Urbanus）和“外事裁判官”（Praetor Peregrinus）。这两位裁判官的官阶仅次于主持行政事务的执政官，他们是和在“森都里亚大会”每年选举执政官时同时选出的。第一任的“内事裁判官”是在公元前 366 年，大约是在《十二铜表法》颁行后 85 年的时候；“外事裁判官”产生的时间则在后来。罗马法的演进大都是这两个官员的功劳。

“内事裁判官”在“外事裁判官”产生以前仅称为“裁判官”（The Praetor），仅在罗马市民间行使司法权。至于“外事裁判官”则处理居留在罗马境内之外侨间的争执事件以及外侨与罗马人间的争执。不过任何一方因为缺席或无能力而不能执行职务时，他方即可代行其职责。在后来的各时期中，各省也都有“裁判官”的增设，其数目因时而异，曾一度增至 16 人。如果在某一省内没有裁判官的设置时，那么便设有“President”〔1〕或其他官员以代其职。“地方总督”（Proconsul）为罗马各省的长官，也有若干监察司法的权力。在许多事例中各省内的城市可以自由制定它们自己的法律，选举它们自己的官员，不受罗马政府的干涉。但是对于各省裁判官所享有的司法行政权，罗马政府却常常保有相当监督的权力。不然，罗马各省的司法制度和罗马本身的

〔1〕“President”来源于拉丁文“praesidens”，意思是“坐在前面的人”。“坐在前面的人”常是担任重要职位的人或是担任指导地位的人。——点校者注

司法制度在实质上便没有什么区别了。不过这种区别显然因罗马所采方法的优越逐渐减少。最后罗马的法学和法制几乎一般地为罗马各省所采纳，而成为罗马继续统治文明世界的伟大保证及罗马文化流传不朽之最可靠的信物。

罗马的裁判官是一个特殊的官职，即使到今日仍难明了。他的职务与其说是行使司法，毋宁说是监督司法。他的职务就是解决上诉于他的种种争执，解释一般的法例以及选任承审员〔1〕(judex）来从事证据的调查和案件的判决。这些承审员数目的多少是由裁判官按照案件之需要而定。对于他们的选定双方当事人都可以声明异议。如果认为这个异议具有相当理由，便应另行选定。他们的选任大都（虽非必要）应就一般熟习法律和粗具法律知识的人而选用之。当承审员行使职务时他们得以“法学者”(Jurisconsult）或法律专家（Lawyer）和他们共同审理并充任他们的顾问，但在判决时则无表决权限。他们听取或收受口头或书面的证词以及双方当事人之辩护人的辩解，并且他们也宣示最后的判决，因为这种判决似乎都不受裁判官任何的复查。

承审员通常是被认为具有法律知识的。至于对特殊案件的承审员人选的指定，裁判官的权限通常不受任何限制。有时根据习惯或成规被裁判官认为具有为承审员资格时，曾大批地加以选任，一次竟达4000 人之多。在早期之贵族和庶民彼此间的长期争斗中，庶民方面常有关于说到贵族独占承审员的职位以致认为只有他们贵族才适合于担任这种职务等的怨言。

---

〔1〕 民国版为“法官”。承审员（judex），是由裁判官或其他长官指定并经当事人同意的审判官，由其听审和判决案件。罗马的承审员最初是从有资格的一些人中进行挑选，后来承审员本身也成为法官。故该词在罗马的不同时期有不同指义。——点校者注

因此，可见罗马制度中的承审员是同时行使我们现在所谓法官（judge）和陪审员（jury）两种职权的。或者他们的职务和美国数州中例如纽约州的法制中的裁判人〔1〕(Referee）较为近似，不过他们的判决不是最终的罢了。他们的法院是审判民事案件的普通法院，但是他们的任期却是临时性质而不是固定的。只有他们在有时常被裁判官选取担任司法事务的可能时，才有永久的性质。至于裁判官本身并不是为我们一般所认为的那种普通的法官，他很像古英伦法律中的“大法官”〔2〕(Lord Chancellor）或“首席政法官”〔3〕(Lord Chief Justiciary)。他是罗马法的一个伟大保管人（conservator)，是当时法理的一个有力的解释者，而且又是一个操纵整个罗马法律之机构的人物。

---

〔1〕 民国版为“委审员”。我国国内诉讼程序中没有与“Referee”相对应的司法岗位，国内文献中对于“Referee”的具体中文翻译也各有不同，对“Referee”的通常解释为“受法庭指派，在特定案件中对未决事项进行听审并就此向法庭进行报告的准司法官”。——点校者注

〔2〕 即“御前大臣”。在中世纪，御前大臣在英格兰政治生活中的地位类似于现代的首相，而并非司法性质的。但由于普通法上的“诉讼开始令状”（Original Writ）由御前大臣所主持的文秘署签发，通过这种方式，御前大臣与司法发生联系。随着文秘署分离一部分职能进行司法活动，而逐渐演变成一个衡平法院（Court of Chancery)，御前大臣对司法的影响日益增强。——点校者注

〔3〕 民国版为“司法部长”。首席政法官是诺曼王朝时期和金雀花王朝时期重要的行政和司法官员。最先由“征服者”威廉设立，领导整个王室法院的事务，也主持御前会议（Curia Regis）和财政署（Exchequer）的事务。在国王居住于诺曼底而不在英格兰的时间，他是相当于摄政者的最高官员，有权以自己的名义签署、颁发令状。也称为“chief justiciar”。1265年该职位即已空缺，后由爱德华一世废除，其大部分权利和荣誉由御前大臣（Chancellor）所承袭。——点校者注

据前所述，那些向罗马“森都里亚大会”自荐为裁判官的候补人，当然是一般熟悉法律原理并且又是以高尚的品行和学识而获得人民的信仰的人物。他们通常是这样的，虽然偶有卑劣者获充此职。但是最需要注意的就是这种不适合的分子，据我们所知，从来没有或者很少能够充任罗马裁判官的职务。至于各省则不常常是这样。例如被西塞罗（Cicero）以震怒的锋锐言辞所指斥的费尔斯[1]（Verres）就是西西里（Sicily）的一个裁判官。

早先时候，当裁判官就职之时，或在未就任以前都会宣布其在任职期间将要循守的诉讼程序规则，并且频频强调通常（尽管不是一成不变地）从《十二铜表法》中抽取而来的法律原理。[2]因为这个《十二铜表法》是被他认为是对于与当时一般诉讼案件关系最密而且在判决时效用最著名的法律。这种宣布称为“裁判官之告示”（Praetorian Edict）。在性质上这是以前一切经验的纲要而且又是后来诉讼行为的准则。它们只不过是属于一种通用之法律原理的公正表示而已。

因此，每个继任的裁判官在他的就职告示里大都包括前任官员所规定而其认为确有利于施行时的法则，但为适合文化进步时的情

---

〔1〕 民国版为“未利斯”。在公元前70年，西塞罗代表西西里人控诉罗马在西西里的统治者盖尤斯·费尔斯（Gaius Verres）侵吞了巨额财产。——点校者注

〔2〕 民国版为“当裁判官就职之时，或竟在未就任以前恒先宣布在职中对诉讼程序所拟循守的规则。通常都是从《十二铜表法》中采取而来的法律原理”，英文版为“in the early days upon the entrance of the praetor into the office, and sometimes even in anticipation of it, he proclaimed the rules of procedure by which he expected to be guided, and frequently emphasized the principles of law, generally although not invariably, taken from the Laws of the Twelve Tables”。——点校者注

势起见而有若干增减而已。不过在他认为适当时他还可以宣布一种全新的告示。在环境上有时实在需要这样的一个步骤。这种告示绝对不是专擅的或是没有前例可援的。历任裁判官间彼此的唯一竞争就是怎样使他们的告示比一切前任者所有的更胜一筹。这些出自罗马最能干的法学者之手的告示，都极力使他们从从事法律的讨论中获得盛誉，因此经过多时便成为整部的罗马法了。罗马法就是因为有了他们才十分发达起来。在共和时代终止以前，它便构成很完整的体裁，只有些细小的地方静待着后来的改进。所以罗马民法是由历代裁判官的告示从《十二铜表法》中发展出来的。

罗马民法就是罗马最高文化的表现。它是罗马共和国对于世界文化最大的贡献。它和希腊的艺术以及犹太的一神教鼎足而三成为领导并且永远地领导人类的最高文化。一般天才人民所产生的法制再也没有能够比罗马民法更优良的，而且我们更敢说它在法学史中永远不是其他所能与之媲美的。

罗马民法是罗马共和国的大法学家所完成而由各裁判官锻炼出来的。经过内战的打击，法沙利亚〔1〕(Pharsalia）和腓立比〔2〕（Philippi）的重大摧残，以及历代恺撒式帝王〔3〕(Caesarean emperor）的暴虐而犹能存在。就是那些最卑劣的帝王们也从未企图加以改变，并且反因为适合社会变迁的环境而予以改进。

〔1〕 民国版为“法塞利亚”。此处指公元前48年恺撒与庞培之间发生于希腊北部法沙利亚的战事，记载于罗马诗人卢坎（Marcus Annaeus Lucanus，39~65）最著名的史诗《法沙利亚》（*Pharsalia*）中。——点校者注

〔2〕 民国版为“腓力比”。此处指公元前42年发生于马其顿中北部地区腓立比的战事，在这场战役中安东尼和屋大维击败了刺杀恺撒的主谋布鲁图和卡修斯。——点校者注

〔3〕 民国版为“恺撒帝王”。——点校者注

其实，在帝国时代，很有几位大注释家的论文对于罗马民法的扩充和解释极有功劳。即盛称于当时和后世的几位如盖尤斯（Gaius）、帕比尼安（Papinian）、保罗（Paul）、乌尔比安（Ulpian）和莫迪斯蒂努斯（Modestinus）[1]等在英国和美国[2]以外的国家中实较今日在英国法学史中享有盛名的布拉克顿[3]（Bracton）、利特尔顿[4]（Littleton）、弗莱塔[5]（Fleta）、柯克（Coke）和布莱克斯通等更为驰名。盖尤斯的作品尤为世所称道。它似乎

---

〔1〕 民国版为“该雅斯（Gaius）、巴平尼安（Papinian）、保罗（Paul）、阿尔彼安（Ulpian）和摩特斯丁尼（Modestinus）”。公元426年，由东罗马帝国皇帝狄奥多西二世和西罗马皇帝瓦伦丁三世颁布的《学说引证法》正式承认盖尤斯（Gaius）、帕比尼安（Papinian）、保罗（Paul）、乌尔比安（Ulpian）和莫迪斯蒂努斯（Modestinus）五大法学家的解答具有法律效力；并规定凡法律问题未经明文规定的，悉依五大法学家的解答加以解决；如他们的解答并不一致，取决于多数；人数相同时则以乌尔比安的解释为准。——点校者注

〔2〕 民国版为“合众国”。——点校者注

〔3〕 民国版为“布拉克吞”。亨利·德布拉克顿（Henry de Bracton，1210~1268），13世纪英国法学家，1246年出任巡回法官，1248年以后又担任英国西南部的巡回法官和王座法庭的法官，其曾经发表体现了司法独立精神理念的至理名言：“国王不应该在任何人之下，但应该在上帝和法律之下。”著有《关于英格兰的法律与习惯》（*De Legibus et Consuetudinibus Angliae*）。——点校者注

〔4〕 民国版为“利特尔吞”。托马斯·德·利特尔顿（Thomas de Littleton，1407~1481），英国法学家，连续担任律师和普通诉讼法庭法官36年，著有《论保有权》、《租佃论集》等。——点校者注

〔5〕 民国版为“夫勒达”。据推测作者此处意指有关英格兰法律的一部古代论著《弗莱塔—英格兰法律摘要》（*Fleta-seu Commentarius Juris Anglicani*），相传为一位法官或律师约于1290年被困于伦敦弗利特监狱（Fleet Prison）时作，并因该监狱而名为“Fleta”。——点校者注

是在哈德良[1](Hadrian)、安敦尼·皮乌斯和马可·奥勒留[2](Marcus Aurelius)的朝代内,大约在140年~180年之间。帕比尼安、保罗和乌尔比安则随起于后而著称于塞普蒂米乌斯·塞维鲁皇帝[3](Septimius Severus)和卡拉卡拉皇帝[4](Caracalla)的朝代,大约在200年~215年之间。帕比尼安是一位裁判官,或可说是塞维鲁皇帝时所称的"禁卫军长官"[5](Praetorian Prefect)。他是塞维鲁皇帝的心腹,而且后来又与之结成姻亲。他是罗马法律史中最伟大的人物,他的地位正和英国普通法史中的爱德华·柯克爵士之可夸的地位相等。但是帕比尼安的为人却比爱德华·柯克爵士更能干而且更优美得多。

我们要加注意即罗马民法有两大类别,这是上述所谓环境关

---

〔1〕 普布利乌斯·埃利乌斯·特拉伊阿努斯·哈德良(Publius Aelius Traianus Hadrianus,76~138),罗马帝国皇帝,"五贤帝"第三位,绰号"勇帝"。在位期间,在不列颠岛北部建造了横贯东西的"哈德良长城",以御防那些居住在现今苏格兰的"蛮族"的入侵。——点校者注

〔2〕 民国版为"马可奥理略"。马可·奥勒留(Marcus Aurelius,121~180),公元161年~公元180年担任罗马帝国皇帝,"五贤帝"中最后一位,其不但是一个很有智慧的君主,同时也是一个很有造就的思想家,有以希腊文写成的著作《沉思录》传世。他是著名的"帝王哲学家",其统治时期通常被认为是罗马的黄金时代。——点校者注

〔3〕 民国版为"塞普提美尼斯·塞弗拉斯帝"。塞普蒂米乌斯·塞维鲁(Septimius Severus,145~211),罗马帝国皇帝,是首位来自非洲的罗马皇帝。——点校者注

〔4〕 民国版为"卡拉苛拉帝"。卡拉卡拉(Caracalla,188~217),罗马皇帝。公元212年其发布敕令,给予帝国所有的自由居民以罗马公民权,打破了"市民法"和"万民法"的适用界限。——点校者注

〔5〕 民国版为"地方裁判长官"。——点校者注

系的结果。一称为“市民法”（Jus Civile），为罗马市民的法律；一为“万民法”（Jus Gentium），是国际的法律，为“外事裁判官”所行使于罗马人与外侨间，以及外侨们相互间的法律。后者因为罗马版图之扩大渐趋重要，而且也逐渐及于世界各国。由一个国家影响到另一个国家，它的发展是平行而且在同一水平线上面的。在公元216年时有一个卡拉卡拉皇帝〔1〕，他是一个最使罗马光荣玷污的鄙夫。可是他却建立了很卓越的功绩，这就是发表一篇著名的敕示（edict），准许全体在罗马帝国统治下的自由人民享有罗马市民的特权。其效果之一就是把万民法正式归并于市民法中使之成为一种伟大的普通法制。同时各地的法律也无形地自然而然地和罗马法融洽在一起。这便使罗马法学在那个文明世界中间占着优胜的地位。它又强烈地发生影响使这强大的帝国保持着团结，而且使西班牙、高卢和不列颠较意大利更趋于罗马化。

罗马法的注释渐和“裁判官告示”具有同等权威。盖尤斯、帕比尼安、保罗、乌尔比安和莫迪斯蒂努斯为注释家中五位最著名最有势力的人物。他们的作品时被引用，正如柯克和布莱克斯通的论文被我们引用一样。此外还有许多其他的注释家，和许多私人的法律著作，都多少被认为很有力量。如果合拢起来，那么卷数是很多的。大都是以《十二铜表法》为基础而加以极大地扩充。因此当时便有简单化和法典化的要求。最初的成绩就是在369年〔2〕瓦伦

〔1〕民国版在此处提及卡拉卡拉皇帝时所标明的时间确有错误。根据英文版显示，并非“在公元前216年时有一个卡拉卡拉皇帝”，而是“公元216年时有一个卡拉卡拉皇帝”，历史上的公元216年正是罗马卡拉卡拉浴场完工之年。——点校者注

〔2〕《学说引证法》是公元426年由东罗马帝国皇帝狄奥多西二世和西罗马皇帝瓦伦丁三世颁布，而非此处作者所说的公元369年（此期间是瓦伦丁一世皇帝在位时期，即364～375）。——点校者注

丁三世皇帝[1]（Emperor Valentinian）的敕示，规定说只有上述五位注释家的作品才可以在法院中引用。当时罗马帝国已经改信基督教义，因此旧民法典中有些地方也必须加以修改以期与新教相适合。最后于438年在狄奥多西二世[2]谕令之下产生了一部类似法典的东西，内容是缩合所有法律而加以系统化。这在历史上便称为《狄奥多西法典》（Theodosius Code），成为罗马法律者几达一百年之久（即438年～529年）。这是一部不很完备的法典，因此在529年，《优士丁尼法典》（Code of the Emperor Justinian）便代替了它的位置，到了这个时候罗马民法才最后达到了完善的地位。这部法典是空前的，而且对于我们又是一部包罗罗马法学最丰富的资料。因此我们应该略谈它的内容和它当时制定的情形。

弗拉维乌斯·优士丁尼[3]（Flavius Justinianus），我们简称之为优士丁尼（Justinian），是一个阿尔巴尼亚[4]（Albanian）即马其顿族人（Macedonian），在527年成为东罗马帝国的统治者。[后世因其首都为古希腊城之拜占庭（Byzantium），所以多称为拜占庭帝国，这个城市的名字今日称为君士坦丁[5]（Constantino-

---

〔1〕 民国版为"范拿铁仑帝"。瓦伦丁三世（Flavius Placidus Valentinianus，419～455），西罗马帝国末期的皇帝，425年～455年在位。——点校者注

〔2〕 狄奥多西二世（Theodosius Ⅱ，401～450），东罗马帝国皇帝，狄奥多西一世皇帝的孙子，于公元438年将帝国的法律汇编成《狄奥多西法典》。

〔3〕 民国版为"夫雷维阿斯·优士丁尼·安那斯"。——点校者注

〔4〕 民国版为"阿尔班"。——点校者注

〔5〕 1923年，土耳其政府将首都移到安卡拉，君士坦丁堡（Constantinople）在1930年正式更名为"伊斯坦布尔"。——点校者注

ple)，是从罗马帝国的第二位创立人的名字得来的。] 在当时130年以前，当狄奥多西驾崩的时候，把国土平分给他两个儿子，阿卡狄乌斯（Arcadius）和霍诺利乌斯（Honorius）[1]，罗马帝国因此便告分裂，就是我们所说的东罗马帝国和西罗马帝国。在分裂后不到一世纪，西罗马帝国被来自日耳曼、斯堪的纳维亚[2]和亚洲北部的凶猛的蛮族（Barbarian）毁灭了。这些蛮族从莱茵河[3]和多瑙河之间冲奔而至，逐地征服，最后竟把这个懦弱的帝国也灭亡了。但是东罗马帝国却在一位贤明的妇人，即著名的帕尔基丽亚女皇[4]（Empress Pulcheria）统治之下而免去祸患。她知道怎样阻止那西罗马帝国毫无能力加以抵抗之西哥特的阿拉里克[5]（Alaric）和匈奴王阿提拉[6]的进攻。到了优士丁尼统治的时代，便发生一种伟大的逆转（great reaction），就是罗马打算

---

[1] 民国版为“阿喀丢（Arcadius）和诺留（Honorius）”。——点校者注

[2] 民国版为“斯干得那维亚”。斯堪的纳维亚（Scandinavia），在地理上是指斯堪的纳维亚半岛，包括挪威和瑞典，文化与政治上则包含丹麦。这些国家互相视对方属于斯堪的纳维亚，虽然政治上彼此独立，但共同的称谓显示了其文化和历史有深厚的渊源。——点校者注

[3] 民国版为“来因河”。——点校者注

[4] 民国版为“巴尔基尼亚女皇”。帕尔基丽亚女皇（Empress Pulcheria，399～453），瓦伦丁—狄奥多西王朝（364～457）皇帝，阿卡狄奥斯之女，狄奥多西二世之姐。——点校者注

[5] 民国版为“西哥卢的阿拉列”。阿拉里克（Alaric the Visigoth，370～410），西哥特人领袖，410年率领部众围攻罗马，最终攻陷罗马这座“永恒之城”。——点校者注

[6] 民国版为“匈奴的安提拉”。匈奴王阿提拉（Hun the Attila，406～453），古代欧亚大陆匈奴人最为人熟知的领袖，史学家称之为“上帝之鞭”，曾多次率领大军入侵东罗马帝国及西罗马帝国，并对两国构成极大的威胁。——点校者注

把由北部冲来的蛮族追赶回去。优士丁尼因为得到两位大将军贝利萨留[1]（Belisarius）和纳尔塞斯[2]（Narses）的助力，便把北非洲全部、西班牙的一部、西西里岛、撒丁岛[3]（Sardinia）和科西嘉岛[4]（Corsica）以及哥特和汪达尔人所占领的意大利全部恢复了。他就重新把它们并成一个帝国，在他的统治之下恢复了古时的声势。

但是优士丁尼伟大的功绩并不是在于古罗马的局部恢复，而是在于罗马民法典的编制。在他获得皇帝大权之后，便开始筹划，在较重要的事务完成以后便立刻着手这件工作。他命令当时最能干的法学家而又是盖尤斯和帕比尼安的得意门徒——特里博尼安（Tribonian）完成他的计划，并有君士坦丁法律学校教授狄奥斐拉斯（Theophilus）和叙利亚贝里杜斯（Berytus）之法律学

---

〔1〕 贝利萨留（Belisarius，约505～565），古代罗马军事家，拜占庭帝国统帅。勇武能战，善于用兵，特别是海军。527年～531年，参加同波斯的战争，大败波斯军，一举成名；535年～540年，指挥对意大利东哥特王国的战争，540年占领拉文纳，俘东哥特王。——点校者注

〔2〕 民国版为“那锡斯”。纳尔塞斯（Narses，480～574），优士丁尼一世时期的拜占廷将军。538年纳尔塞斯被派参与征服意大利的军事远征，曾征服了东哥特人的王国。——点校者注

〔3〕 民国版为“撒地尼亚”。撒丁岛（Sardinia），意大利岛屿和自治区，位于意大利南部外海，为地中海西部诸岛中第二大岛，首府卡利亚里。公元前238年罗马人开始统治这里。——点校者注

〔4〕 科西嘉岛，位于法国本土的东南部，亚平宁半岛以西，萨丁岛以北，是法国最大岛和地中海的第四大岛，该岛是拿破仑一世的出生地。——点校者注

校教授多罗西斯（Dorotheus）以及当时若干其他优秀助手的协力〔1〕，于是便在很短时间中把它完成了。

优士丁尼（毋宁说是特里博尼安及其同事）在法学范围中的成就不单限于罗马法法典的编制。他们的作品共有四部，其包含有《优士丁尼法典》（Code）、《学说汇纂》（Digest）、《法学阶梯》（Institutes）以及《优士丁尼新律》（Novellae）〔2〕。如果我们把它们和美国的《美国修订立法》〔3〕（the Revised statutes of the United States）、《法院判例汇纂》（Decision of the Courts）、肯特的《美国法律释义》〔4〕（Kent's Commentaries on American Law），以及理查森的《美国修订立法补遗》〔5〕（Richardson's Supplement to the

〔1〕 民国版为“特利菩尼安（Tribonian）完成他的计划，并有君士坦丁法律学校教授梭提阿非罗（Theophilus）和叙利亚之倍罗脱（Berytus），法律学校教授多罗塞亚（Dorotheus）以及当时若干其他优秀助手的协力”。狄奥斐拉斯（Theophilus），在528年~534年和拜占庭帝国的法律权威、官员特里博尼安（Tribonian）及贝里杜斯（今贝鲁特）法学家多罗西斯一起完成了为优士丁尼一世皇帝发起并以优士丁尼命名的包罗万象的罗马法编纂工作。——点校者注

〔2〕 民国版为“法典（*Code*）、学说汇纂（*Digest*）、法学阶梯（*Institutes*）及补遗（*Novellae*）”。——点校者注

〔3〕 民国版为“修正制定法”。——点校者注

〔4〕 民国版为“肯德氏”。詹姆斯·肯特（James Kent，1763~1847），美国法学家，作为纽约州最高法院首席法官（1804~1823）在美国司法制度中重新运用衡平法。著有四卷本的《美国法律释义》（1826~1830）。——点校者注

〔5〕 民国版为“理查孙氏”。威廉·亚当斯·理查森（William Adams Richardson，1821~1896），美国著名法官和政治家，美国共和党人，曾任美国财政部长（1873~1874）。著有官方出版物《美国修订立法补遗》（1874~1891）。——点校者注

Revised statutes of the United States）一加比较，我们或可得到一些简略的概念，这四部作品对于法律以及彼此相互间的关系实与优士丁尼在罗马法学中四大著作所占据的地位，极相类似。

《优士丁尼法典》，照名称上的含意，是在编辑时一切施行有效的罗马法令的集合。它分为十二部，按名目而分类，包含着4600条的法规，每条都注明最初制定的日期。这种编订计划也为1874年美国所刊行的《美国修订立法》所采用。我们如果想到后者的数目是6897条，便可想象到美国制定法的范围是如何的有限，而《优士丁尼法典》的广大范围实值得我们深切注意。

《学说汇纂》（Pandekten or Pandectae）——这两个西字可以混用，一为希腊字（Pandekten），一为拉丁字（Pandectae）——如上所述，这是一种和由法学者们所决定之法院判决的问题相等的摘要。这是整部法律的基本讨论，目的在供给学者们以及那些执行法律职务的人们使用。并且这又是将以前一切有权威的法律注释加以修改和减缩而成为完整的一部。共有七编，分为五十卷。编制方法大都仿效着常为我们所援引之盖尤斯的注释中所用的计划。

优士丁尼四大著作中的第三部就是《法学阶梯》，常为一般研究罗马法原理的学生所尊崇。它与柯克、布莱克斯通或肯特的注释比较起来，除了足以成为权威的著作以外，实可与之等量齐观。特里博尼安早已预知《学说汇纂》在平常使用时容量太多，而且它是带着百科全书的性质，所以后来他得到优帝的同意，便编纂这部《法学阶梯》。内容虽然很简要但却是一部很完备的法律原理的论文。它像布莱克斯通的作品一样，（布氏曾采用特里博尼安若干的意见）分为四卷，在方法上和那位英国大注释家所用的很相类似。其中两卷是由狄奥斐拉斯编的，两篇是多罗西斯编的，但是都在特里博尼安主持之下，全部都经过这三位作者的详细修正。到了今日这部最优美的注释依然是任何法学著作所望尘不及的。

优士丁尼的第四部作品《优士丁尼新律》，不过是一部附录而已。包含着各种在《优士丁尼法典》中和《学说汇纂》中所遗漏的法律和规章。

《优士丁尼法典》、《学说汇纂》、《法学阶梯》及《优士丁尼新律》都是特里博尼安的作品，但都由狄奥斐拉斯、多罗西斯和一些其他诸人予以有力的协助。这些都表示出它们的作者是罗马法学家中一位最伟大的和最能干的人物，是盖尤斯和帕比尼安的适当的承继人，而且又是当时和后代的一位最坚忍最有毅力的作者。这套著作的全部简直可以算是一种对于优士丁尼和古代罗马天才家的不可磨灭的纪念。这四部作品构成所谓《国法大全》(Corpus Juris Civilis)——用以别于当时已成为一种法制形式之基督教的《教会法大全》[1](Corpus Juris Canonici)。《国法大全》和《教会法大全》是中古时代两大法系（legal system），且为当时各大学的高级学科，而且又成为今日一般深造学者于修满各种学科后所获得的法学博士（LL. D.，or Doctor of the Two Laws）这

〔1〕 民国版为“《寺院法大全》”。《教会法大全》(*Corpus Juris Canonici*)，1441年被巴塞尔会议（Council of Basle）正式采纳的特指罗马天主教会法规整体的名称，其中包括1140年格拉提安（Gratian）的《教令集》(*Decretum*)，1234年雷蒙德（Raymond）的《格列高利九世教会集》(*Decretales Gregorii IX*）等。特兰托公会议（Council of Trent）改革后，上述法令集编于1580年，经过改编，全称为《教会法大全》。现代教会法学家将格拉提安之前的法律称为“旧法”，将《教会法大全》称为“新法”，将特兰托公会议的法令及以后的立法称为“最新法”。在1917年《教会法典》（*Code of Canon Law*）颁布之前，该法律汇编一直是天主教会唯一的法定汇编。——点校者注

个学位的根据。[1]

因此，大约在《十二铜表法》施行（公元前451年～公元529年）后的980年中——我们或可说是一千年中，罗马民法完全被《优士丁尼法典》、《学说汇纂》和《法学阶梯》所收集并且都时时铭刻在人们的心坎中。在此一千年的时期中，罗马最有构造能力的人物，罗马帝国最伟大的建设者以及法理学的空前伟大的构成者，得到了梭伦法的极大帮助，并且受到腓尼基、罗德和迦太基的奥援（aid）（其范围之大小现在难以确定），把一种很简陋的自然法则演进为一种任何民族的天才家所未曾发现过的

---

〔1〕“Civil Law”这个术语在不同的语境下意义有别。其时而指称关涉民事争议之法律，以区分于刑事法律；时而其又是城邦法（municipal law or the law of state）的代名词，尽管这种情况较之于前者并不太多。然而其最为通行之用法便是在学术上被理解为罗马的城邦法，那些术语——Civil Law、the Civil Law of Rome、the Roman Civil Law、the Roman Law——都不分伯仲地用来指称那蕴含于优士丁尼皇帝指导下刊印发行的著述中的古罗马遗存之法律体系。这个被长久接受了的学术含义已迫使我们使用那个武断的表达——municipal law——来笼统地指称一个城邦的法律。Note：The expression “Civil Law” has different meanings in different connections. It is sometimes used to designate the law in civil matters as distinguished from the criminal law. It is sometimes, although less frequently, used as the equivalent of “municipal law”, or the law of state. But its most frequent use is that which it has technically received as the municipal law of Rome, the terms Civil Law, the Civil Law of Rome, the Roman Civil Law, and the Roman Law, being used indiscriminately to designate the legal system derived to us from ancient Rome and embodied in the works published under the direction of the Emperor Justinian. This technical meaning long accepted has compelled recourse to arbitrary expression “municipal law” as a designation of the law of the state generally. ——点校者注

法制。它比其他任何的法制也不知要优美得多少，就是英国的普通法也不能例外，这是为一般公正法学者所不能否认的。我们可在下编中研究其所以优越（palm of superiority）的原因。

若从罗马历史的表面观察，最使我们惊异的就是在他们不断地从事对外征服以及内部的不和和致命的争斗中，罗马人却有余暇从事发展一种这样伟大的法制。但是像努马·庞皮留斯这样沉静的（calm and quiet）立法家会跟着举动鲁莽的罗慕路斯，裁判官或代理裁决官（propraetor）会跟着地方总督随着罗马军队到各地方去，他们立时就在那些被占领的土地上以安定为目的建立当地的社会秩序。罗马法学因为能够顾到各地方的风俗习惯以及本国的法则，所以到处都被采用着，并且很迅速地获得各地人民的信仰。如果罗马共和国的巨大领土是用武力夺得的话，那么，这种武力仍是靠着它的法学。武力所获的成功是由法学予以保障的。罗马之所以能够长久统治如此众多的国家以及能够使不同民族的群众融合于一个集团中，其秘诀就是在于罗马法律之公正无私，而不是由于罗马武力的坚强兴盛。还有一件很奇异的事情而为一般历史家所未注意到的，就是在各地被征服和平定之后，从来没有发生过反叛罗马政府从事恢复各个国家独立的行动。他们的反叛大都是由于统治者方面的压迫，不过为数仍属不多。又在帝国时代中也有是由于僭夺王位而发生的。但是从来却没有是因为反对罗马的制度而发生的。只有一两次是出于在假冒的弥赛亚（Messiah）教唆之下的犹太人的策动（occasion）。对于这个现象在一般细心研究历史的学者们只能认为是由于罗马法学所造成的。

第七章　罗马民法与条顿民族之普通法间的竞争

罗马民法的最后表现可于《优士丁尼法典》、《学说汇纂》与《法学阶梯》中见之。罗马法不像后世欧洲一般的法制，也不像英国的普通法制，它是一种自由人民的产物，并且是罗马文化最优美、最高超的发展。它在野蛮人的强力下经过一千多年的竞争才到今日。最后它在竞争中现出胜利的本色，再一次[1]控制文明世界。我们现在应对这种竞争加以叙述。如果要正当地认识它，我们一定要从头说起。

罗马共和国达到其权力和强盛的巅峰[2]，不是在它的版图达到最广大的时候，而是在大约公元前 50 年。罗马帝国统治着文明世界，而这文明世界即是它本身。[3]它的势力向东伸至幼发拉底河流域和亚美尼亚山脉，西达大西洋岸边；南至尼罗河大瀑布（Cataracts of Nile）和非洲大沙漠，北到不列颠群岛四周的海洋。在地中海的四周都是上古历史中的著名地带，如埃及、亚述、巴勒斯坦、小亚细亚、希腊、马其顿、迦太基、西班牙和高

---

〔1〕 民国版为“重复”；英文版为“again”。——点校者注

〔2〕 民国版为“罗马共和国之权力和强大的达于登峰造极”；英文版为“The Roman Republic attained the zenith of its power and greatness”。——点校者注

〔3〕 民国版为“它统治着实际就是它自己统治着文明世界”；英文版“It ruled, and was itself practically, the civilized world”。——点校者注

卢[1]，当然还有意大利等，或是被列入版图中，或是被处于势力支配之下。

我们不用怎样熟悉罗马历史，便知道该共和国的人民是一种具有坚强个性和具有特殊行政能力的人民。事实上是他们在全世界最精明、最具有统治能力的民族。在这方面任何民族都不能和它比较，即使很有进取心的盎格鲁—撒克逊民族亦不及之。因为盎格鲁—撒克逊民族仅能吞灭世上较弱的民族，而罗马人则能把地球上最强盛的民族，如希腊人、埃及人、叙利亚人、马其顿人、高卢人和西班牙人等合并成为一个大帝国。在此同化和合并的工作中具有最大影响力的就是立即为帝国全体人民所采用的罗马法学。

公元前49年，当高卢的统治者尤利乌斯·恺撒经过9年的精明经营后，在这个时期中，他将侵入该国的日耳曼民族逐出莱茵河流域，并渡河来到德意志境内，征服该国之一部分并把全部的高卢置于罗马统治之下。他又曾两度侵入英伦，直达伦敦。他是一位最伟大的征服者，又是一位最伟大的破坏者——因为他的事业在于谋害其国家的自由——他从他的高卢省渡过卢比孔河[2]（cross the Rubicon），向罗马前进，将罗马共和国毁灭了。这是该“永恒之城”[3]（E-

---

[1] 高卢（Gaul），是指现今西欧的法国、比利时、意大利北部、荷兰南部、瑞士西部和德国莱茵河西岸一带。——点校者注

[2] 卢比孔河（Rubicon）是意大利北部的河流，源自亚平宁山脉，最终流入亚得里亚海。在西方，“渡过卢比孔河”是一句很流行的成语，意为“破釜沉舟”。这个习语源自于公元前49年，恺撒破除将领不得带兵渡过卢比孔河的禁忌，带兵进军罗马与庞培展开内战，并最终获胜的典故。——点校者注

[3] 民国版为“不朽城”。自公元前753年罗马建立直至公元410年被西哥特大军攻克的千余年间，罗马未曾沦入外族之手，因此，罗马子民骄傲地称罗马为“永恒之城”。——点校者注

ternal City）的共和国制度在告终以前 18 年的模样，而在同一时期的法沙利亚（Pharsalia）和腓立比（Philippi）之役又被证明其对于罗马的自由是极有损害的。从共和主义变成帝国主义是直到公元前 31 年 9 月 2 日之晨在希腊西北部的亚克兴海战〔1〕（the naval battle of Actium）时才算成功的。至于其动机，世人尚不确知。埃及女皇克利奥帕特拉七世（Cleopatra）当胜利在她手里很有把握时带了她的大部分船只逃出战场，而她的淫荡而无用的情夫马克·安东尼〔2〕（Mark Anthony）便跟着她逃出，于是罗马帝国便被让给尤利乌斯·恺撒的侄孙即青年的屋大维（Octavian），这个屋大维就是我们所知道的后来名字叫作奥古斯都·恺撒（Augustus Caesar）的人。

因为这次革命，他们所称谓的"Imperator"〔3〕（这个"Imper-

---

〔1〕亚克兴海战（The naval battle of Actium）是罗马共和国的安东尼和古埃及托勒密王朝法老克利奥帕特拉七世的联军与屋大维之间一场决定性战役。此战发生于公元前 31 年，地点为希腊阿卡纳尼亚北部近亚克兴角的爱奥尼亚海海域。战役以屋大维胜利告终，促使他后来成为罗马帝国的统治者。——点校者注

〔2〕民国版为"马可·安多尼"。马克·安东尼（Marcus Antonius，公元前 82 年～公元前 30 年），古罗马政治家和军事家。他是恺撒最重要的军队指挥官之一。公元前 33 年"后三头"同盟（雷必达、屋大维和安东尼）分裂，公元前 30 年马克·安东尼与埃及女王克利奥帕特拉七世一同自杀身亡。——点校者注

〔3〕"Imperator"系古罗马皇帝的尊称，一般译为"大将军"、"凯旋将军"或"元帅"。此词本意为最高统帅，共和时期凡军队统帅作战得胜，被士兵们自发地欢呼为"Imperator"者，可在名字后面加上这一称号，但只能用到卸任或回罗马举行凯旋式时为止。恺撒第一个把它终身占有，奥古斯都则把这个原本放在名字后面的称号用作自己的第一个名字（即用作 Praenomen），这样，它获得了最高权力的含义。皇帝

ator”的名称在近代语文变为“Emperor”）成为罗马的统治者，介于人民和贵族的元老院之中。通常来说，这都是一般人民自己或者至少是各下层阶级人民直接造成的结果，而且大都也是靠着这些阶级的力量，那些军阀才能够获得成功。

在奥古斯都·恺撒之后292年中有56位帝王（虽然不是个个一连不断地接续下去），直到后来发生了一次更大的革命且是在无声无息之中完成的。这是在312年的一天，罗马帝国崇信了基督教，君士坦丁大帝〔1〕（Constantine the Great）做了皇帝。此后除了尤里安皇帝〔2〕（Julian the Apostate）之外，罗马由信仰基督教的国王继续统治到89年之久。后来在狄奥多西大帝〔3〕

本人逐步垄断了对它的使用，从韦斯巴芗开始，“Imperator”成了皇帝固定的名字。皇帝具有“Imperator”的身份是罗马皇帝的特征之一。——点校者注

〔1〕 米兰敕令（*Edict of Milan*），罗马帝国皇帝君士坦丁一世和李锡尼在313年于意大利的米兰颁发的一个宽容基督教的敕令，此诏书宣布罗马帝国境内有信仰基督教的自由，并且发还了已经没收的教会财产，亦承认了基督教的合法地位。米兰敕令是基督教历史上的转折点，标志着罗马帝国的统治者对基督教从镇压和宽容相结合的政策转为保护和利用的政策。——点校者注

〔2〕 民国版为“朱理安”。叛教者尤里安（Julian the Apostate，331~363），罗马皇帝，是君士坦丁一世之侄。他博学多才，集学者、作家和将军于一身。其在位期间（360~363）允许宗教信仰自由，并允许犹太人在耶路撒冷重建圣庙。其本人信奉异教，是君士坦丁之后唯一的非基督教徒帝王，因此教会称他为“叛教者”（Apostate）。——点校者注

〔3〕 狄奥多西一世（Theodosius the Great，约346~395），罗马帝国皇帝，公元393年宣布基督教为国教，禁止异教活动，395年驾崩的时候，他把帝国一分为二，东部分给长子阿卡狄乌斯（Arcadius），西部分给幼子霍诺利乌斯（Honorius），他是最后一位统治统一的罗马帝国的君主。——点校者注

(Theodosius the Great) 驾崩之后 (395 年)，这个伟大帝国便分为东西两国。东帝国的首都在君士坦丁城[1]，西帝国的首都则建于拉文纳[2] (Ravenna)。东帝国大约维持了 1158 年 (295 年～1453 年)。虽然有希腊罗马文化的稳固屏藩与北部和东方野蛮人不时的侵犯相抵抗，却有着不同的幸运。这个东帝国有一位最能干、最成功的君主叫作优士丁尼 (Justinian)，上面已经说过当他在位时他是编辑民法法典的倡导人，同时他靠着他的两位能干而且成功的将军贝利萨留和纳尔塞斯，重新把西帝国数省征服 (reconquer) 且并入了帝国的版图中，包括以前曾为日耳曼野蛮人所攘夺 (dismember) 的意大利在内。据我们所知，西帝国的命运只有 81 年 (395 年～476 年)，它在最后一位懦弱的君主罗慕卢斯·奥古斯图卢斯[3] (Romulus Augustulus) 在任时，就被蛮族的首领奥多亚克[4] (Odoacer) 征服了，这位首领在 476 年篡夺了王位，号称“意大利国王”。

罗马共和国不是一个理想的国家，但是比起后来的帝国却好得多。不过罗马帝国并不是历来最坏的一个。虽然在它的君主中

---

[1] 即现今土耳其城市伊斯坦布尔。——点校者注

[2] 民国版为“拉发那”。拉文纳 (Ravenna)，意大利东北部城市，公元 5 世纪时是西罗马帝国的首都。——点校者注

[3] 民国版为“罗牟拉·奥古斯丁·拉斯”。公元 476 年，日耳曼雇佣兵首领奥多亚克废除最后一个西罗马帝国皇帝罗慕卢斯·奥古斯图卢斯 (Romulus Augustulus，约 463～死亡年代不详)，西罗马帝国灭亡。——点校者注

[4] 民国版为“鄂多瓦斯”。——点校者注

有极凶残的，如卡利古拉[1]（Caligula）、尼禄[2]（Nero）、图密善[3]（Domitian）和卡拉卡拉（Caracalla），但是也有好些比任何国家历来帝王更伟大、更能干的首领，无疑地，这是因为他们的帝国不是世袭的。有一件奇怪的事情，就是当罗马由共和政体改为帝国时，以及经过其后若干“恺撒”[4]（Caesar）之传续，罗马共和国的行政主体如元老院、执政官和裁判官等仍然保存着，而且时时握有与昔日同等之权力。但是并没有“森都里亚大会”的重新召集。“大将军”（Imperator）仍然继续握着权力。不过最主要的就是这次革命对于罗马法律只有细微的影响。在帝国时期

---

〔1〕 民国版为“加力果拉”。卡利古拉（Caligula，12～41），罗马皇帝（37年～41年在位）。以童年时代的绰号“卡利古拉”（意为“小靴子”）而闻名。登基7个月后他突患重病，开始表现出心理上的不稳定，朝令夕改并实行残暴统治，于公元38年恢复叛国罪审判。——点校者注

〔2〕 尼禄·克劳狄乌斯·德鲁苏斯·日耳曼尼库斯（Nero Claudius Drusus Germanicus，37～68），古罗马帝国的皇帝，出生于罗马的贵族家庭。缺乏赫赫战功，又无治国之才，他所以能够成为罗马皇帝，只是由于宫廷政变的结果。因其弑母杀妻，戕害百姓，世人称之为“嗜血的尼禄”。——点校者注

〔3〕 民国版为“多密喜安”。图密善（Domitian，51～96），罗马皇帝（81年～96年在位）。韦斯巴芗（Vispasian）的次子。接替其兄长提图斯（Titus）继承帝位，他兄长可能是被他谋杀的。他表面上主张平等，并按先例行事，但他实为制定严酷的法律推行苛政。——点校者注

〔4〕 此处的恺撒（Caesar）是一个称号而非我们熟知的历史人物尤利乌斯·恺撒。早期皇帝都将恺撒和奥古斯都连用，作为皇帝的头衔，但自哈德良皇帝时期，将恺撒单独作为继承人的头衔，相当于皇储。戴克里先皇帝实行“四帝共治”的时期就将自己和马克西米连称“奥古斯都”，两个副手称“恺撒”，并约定将来由两个“恺撒”继承他们的地位。——点校者注

中的制度仍和共和国时代一样，而帝国时期中的大法学家却曾将共和时期之大法学家的工作加以完成。例如罗马民法之最伟大的表现就是在优士丁尼帝的不朽作品中，这是我们所见到的。

虽然在共和时期中仍有庶民和贵族间不断的恶战，可是在帝国时期并没有这种事情。虽然奴隶制度像古代及近代许多国家一样，仍存在于罗马，但是都未对罗马法学造成重大的影响。罗马社会制度之与我们今日所有的相同实远胜于我们（美国）制度而类似200年以前的英国制度。国家由自由民组成，在他们中间是没有等级的，没有显贵的称号，没有享有特权的贵族，没有世袭的族籍，也没有品位的区别，只有像我们一样的暂时的官职任期。人人在法律上是平等的。土地所有权是绝对的，正和我们现在一样。土地可当作商品，可用契据或遗嘱自由移转，并可传给子女平均分配。夫妻对于他们的财产是一种实际的合伙。已婚妇女可以完全自由处理其个人之特有财产。往来交际在罗马各处是极端自由的。艺术、实业和文学在各处都极昌盛。帝国的版图从巴布厄耳·曼德海峡〔1〕(Straits of Babel Mandeb）起到加勒多尼亚长城〔2〕(Caledonian Wall)，其间点缀着不少富庶繁荣

---

〔1〕 民国版为“巴布厄尔·曼得海峡”。巴布厄耳·曼德海峡（Straits of Babel Mandeb)，阿拉伯语作“Bab El-Mandeb”，亦作“Bab Al-Mandab”，位于亚洲阿拉伯半岛西南端和非洲大陆之间，连接红海和亚丁湾、印度洋。苏伊士运河通航后，为从大西洋进入地中海，穿过苏伊士运河、红海通印度洋的海上交通必经之地，战略地位重要。——点校者注

〔2〕 民国版为“喀利多尼亚城墙”。加勒多尼亚长城（Caledonian Wall)，古罗马势力向北扩展到大不列颠岛上之后，为抵御北方蛮族的入侵，修建“哈德良长城”（Hadrian's Wall)，随着罗马军队继续向北部扩张，由罗马皇帝安敦尼·皮乌斯下令修建了“安敦尼长城”（Antonine Wall）来分隔当时南部古罗马管辖的不列颠尼亚（Britannia）和北部的加勒多尼亚（Caledonia，苏格兰在罗马时代的古名)。——点校者注

的城市，这都是该大部分地域以前所未曾有过的。

但是这些有什么显著吗？如果我们想到昔日和现在之剧变，这是多么显著的事情呀！至于从事恢复在此剧变中所毁灭的罗马文化，这又是一种多么惊人的行为呀！因为我们知道我们现代的一切工作都不过是从事对罗马制度的恢复罢了。

据说“自从人类祖宗离开亚拉拉特山〔1〕(Ararat) 后，历史上最黑暗的时期就是北部野蛮人冲入罗马帝国境内的时候了。他们把高卢、西班牙和意大利大平原染上了血腥，蹂躏了他们的城市，强夺了他们的家园，在地中海内布满了他们的海盗船舰，毁掉了古代贸易的商场，抢掠了他们在艺术及科学上的古迹，几乎毁灭了他们的文学。他们还推翻了一切社会的保障，并以他们粗野的武器代替了全部罗马的文化。”

在罗马领土的北部以及东北部的边界——即今日的德意志、瑞典、挪威和俄罗斯等地——居住着一些粗野的游牧民族。他们以打猎为生，以战争为常业。他们的生活状况和美洲最初殖民地时期的印第安人没有什么分别。在这些蛮族和罗马人之间不断的互相仇视正如美国人和他们边疆的人的互相仇视一样。在莱茵河和多瑙河沿岸筑着很长的防御物和城堡〔2〕，通常成为蛮族和罗马间之界线，这就是他们双方不断战争的场所。在这些战争中，

---

〔1〕 民国版为“亚拉特”。亚拉拉特山（Mount Ararat)，亚拉拉特山位于土耳其的东北边界附近，是该国最高峰。《圣经·创世纪》一书中记载，诺亚方舟在大洪水后，最后停泊的地方就在亚拉拉特山上。——点校者注

〔2〕 据点校者考证，此处指古罗马长城的德国部分，全名叫“上日耳曼和雷蒂安边墙”。公元 100 年 ~ 公元 260 年，约 2 万名古罗马士兵在多瑙河以北、莱茵河以东修建了一道约 550 公里的包含有驿站、要塞、壕沟和城堡等建筑的防御工事。这条略呈“Z”字形的“长城”起自莱

野蛮人几乎常打败仗，并且常被逐到森林中去。但是罗马人因为他们的君王没有像共和时代的元老院那样有固定的方针，因此误以为能保守到两大河的界线便足够了，不再想到应该把那些侵略者驱至波罗的海和乌拉尔山脉[1]（Ural Mountains）中去。罗马的使命在于宣扬武功和启蒙文化。罗马的野心不是仅受权力欲感应之平凡的野心。如果我们能够适当地加以研究，它的使命的确是于人类有益的。罗马人在推动这种使命时，不应该在整个欧洲以及南部亚细亚洲之印度至阿尔泰[2]（the Altai Mountains）止全归它的掌握中以前即行停止。当他们在能够保守莱茵河、多瑙河和幼发拉底河的界线而认为满足时，他们的帝国灭亡也就开始了。因此它的衰落时期可以说是开始于哈德良帝（Emperor Hadrian）着手于其紧缩政策的时候。

在公元4世纪，他们便受到亚洲东部和中部的蒙古人紧张的压迫——由此可以推定野蛮人的最初冲动是始于从距离辽远而几乎不为人们所注意的中国那里，大约在352年，被驱逐出来的匈奴人——所有从波罗的海到黑海的蛮族都受到激励（commotion）。他们像巨浪一般地冲入西罗马帝国，在边界一带涌进了无数的野蛮人民。

当时西罗马帝国的帝王或许算是任何衰落国家中最懦弱最无用的统治者。他们都是蠢笨庸愚和荒淫的昏君。他们的大臣们又都是奸诈无耻之徒。其实大臣中倒有几位是外来之野蛮人的后裔，

茵布洛尔，经科布伦茨、美因兹、海德堡，最后到雷根斯堡，途经60多个主要城镇。——点校者注

〔1〕 民国版为“乌拉山脉”。——点校者注

〔2〕 阿尔泰山脉（The Altai Mountains）位于中国新疆维吾尔自治区北部和蒙古西部，在蒙古语中意为“金山”。——点校者注

对于罗马文化毫无爱护之意。罗马的军队再也不能拥有像奥勒良[1]（Aurelian）和君士坦丁武功彪炳时代那样优秀的人才。他们是罗马国的军队而不是罗马人的军队，因为在事实上他们大多数是由野蛮人来充数的。其实在罗马人中仍然还有相当的力量、才能和智慧，足为光复及支持文化这样伟大东西的基础，但是没有人出来指导他们。不管一般道德家对当时罗马人的犯罪和罗马人的腐败如何的故意夸大其辞，在事实上那个帝国的人民在受到外来野蛮人的骚扰时，罗马正是最正直、最聪明和最具有效率之组织的时候。试观他们两三个优美之领袖如埃提乌斯[2]（Aetius）、锡亚格里乌斯[3]（Syagrius）和卜尼法斯[4]（Boniface）等的成就，便可证明

〔1〕民国版为“奥利连”。奇乌斯·多米提乌斯·奥勒良（Lucius Domitius Aurelianus，214～275），罗马帝国的皇帝，号称“世界光复者”，270年～275年在位。在他的统治期间，收复了罗马帝国曾经失去的2/3的疆域，将分裂50载的帝国再次统合，使罗马帝国在3世纪末至4世纪初重新恢复统一，初步解决了罗马帝国末期的危机。——点校者注

〔2〕民国版为“阿伊喜阿斯”。埃提乌斯（Aetius，396～454），西罗马帝国末期的主要军事统帅，被瓦伦丁三世皇帝封为“罗马护国公”。其为骑兵长官之子，早年在西哥特人和匈奴人处作为人质，因而对当时几个主要的蛮族部落比较了解。其曾先后统兵击败过匈奴人、法兰克人、勃艮第人和哥特人，被称为“最后的罗马人”。——点校者注

〔3〕民国版为“西挨格利阿斯”。锡亚格里乌斯（Syagrius，生卒年代不详），西罗马帝国末期的主要军事统帅，罗马帝国高卢行省最后一位总督，后被克洛维（Clovis）率领的法兰克族攻杀。——点校者注

〔4〕民国版为“蓬尼腓斯”。卜尼法斯（Boniface，生卒年不详），西罗马帝国末期的主要军事统帅，曾任北非总督。因与埃提乌斯内讧致使盖萨里克（Geiseric）率领的汪达尔族入侵北非，卜尼法斯为盖萨里克所败逃回意大利，埃提乌斯起兵对抗卜尼法斯，双方在里米尼附近展开会战，卜尼法斯赢得胜利，但其本人却身受重伤，于一个月后死去。——点校者注

拉文纳的帝国统治者[1]如果能够予以完美的组织和指导的话，他们也就照常能够得到成功。但是他们没有组织也没有领袖，只充满着奸诈和腐败。一个国家如果没有组织和领袖，不论它具有怎样的力量，都不能在成败关键点上获得成功。一切成功最大的因素就是组织。而当时的西罗马帝国则极端地无组织，并且他们还设有为天下所痛恶的苛捐重税加在人民身上。这种重税并不是为维持帝国国土的完整，而是消耗在一帮住在拉文纳的皇帝的寄生者和娼妓等无谓的奢侈上。所以重税和无组织实际上打开了一条给野蛮人入侵和灭亡罗马帝国的途径。在罗马人间并不缺少道德，而且他们从来也没有对野蛮人实施虐待。

罗马帝国对侵略者只是微弱地抵抗了一下便灭亡了。于是哥特人、汪达尔人、法兰克人、勃艮第人（Burgundian）以及其他侵入者便在这伟大文化的毁灭声中寻欢作乐。在410年，西哥特族（Visigoth）的阿拉里克（Alaric）夺占了罗马人曾经夸口说过永不让外人跨进大门一步的“永恒之城”。不久汪达尔族的盖萨里克[2]（Genseric）跟着前来，也掠夺了罗马。最后还有一个从伊利里亚（Illyria）前来的幸运兵士叫做奥多亚克（Odoacer）的，驱走了最后一代罗马帝王罗慕卢斯·奥古斯图卢斯（Romulus Augustulus），于是在476年西罗马帝国便灭亡了。

不仅是意大利，就是西罗马帝国各地如不列颠、高卢以及西班牙、北非洲和西西里等都受着野蛮人的侵扰。大火、刀剑、血腥和屠

〔1〕民国版为“该帝国的君主拉温那（Ravenna）”；英文版为“the Roman rulers of Ravenna”。——点校者注

〔2〕民国版为“贞瑟利克”。盖萨里克（Geiseric，389～477），其名意为“矛之王”，汪达尔人和阿兰人领袖（428年～477年在位），北非的征服者。439年盖萨里克夺取迦太基，建立了汪达尔—阿兰王国。——点校者注

杀，到处都随着野蛮人的足迹而出现，他们逗留在这里无非是要继续他们征服的流血行为。这种惨痛的故事曾有许多历史学家叙述过，但是仍难使我们获知这次惨痛的整个情况。如果读者们能够想象得到美洲西北部的红种野蛮人成千上万地渡过圣劳伦斯（St. Lawrence）河[1]和密西西比（Mississippi）河，将芝加哥[2]（Chicago）焚毁，掠夺圣路易斯城[3]（St. Louis），使辛辛那提[4]（Cincinnati）成为屠杀和毁灭的场所，又蹂躏了哈德逊（Hudson）河[5]、德拉瓦（Delaware）河[6]和萨斯奎哈纳河（Susquehanna）河[7]等流域，[8]最

---

〔1〕 民国版为“圣劳楞斯（St. Lawrence）河”。圣劳伦斯河（St. Lawrence River），北美洲中东部的大水系，连接美国明尼苏达州圣路易河的源头和加拿大东端通往大西洋的卡伯特海峡。——点校者注

〔2〕 民国版为“支加哥”。——点校者注

〔3〕 民国版为“圣路易士城”。圣路易斯（St. Louis），城市取其名为了纪念法国国王圣路易九世，圣路易斯城是美国密苏里州最大的城市，也是密西西比河畔重要的工业城市和水陆交通枢纽，历史上是印第安人的皮毛交易集市口岸和美国最大的牛市场。——点校者注

〔4〕 辛辛那提（Cincinnati），美国中部俄亥俄州西南端工商业城市，俄亥俄河河港。——点校者注

〔5〕 哈德逊河（Hudson River），美国纽约州境内河流，流至纽约市入海，河名取自英国航海家哈德逊，他在1609年勘探了此河。——点校者注

〔6〕 德拉瓦河（Delaware River），亦译特拉华河，美国东部河流，源出纽约州东部。——点校者注

〔7〕 民国版为“萨斯圭罕那（Susquehanna）河”。萨斯奎哈纳河（Susquehanna River），流经美国纽约州中部、宾夕法尼亚州和马里兰州的河流。为美国东部最长的河流之一。——点校者注

〔8〕 据点校者考证此处指1832年的“黑鹰战争”。黑鹰（Black Hawk，1767～1838），索克和福克斯部族一支的索克印第安人领袖。他反抗政府要印第安人撤离伊利诺伊州罗克河沿岸村落的命令，引起1832年一场短暂但悲剧性的“黑鹰战争”。——点校者注

后把美国的首都华盛顿以及荒废的合众国分为若干小区，置于印第安族酋长武力占领之下。因为这是他们用武力征服而得到的——如读者们能够推想到种种，然后推之于大陆方面怀俄明[1]（Wyoming）的屠杀所表现出的野蛮人在天性上的一切罪恶和残暴——你们便可以知道罗马帝国被日耳曼和斯堪的纳维亚蛮族灭亡时的情形了。不过他们是白种野蛮人，而美国方面则为红种野蛮人而已。这可没什么区别，只不过那些条顿族[2]的野蛮人是略具有低度文明的人民罢了。美国人也不用惧怕，因为那些条顿族野蛮人有的还是美国人的祖先哩！

罗马灭亡了，罗马文化在鲜血和屠杀中毁掉了。一个新的欧洲后来在毁灭中崛起了，但是在好几个世纪中仍然在一种黑暗的野蛮状态中。所谓欧洲黑暗时期，就是这次骚动的结果。这个时期之所以陷入黑暗正是野蛮人和他们的后裔所造成的。然而有些作者却假定它是一个较光明的时期，并以狼与羊之寓言，讥笑这帮野蛮人以所未曾有过的道德掩饰他们的残恶，并对那些正在这兵刀相交的时期中试图从事高举人类文化火炬事业的人们加以藐视。

---

〔1〕民国版为“歪俄明（Wyoming）”。怀俄明州（Wyoming）位于美国西部落基山区，北接蒙大拿州，东接南达科他和内布拉斯加州，南邻科罗拉多州，西南与犹他州毗连，西与爱达荷州接壤，首府夏延（Cheyenne）位于该州东南角。州名来自印第安语，其含义是“大草原”或“山与谷相间”。在北美独立战争中，绝大多数印第安部落都站在英国一边镇压争取独立的大陆会议，1778 年 7 月“怀俄明惨案”，以印第安人为主的镇压部队便残忍地屠杀了近 400 名拥戴独立的和平居民。——点校者注

〔2〕条顿人（Teutonen）是古代日耳曼人中的一个分支，公元前 4 世纪时大致分布在易北河下游的沿海地带，后来逐步和日耳曼其他部落融合。后世常以条顿人泛指日耳曼人及其后裔。——点校者注

大部分的条顿部落，在他们扰乱罗马帝国时，佯作信仰阿里乌斯教派[1]（Arianism）的基督教。但是还有许多仍然在事实上和名义上都是崇拜奥丁[2]（Odin）和北方恶神的人民。至于那些假装信仰基督教的人们，仍不能忘掉他们的迷信。但是不论他们是基督教徒还是异教徒，他们都一样是野蛮人——一种在优美而懦弱文化中的野蛮人。因此当他们浸淫在那种文化中，他们几乎惊奇着他们的成功，因为他们的人数与繁茂的罗马人口相比而言却是少数。于是野蛮人得到一个并非完全不可能的推论，就是他们能够保证他们所获得征伐的成功的唯一方法是使他们的军事组织永久存在下去，因为他们此前的征服都是这种军事组织所造成的。因此他们就把自己从进攻式的军队改成为驻防式的军队。他们强迫罗马人和他们共分土地和货物。他们便将他们所分得的，根据军队组织永久性的方式实施分配。军队的主将这时成为被征服地的国王，首先以该部落代表的资格占有那些归降者的财产。他自己先把一部分预留下来作为他自己和他的家庭以及亲信人员享用。然后将残余部分分给所辖军队中的重要将官，但是却附着条件，就是为保障他自己及他们的安全，以及保存他们所有物之占有起见，他们一经召唤必须在他们所以能够获得成功的军队中

---

〔1〕民国版为“阿里阿派”。阿里乌斯教派（Arianism），即“亚流主义”，由曾任亚历山大主教的阿利乌（Arius）所领导的早期基督教派别，此派别根据《圣经》所载，认为耶稣次于天父，既不是神也不是人，是介于两者之间的半神，这与正统基督教通常所宣讲的圣父、圣子、圣灵三位一体的概念相违背。此派别在不同的大公会议中都斥之为异端。——点校者注

〔2〕民国版为“倭丁”。奥丁（Odin），北欧神话中的主神之一。从远古起，奥丁就是战神，又是诸神中的大魔法师，他的外表是一位高大的老人，长髯独眼（另一只眼据说被他换取了智慧）。——点校者注

继续服务。这些将领后来便被称为公爵（Duke）、侯爵（Marquise）、伯爵（Count）、男爵（Baron）等。这些公爵们又根据同一军事方式把所得到的财产，依相类的军役制度均分给他们的部下，因此分了又分。根据一个大队常驻军的制度，每个将领每个兵士都得到一份。每个从属的地主（subordinate proprietor）[如果地主这个名词是适当的话，他们也许是暂时的租户（tenant）罢]像在军队中一样地对其直接上级士官负有尊敬、忠顺和服军役的义务。

因此奠定了所谓封建制度（Feudal System）的基础。这种制度自5世纪罗马帝国灭亡后直到18世纪末叶法国大革命爆发时止，在欧洲的社会组织和法学中非常流行。这是凡要彻底明白中古时代欧洲法制的人们所必须首先知道的，并且这也是现在我们所假定的存在最久的法制，即使我们所谓英国的普通法，也是以这个封建制度为根据的。这就是封建的制度，因为这种制度是一种在土地上根据军役期限而定出来社会和国家的组织。当然这不是一时所能完成的，但是最终演变成为欧洲中部和西部仅有的少许例外的普通法。

封建制度最初仅适用于条顿族各部落中及其所占取的区域内。罗马人民对其国有法律的使用以及对于罗马法学的安然欣赏都被放任着，尤其是那些应行进贡的城市不受干涉。这些城市仍然是罗马人的根据地，是罗马自由的继承者和罗马文明的保存者。野蛮民族的首领则大都逗留在一些繁华和能够固守的地方，在那里他们集合了他们的战士和仆从，震慑（overawe）着四周的地带。

最终，在一国中形成了两个隔分的区域，其一我们称它为条顿野蛮人的；另一则为罗马人的。他们各有各的法律和特征，各有各的法院去判断他们的争执。当然在他们二者之间是免不了发生冲突的。当冲突发生时，便很难决定应该归属哪一个法院管辖。可是野蛮人凭借着他们的暴力和军事组织，大都偏[1]向着他自己的一方。至于那些和平的人们一般都会毫不踌躇地服从于他们的征服者的武力之下。条顿族有些精明的领袖如东哥特族（Ostrogoth）的狄奥多里克[2]（Theodoric）和法兰克族的克洛维[3]（Clovis）等在他们征服胜利以后都极希望调和在他管辖下的各阶层人民的利害关系。但是因为他们对于自己之条顿族的部下缺少强大的支配力的缘故，未能获得多大的成功，于是这种苦闷又继续了若干年。

那些驻防军队中的兵士在驻扎区域中蛮横地欺侮和压迫着那些毫无抵抗之力的人民，他们很少手下留情。一般人民到后来大都愿以自由作为保存其生命及财产的代价。为获取这种保障，他们都愿意受保护压迫者的军法的支配。这都是在罗马帝国一些被分夺地方的实情。所以，侵入欧洲南部及西部的条顿人初次在他们征服的国家内扎营的时候，对于原来居民曾施以劫掠的骚乱。而这些居民为自卫计，就都情愿将他们的土地送给野蛮民族的帝王，然后依照那些条顿征服者分派财产的方式，充作他的臣民，再[4]把土地领回，并且多少还会把他们自己的法律弃掉，于是就加入他们的军事组织而成为其中的一分子。其实他们都没有当

---

〔1〕 民国版为“徧”。——点校者注

〔2〕 民国版为“狄奥多理”。狄奥多里克（Theodoric，约455～526），亦称“狄奥多里克大王”，东哥特国王。——点校者注

〔3〕 民国版为“克罗维斯”。克洛维（Clovis，481～511），法兰克王国创立者。图尔内的法兰克军事首领希尔德里克一世之子。481年其父死后成为萨利克法兰克人部落首领，竭力向南推进，向高卢扩张。486年在苏瓦松击败罗马在高卢的将军锡亚格里乌斯，使他的威力进入索姆河和塞纳河的整个地区。——点校者注

〔4〕 民国版为“重复”。——点校者注

过兵或负担过军役的义务，而且他们的土地的占有也不是纯粹的源自兵役土地保有权〔1〕(Military tenures)。他们的占有是农役土地保有〔2〕(socage) 的占有。这个名词在布莱克斯通和旧时英国的普通法作者的著作中是非常著名的。当日占有这种土地的人所应负担的义务正是今日军队中的军需部（commissariat）所应负担

〔1〕民国版为“军役服务期”。兵役土地保有权（Military tenures），即因服兵役而获得的土地所有权或占有权。——点校者注

〔2〕民国版为“借地法（In socage)”。农役土地保有（socage)，英格兰古法所规定的一项制度，是封建土地保有方式之一，以完成每年确定量的农务或交纳一定数量之金钱为条件。对于农役土地保有，领主不能享有附属于骑士役土地保有上的诸如收取兵役免除税权、对佃户子女及财产的监督监护权、结婚批准权等封建保有附属权（incident)。农役土地保有义务的确定性在于这些义务在封赠时就已约定，不像农奴土地保有的义务那样随领主意志的变化而变化。这些义务常表现为效忠（fealty）加上定额租金，或是效忠臣服（fealty-homage）加上定额租金，或仅是效忠和臣服，或是效忠加上定量的农务等，后来便都转化成了货币地租。由于和骑士役土地保有及教役土地保有相对，“socage”一词后来泛指除军役、侍君役（sergeanty)、教役保有、农奴土地保有之外，一切义务固定的那些土地保有形式，这些义务可能是一年缴一朵花、一副马刺或是充当刽子手等。农役保有又分为自由农役保有（free socage/common socage/frank socage）和贱微农役保有（villein socage)，二者以义务内容之性质为别。1672 年颁布的一项法律将公簿地产和教役土地保有之外的其他土地保有形式均合并为自由农役保有，而 1925 年后，农役保有则成为土地保有的唯一方式，所有的封建保有附属权也都被取消。民国时期译者在此借用日本的法学概念将“socage”翻译为“借地法”，实不恰当。日本在 1909 年制定的《建筑物保护法》中提出了一个可将以取得建筑物所有权为目的的地上权和土地租赁权合为一体的“借地权”的概念。其后，在 1921 年又制定了《借地法》。——点校者注

的义务。

因此，除了各大城市之外，封建制度流行于欧洲的大部分。在大城市中大抵演变成一种半独立的状态并采取与在古罗马时候相似的各种制度。就在英国伦敦市便有一个保存着罗马制度的著名地方，后来封建制度便很稳固地在那里成立了。

一般虚构小说[1]的著作家——这一类作者包括大部分英美历史学家在内——打算给封建制度以及欧洲昔日的封建时代加上一种浪漫的色彩。他们常在他们的作品中叙述一些引发青年人幻想的名字和英雄事迹[2]，如珀西家族（Percys）和道格拉斯家族（Douglases）、内维尔家族（Nevils）和塔尔博特家族（Talbots）、蒙莫朗西家族（Montmorencys）和科隆纳家族（Colonnas）、孟福尔家族（De Montforts）和拉腊家族（De Laras）间之英雄事迹。[3]它们的名字在历史（annal）上是多么引人注目的呀！不是还有一件在“悬在荒野而弯曲的莱茵河上的”城堡四周发生的一件奇事，即在那城堡中，古封建时代是否曾发生过边境的恶战？但是我们推定这不过是一种忽视事实的虚构，而为现在

---

〔1〕 民国版为“杜撰的”；英文版为“fiction”。——点校者注

〔2〕 民国版为“人物和艳事”；英文版为“names and daring deeds”。——点校者注

〔3〕 民国版为“如柏西（Percys）和答格剌士（Douglases）、尼威尔（Nevils）和道尔菩特（Talbots）、摩穆伦斯（Montmorencys）和柯伦那（Colonnas）、得蒙福尔（De Montforts）和得拉斯（De Laras）间之艳事”。珀西家族（Percys）、道格拉斯家族（Douglases）、内维尔家族（Nevils）、塔尔博特家族（Talbots）、蒙莫朗西家族（Montmorencys）、科隆纳家族（Colonnas）、孟福尔家族（De Montforts）和拉腊家族（De Laras）均为欧洲中古时代的名门望族，在当时极具政治影响力。——点校者注

一般有正当认识的历史学者所熟知。莱茵河畔强盗式的伯爵们，和跟着“杂种”威廉[1]（William the Bastard）从诺曼来的匪盗们（bandit），以及切维厄特丘陵[2]（Cheviot Hills）的边境流氓们（ruffian），仅在地位上，和西属美洲大陆加勒比海沿岸（Spanish Main）的皇家海盗[3]（buccaneer）与巴拉塔里亚[4]（Barataria）的海贼（pirate）不同罢了。拉菲特[5]（Lafitte）和

---

〔1〕民国版为“威廉包斯塔”。“杂种”威廉（William the Bastard）即1066年征服英国的诺曼底公爵威廉一世，因其非婚所生，故被人嘲笑为“杂种”威廉。——点校者注

〔2〕民国版为“哲维倭得山”。切维厄特丘陵（Cheviot Hills），英格兰和苏格兰边界沿线的高地，从东北向西南延伸，海拔最高处为切维厄特山。——点校者注

〔3〕民国版为“和西班牙本部的海盗”；英文版为“from the pirates of Barataria and the Buccaneers of the Spanish Main”。Buccaneer，即“皇家海盗”亦称“绅士海盗”，17世纪下半叶在加勒比海地区和南美洲太平洋沿海一带劫掠西班牙人定居地和船舶的英国、法国或荷兰的具有政府背景的海盗。当时，各国基于政治和节约军备费用上的考量，给海盗船长们发放“私掠许可证”（Privateering Commission），授予本国私人船只在战争时期攻击和劫掠敌国商船的权力。一旦拥有“私掠许可证”，被抓的海盗就可以声称自己是奉命行事，享受战俘待遇，免于绞刑。西方史学家们有时将私掠船主们称为“绅士海盗”，以区别于纯粹的海盗（pirate），对于英国的私掠船主们，现在通称“皇家海盗”。——点校者注

〔4〕民国版为“巴拉塔利阿”。巴拉塔里亚（Barataria），在美国路易斯安那州东南部，密西西比河三角洲墨西哥湾附近港口，以捕虾、捕麝鼠和出产石油、天然气闻名。——点校者注

〔5〕拉菲特（Lafitte），法国海盗，活跃期在1780年~1826年，因援助美国赢得美英1812年战争（又称第二次独立战争），而获得官方赦免。——点校者注

基德船长[1](Captain Kidd)，相较于道格拉斯伯爵[2](Earl Douglas)，“狮心王”理查[3](Richard Couer de Lion)，和霍亨斯陶芬王朝[4](Hohenstaufen)的腓特烈大帝[5](Frederich)等人

---

〔1〕民国版为“基特船长”。威廉·基德（William Kidd，1645～1701），俗称“船长基德”，活跃期在1689年～1701年，苏格兰船长。在1690年前后的英法战争期间，他协助英国同法国人作战，屡建战功，甚至还得到了英国女皇的亲自嘉奖。之后他在加勒比海地区进行武装私掠活动，1701年因海盗罪被处决。——点校者注

〔2〕民国版为“答格刺士伯爵”。道格拉斯家族一直是苏格兰国王的重要臣僚。直至威廉·道格拉斯五世起，苏格兰国王大卫二世便晋封他为道格拉斯伯爵（Earl Douglas），从此开创了第一支道格拉斯伯爵家系——“黑道格拉斯家族”，影响苏格兰政坛长达百年，是苏格兰王国最为强大的权臣世家之一。——点校者注

〔3〕民国版为“Richard Coeur de Lion”。法语：Richard Coeur de Lion，即英语：Richard the Lionheart，“狮心王”理查（1157～1199），继任英王之位后称“理查一世”，因其在战争中总是一马当先，犹如狮子般勇猛，因此得到“狮心王”（Lionheart）的称号。在10年国王生涯中，几乎全部时间都花在戎马弓刀之上，他参与过包含“十字军东征”之内的许多战争，而他的军事表现也使他成为中世纪最杰出的军事指挥官之一。后为奥地利公爵利奥波德五世俘虏，交纳巨额赎金后被释放回国，最后于法兰西征战中中箭身亡。——点校者注

〔4〕民国版为“霍亨斯陶芬”。霍亨斯陶芬王朝（Hohenstaufen dynasty），神圣罗马帝国的一个王朝，存续时间为1138～1254年，王朝开创人为腓特烈一世。最初的霍亨斯陶芬家族为现今德国南部施瓦本地区的世袭伯爵。——点校者注

〔5〕腓特烈一世（Friedrich I，1122～1190），绰号“红胡子”（Barbarossa）。霍亨斯陶芬王朝国王（1152～1190）和神圣罗马帝国皇帝（1155年加冕）。1189年他发动了第三次十字军东征，在土耳其渡河时溺死。——点校者注

并无高下的差别。

封建制度把罗马人之土地绝对所有权尽量地予以消灭，遂使每人都成为土地的承租人——承租人的权利是有限制的，且为其上司所赋予，最高的上司就是国王，只有他才是土地唯一的绝对所有人。因此他便自然而然地成为专制的君主——因为封建制度处处都产生专制的国王。最初，这种制度中的土地租期是以本人终身为限，并没有继承的办法。到了后来条顿族野蛮人容纳了这个继承的理论——当然不久他们便不得不采用这种制度了——常发生种种麻烦和劣迹昭彰的情形——即使如布莱克斯通那样巧妙和虚伪的修饰也不能把它掩盖起来。在继承法中又发生了一种长子继承权的规定——这种规定就是长子可以不顾其他幼子而独自占有全部遗产。结果幼子们大都要忍受饥饿死亡或迫于无奈而从事劫掠的生活。此外封建制度更规定长子是最适宜于继承其父之军职的，因为这种军职构成了被封建主义认为与国家福利最密切相关的市民的义务。不过封建制度也承认其他的儿子依照出生的顺序，每当军队中有死亡时，便给他留下一个空缺令其补入。有许久的时候，封建制度还是不承认妇女在任何情形中享有继承权利，因为妇女并不包括在军役之中。对妇女继承权的承认直到基督教把野蛮人开化了并使其受到封建主义骑士精神〔1〕(the spirit of chivalry) 的灌输时才实现。而且当时的基督教教会主张位于在加略山（Calvary）受难的耶稣（God-Man)〔2〕地位之次的就是拿

---

〔1〕 民国版为“武士精神”。——点校者注

〔2〕 民国版为“被难的耶稣”；英文版为“next to the God-Man who died upon Calvary”。加略山（Calvary），即“各各他”（Golgotha），加略山是各各他在亚兰文中的读音，《圣经》中福音经文多处提及的耶稣被钉十字架的地方。中文圣经一律按字面意思，把这地方译作“髑髅地”，也即是骷髅埋葬地的意思。——点校者注

撒勒的童贞圣母[1](Mother-Maid of Nazareth)。她是一切高洁美丽和优良的最大典型，因此后来封建主义在其制度中才勉强给予妇女以一个狭小的地位，并准许如果无人继承时她才可以享有继承的权利。

在封建制度中无论何人都不能任意处分其土地。已婚妇女甚至是毫无权利的，不论是人身权或财产权都要遵从其夫。教会只是偶然地保护她们一下罢了。她们不能订立契约，也不能处理其特有财产。当时的刑法可说是人类历来所制定的最坏的一种，财产和物品的没收（致使无辜的后裔饥饿死亡），常常是和死刑同时执行的。我们此后很可能随时会看到在英国普通法中有多数的犯罪是死刑和没收（forfeiture）同时执行的。

这就是封建法制内关于犯罪、家属关系和不动产所有权的特征。至于动产，除了家畜以外，很难说在这种制度下是存在的。

封建制度在其创始和发达时，纯粹是一种军事组织，因此它一定是一种残酷和压迫的制度。布莱克斯通在说明了它的一些大概情形以后，很厚颜地称它是“一种简单而自由的方案”[2](Com. B. II P. 59)。它确有简单的长处，因为一种武力的统治常常是简单的。专制政府不需要任何复杂的司法机关。该法学者的这种以封建制度为“自由的方案”的言论恐怕是一种麻痹[3]的言论罢。这是一个会阿谀的法学者所说的谬言，他既没有廉耻

---

〔1〕 民国版为“拏撒勒贞女”。拿撒勒的童贞圣母（Mother-Maid of Nazareth)，即“圣母玛利亚”，据《圣经》记载，玛利亚还是处女时受圣灵感应而怀孕，生下基督耶稣。——点校者注

〔2〕 民国版为“一种简单而解放的方策”；英文版为“a plan of simplicity and liberty”。——点校者注

〔3〕 民国版为“麻痺”。——点校者注

心，也没有在当时英国所产生的自由精神。布莱克斯通固然是有许多虚伪的地方，但是这是其中最坏且最可鄙的一种。自由之治和刀剑之治是势不两立的。[1]自由之治即法治。[2]法学者和军人是永远不一致的。在军事体制[3]占着优势的地方就无法有自由。古罗马的学者曾说过："在兵器响声中法律便无声了。"（Inter arma silent leges——amid the clash of arms the laws are silent）——这个观念比起布莱克斯通对于自由及军事体制并立的谬见确切得多，假使后者并非故意不愿说出真相的话。

封建主义的法制在罗马法学中的胜利，虽历时颇久，然存在仅一时而已。它除了野蛮人得意（perpetuation）时并不能维持其地位。不久以后文明的精神被重申了，并且这种大约持续一千多年的长久而痛苦的回应也就开始了。[4]其实这个回应当时是立刻发生的。基督教教会不但用其高超的精神权威，并且用它唯一的保存者即罗马法和罗马文化从事征服野蛮人之文化和推翻野蛮征服者的伟业。这是文明人空前的大事业，而且只有基督教教会才能够胜任。最后取得了伟大的胜利，这件伟大的使命也就全部完

---

〔1〕民国版为"自由的政府和武力的统治是绝对不能两立的"；英文版为"the reign of freedom and the rule of the sword are radically antagonistic"。——点校者注

〔2〕民国版为"自由的政府就是法律的统治"；英文版为"the reign of freedom is the reign of law"。——点校者注

〔3〕民国版为"军阀制度"；英文版为"the military system"。——点校者注

〔4〕民国版为"不久以后文化重行发展了，然而这种大约有一千多年之长久而痛苦的反响也就开始了"；英文版"The spirit of civilization soon reasserted itself, and the long and painful reaction of more than a thousand years began"。——点校者注

成了。然而我们却认为基督教教会虽拥有宗教和文化之无穷的宝藏，但是它的努力却未全部成功，因为到了今日仍然还有许多野蛮的遗迹存留着。

在此大竞争中，发生了若干意外的事件——最卓著的就是十字军东征[1]（the Crusades）、莱茵河畔及意大利著名的自治城市[2]（the great Free Cities of Italy and the Rhine）的产生、意大利和瑞士共和国的建立、波罗的海之"汉萨同盟"[3]（Hanseatic League）的成立[4]、印刷术及火药[5]（gunpowder）的发明［这是基督教创立后在世界上两件启发引导文化最伟大的事物（the world's two greatest civilizes）］、14、15 世纪之文学与艺术的复兴、

---

〔1〕 民国版为"十字军的出征"。十字军东征（The Crusades，1096 ~ 1291）是一系列在罗马天主教教宗的准许下，由西欧的封建领主和骑士对地中海东岸的国家发动的持续了近 200 年的宗教性侵略战争。——点校者注

〔2〕 民国版为"莱茵河及意大利大自由市"。——点校者注

〔3〕 民国版为"汉撒同盟"。汉萨同盟是德意志北部城市之间形成的商业、政治联盟。汉萨（Hanse）一词，德文意为"公所"或者"会馆"。13 世纪逐渐形成，14 世纪达到兴盛，加盟城市最多时达到 160 个。1367 年成立以吕贝克城为首的领导机构，有汉堡、科隆、不莱梅等大城市的富商、贵族参加。拥有武装和金库。1370 年战胜丹麦，订立《斯特拉尔松德条约》。同盟垄断波罗的海地区贸易，并在西起伦敦、东至诺夫哥罗德的沿海地区建立商站，实力雄厚。15 世纪转衰，1669 年解体。——点校者注

〔4〕 民国版为"意大利和瑞士共和国以及波罗的海之汉撒同盟（Hanseatic League）的创立"。——点校者注

〔5〕 民国版为"炸药"。——点校者注

美洲的发现以及最后但也许是最具影响力〔1〕的法国大革命和北美独立战争。凡此种种都倾向于使封建制度发生摇动而且最后竟把它推翻了。但是它们都不过是侵入并且雄踞在德意志、法兰西、西班牙和英伦等强大帝国中封建主义与差不多是单独无助经过无数的折磨（beset），而仅仅以源自真实智慧的坚决的勇气〔2〕为武器的基督教会二者间恒久而猛烈之斗争中最显著的意外事件而已。

基督教会在和野蛮人斗争中有一个很大的长处，就是当时教会和罗马人民所存有的教育都是企图反对野蛮民族之强暴（brutal）侵入的。而野蛮人则毫无知识，不能读写，除了懂得战争的方术以外一无所长。他们虽是这样的低下，然而还时常以此自夸。我们试回溯到沃尔特·司各特〔3〕(Walter Scott）的长诗《玛密恩》〔4〕(Poem of

---

〔1〕民国版为“最后，或者不是最没有效能”；英文版为“and last, but not perhaps least potent”。——点校者注

〔2〕民国版为“具有真实智慧的坚决和勇气”；英文版为“the resolute and unfaltering courage of a true intelligence”。——点校者注

〔3〕民国版为“窝尔忒·司各脱”。沃尔特·司各特（Walter Scott, 1771～1832），英国著名的历史小说家和诗人，生于苏格兰的爱丁堡市，其以苏格兰为背景的诗歌十分有名。其代表作为《艾凡赫》、《惊婚记》、《红酋罗伯》、《玛密恩》等。——点校者注

〔4〕民国版为“马尔密诗”。《玛密恩》（Poem of Marmion），沃尔特·司各特所创作的长诗，1808 年出版。它以 1513 年英格兰和苏格兰进行的弗洛登战役为背景，描写英国贵族玛密恩使用诬陷手段夺取贵族拉尔夫的未婚妻，最后阴谋暴露，玛密恩在弗洛登战死。这部作品被认为是司各特最优秀的长诗。需要补充说明的是：诗中的玛密恩虽是虚构人物，但是历史上确有玛密恩家族，祖籍法国诺曼底的费特拉耶地区，后随“征服者”威廉来到英格兰。下文引用的诗句出自《玛密恩·第六章·战争·第十五节》。——点校者注

Marmion）内所引道格拉斯伯爵[1]（Earl Douglas）所说的几句话：

"起初当国王自己赞赏自己的博学多才时，
我的心极不高兴，
但是却感谢圣波桑[2]（Saint Bothan），
因为我的儿子除高文[3]（Gawain）以外都不能书写只字。"

可见道格拉斯伯爵自亦不外于封建阶级的人们。差不多在一千多年中，欧洲的封建阶级全都不会读写，只有很少的例外罢了。英国有一个国王亨利一世[4]，刚巧会阅读书册，但是除此之外并没有受过多大教育，却因为微有成就便得到了"儒雅王"[5]（Beauclerc or fine clerk）的称号。

结果，封建诸首领从最初如东哥特族之狄奥多里克和法兰克

---

〔1〕文中的道格拉斯伯爵是阿奇伯德·道格拉斯（Archibald Douglas，1449～1514），是詹姆斯王朝的两代元勋，詹姆斯三世酷爱音乐、建筑而把爵位封给其喜欢的音乐家、建筑师，侵犯世袭贵族的利益。1482年，贵族们趁苏格兰对英格兰用兵之际，密谋清除"提琴手和泥水匠"。因无人领头，有人讲起了"猫颈系铃"的寓言，道格拉斯闻言后说："我来做那只系铃的老鼠吧。"事后得到"猫颈系铃者"的绰号。——点校者注

〔2〕民国版为"圣菩单"。圣波桑（Saint Bothan，536～600），爱尔兰僧侣，于563年被派遣至苏格兰进行传教活动，他作为一名睿智的顾问而被尊崇，他的建议被许多爱尔兰圣徒所采纳，位于苏格兰东南部的圣波桑修道院以他的名字命名。——点校者注

〔3〕民国版为"加汪"。高文·道格拉斯（Gawain Douglas，1474～1522），自幼弃文从武，成了苏格兰著名教士及诗人。其一生最大功绩是翻译了维吉尔的《埃涅阿斯记》。——点校者注

〔4〕亨利一世（Henry I，1068～1135），英格兰诺曼王朝第三位国王，"征服者"威廉的幼子。——点校者注

〔5〕民国版为"文人"，英文版为"Beauclerc or fine clerk"。——点校者注

族之克洛维等粗鲁而不学的军人起，就觉得他们必须有一种举动，来整理他们所引起的纷乱。为了给他们所统治之下不相融洽的人民制定一种适当的法律起见，他们便不得不求助于教会中的主教（bishop）和神父〔1〕(priest）们，因为只有他们所受的教育是唯一适于从事这种工作的。神父和主教因为具有宗教范围和在罗马法学方面的知识遂成为国王的顾问，并且还在御前会议中发挥潜力。〔2〕在300年中他们发觉他们曾受当时在西班牙的西哥特人、意大利的东哥特人和伦巴第人〔3〕，以及在法国和瑞士的勃艮第人极为流行的阿里乌斯教派（Arianism）和他们固有的异教结合的那种严厉和威迫的精神所妨害。但是侥幸得很，在文化方面法兰克族不久便成为野蛮民族中最重要的一分子。他们是简单而纯洁的异教徒。当他们渡过莱茵河公然变为基督教徒后，便采用了罗马天主教〔4〕(Orthodox Christianity）的信条。这个时候的法兰克人便把教会所要解决的问题予以简单化了。

此时教会各级位置大都系由罗马人所填补，并非来自封建阶

〔1〕民国版为“牧师”。神父和牧师的区别属于基督教教制问题。汉语在翻译源自西方的基督教文本时，由于传教路线和派系问题将基督教的不同宗派区别翻译。神父，为罗马天主教司铎的礼称；牧师，是宗教改革后基督教新教的圣职。——点校者注

〔2〕民国版为“他们的会议中还占有极大的潜势力”；英文版为“potential in kings' councils”。——点校者注

〔3〕民国版为“伦巴人”。伦巴第人（Lombard），日耳曼人的一支，起源于斯堪的纳维亚半岛。经过约4个世纪的民族迁徙，伦巴第人最后到达并占据了亚平宁半岛（今日意大利）的北部，568年~774年是在意大利统治的一个王国。——点校者注

〔4〕民国版为“正统派基督教”。据点校者推测，此处指法兰克人的国王克洛维于公元496年的圣诞前夜接受了洗礼，成为第一个接受罗马天主教信仰的蛮族国王。罗马帝国分裂前，基督教会是统一的，但公元

级。只有极少数的封建阶级在罗马帝国倾覆以后的300多年中才担任教会的职务，后来在数目上似乎稍有增加。但是可以说在整个时期中，基督教会的主教和神父之职位大多属于罗马人而非封建阶级。神父们的同情心自然而然地就趋向于其本人的民族，而且和由文学及宗教上所发生的同情心截然不同。当神父们在后来稍自由地出身于封建阶级时，他们所受的教育是罗马的文学和法学，并且规范他们行为的准则也采用了受七丘之城〔1〕（the seven-hilled city，即罗马城）的文化所影响的形式。许多来自封建阶级的教士们尤其是主教等，后来竟变为封建制度最努力的反对者。

意大利的东哥特族之狄奥多里克、西班牙西哥特族之阿拉里克二世〔2〕、勃艮第之冈多巴德〔3〕（Gundebald）和法兰西之克

395年帝国分裂为东西两部分，东西帝国在政治、社会、语言、文化传统等方面的差异，影响了基督教，其后就逐渐分成以罗马为中心的拉丁语派和以君士坦丁堡为中心的希腊语派，东西两派为教会最高权力和教义等问题长期争论，终至1054年由色路拉里乌斯（Cerularius）分裂而分成天主教（罗马公教）和东正教（希腊正教）；东派强调自己的正统性，称为正教；西派强调自己的普世性，称为公教。然而，作者莫里斯是虔诚的天主教徒，自然其立场应导向罗马天主教，故而在文中会使用“Orthodox”，意为“正统”。——点校者注

〔1〕 民国版为“七山城”。公元前753年，罗马城建立，因为最初的罗马建在景色秀丽的七座山丘之上，所以又被称为“七丘之城”。——点校者注

〔2〕 民国版为“阿拉列二世”。阿拉里克二世（Alaric Ⅱ，生卒年代不详），西哥特国王（484年～507年在位），因信奉阿里乌斯教派而被法兰克的克洛维一世征讨并处死，由此西哥特失去南高卢，成为纯粹的西班牙国家。他一生最大的贡献是下令编成以《阿拉里克罗马法辑要》（*Breviarium Alaricianu*）著称于世的法律文件，这份文件以罗马法作为西哥特王国境内的法律基础。——点校者注

〔3〕 民国版为“古地巴尔得”，也即后文的“干得巴尔”。冈多巴德（Gunde-

洛维，得到基督教会主教们的协助，企图将他们数民族的丑陋风俗习惯系统化为一种法律的方式，并在罗马和条顿人民间建立一种在现代外交术语上所谓的“临时协定”（Modus vivendi）。这个结果上面已经说过就是有两种法律制度同时并行，且由两种法院依照各自的管辖权行使之。在早期的历史中，有一件奇怪的事情，就是据记录有许多案件可由当事人正式表示其放弃一种法制，而采用另一法制。

狄奥多里克[1]（Theodoric）行使于意大利之东哥特人间的《狄奥多里克法典》[2]（Theodoric's Code），是在500年施行的，是在优士丁尼公布其伟大罗马法典之前29年。它的大部分是根据以前狄奥多西二世（Theodosius Ⅱ）的法典，这似乎是野蛮民族间最初计划建立的法制。其目的仅是供给东哥特人使用而非为罗马的人民而制定。至于罗马人民则仍适用《狄奥多西法典》（Tbeodosian Code）。然而很明显的是它完全是溯源于罗马法中，罕有条顿族的习俗在内。这可以认为是狄奥多里克使他的人民罗马化的一种计划。在他初登王位时便有这个主张，这是在他后来变为一个凶恶的暴君以前的事。这部法典通常被认为是罗马学者卡西俄多拉斯[3]（Cassiodorus）的作品。卡氏起初是一个元老员

---

bald，452～516），约公元5世纪时勃艮第王国第二个国王，曾在5世纪末期制定《冈多巴德法典》（*Law of Gundebald*），其后成为《勃艮第法典》（*Lex Burgundionum*）的核心部分。——点校者注

〔1〕 民国版为“狄里多奥”。——点校者注

〔2〕 民国版为“法典”。——点校者注

〔3〕 卡西俄多拉斯（Cassiodorus，490～585），中世纪初期罗马城的政治家与作家，出身于贵族家庭，早年即博学多才，后参加政务。不久转攻基督教事务，曾因为被东罗马帝国的军队所俘获而在君士坦丁堡滞留，获赦后重返基督教事务。他的著述有《哥特人的历史》（*History of the Goths*）和《制度》（*Institutiones*），影响了中世纪初期的基督教发展。——点校者注

(senator)，后来成为一位教士，这两个职位都显出他的伟大。他充任狄奥多里克的首相和首席顾问历数年之久。《狄奥多里克法典》没有施行多久，而东哥特王国也很快地灭亡了。那些好动的东哥特人觉得遵照任何法制都很困难。而他们的法典和王国在554年都被优士丁尼帝的部将贝利萨留（Belisarius）和纳尔塞斯（Narses）所毁灭。于是《优士丁尼法典》便流行于意大利境内。

伦巴第族（Lombards）是另一个条顿民族，它继意大利的东哥特之后，在568年侵入该国，据说是受纳尔塞斯的邀请而来，占据该半岛之大部分约有200年之久（568年～774年）。他们是条顿族的侵入者中最野蛮、最凶横的民族，他们的残酷仅次于英国之盎格鲁—撒克逊人。他们后来也渐渐地受到开化罗马人的影响，制定了一部法典。虽然是用拉丁文写的，但是差不多是纯粹条顿族的习俗，并且仅仅是对636年～652年间的罗撒里王〔1〕(King Rothari) 简陋条顿风俗的引述而已。不过它和罗马法律学是极端相反的。当774年伦巴第国被法兰克王查理曼〔2〕(Charlemagne) 消灭时，它也随之而消逝。因此罗马法便完全顶替了它的地位。

大约在500年，差不多在东哥特族的《狄奥多里克法典》颁行的时候，西班牙内西哥特族王阿拉里克二世便认为有为他的人民制定两部法典的必要，一部是为西哥特人；一部则为罗马辖属的西班牙而制定。关于前者的内容我们不大知道；而后者后来称

---

〔1〕民国版为“罗特尼王”。罗撒里（Rothari，生卒年代不详），伦巴第人第五任国王，636年～652年在位，其编纂了《罗撒里法令》（*Edictum Rothari*）。——点校者注

〔2〕查理曼（Charlemagne，742～814），法兰克王国加洛林王朝国王，神圣罗马帝国的奠基人。他建立了囊括西欧大部分地区的庞大帝国。公元800年，由罗马教皇加冕“罗马人的皇帝”。——点校者注

为《阿拉里克罗马法辑要》[1]（Breviarium Alaricianum），内容曾获保存，大部分采自罗马大注释家盖尤斯（Gaius）的作品中。阿拉里克二世的几位继位者为融洽两个民族后来曾把它缩减，甚至曾一度禁止《阿拉里克罗马法辑要》的使用，而另以一种由罗马和西哥特法混合而成的法律，叫作《西哥特法典》（Liber Judicum，or Forum Judicum-Book or Court of the Judges）代替它。这在后来成为西班牙法的基础历时几代之久。但是《西哥特法典》和西哥特王国于711年在赫雷斯[2]（Xeres）的血战中被来自非洲的狂信的回教徒所毁灭。当征服的波浪费力地慢慢消逝（历700多年）的时候，罗马和西哥特的不同就完全消失，乃至全为人们所遗忘[3]。同时当摩尔人[4]和复兴的西班牙王国之竞争正在进行的时候，卡斯提尔[5]（Castille）、莱昂[6]（Leon）王和绰号叫作

〔1〕 民国版为“Breviarium Alarici”。——点校者注

〔2〕 民国版为“黑累斯”。711年初夏，在阿拉伯倭马亚王朝北非总督穆萨指挥下，部将陀立克率军2000人渡过直布罗陀海峡，入侵西班牙，在赫雷斯（加的斯附近）战役中，陀立克以少胜多，打败了10万人的西哥特军队，西哥特国王罗德利克投水自杀，西哥特王国灭亡。——点校者注

〔3〕 民国版为“遗亡”；英文版为“had been forgotten”。——点校者注

〔4〕 摩尔人（Moor）是中世纪伊比利亚半岛、西西里岛、马耳他、马格里布和西非的穆斯林居民。——点校者注

〔5〕 民国版为“卡斯堤里”。卡斯提尔（Castilla），西班牙历史上的一个王国，由西班牙西北部的老卡斯提尔和中部的新卡斯提尔组成，并逐渐和周边王国融合，形成了西班牙王国。现在西班牙的君主就是从卡斯提尔王国一脉相传。——点校者注

〔6〕 民国版为“雷翁”。莱昂王国（Leon），是伊比利亚半岛西北部的一个古国，存在时间为910年~1301年。——点校者注

“智者”（the wise）的阿方索十世[1]（Alfonso X de Castilla，1221～1284）公布了一部优良的法典，名曰“七章法典”（Siete Partidas）。这简直就是采用了古罗马法，而且实际上是回复到罗马的法制，成为后来一切西班牙法律的基础。

勃艮第人的条顿部落建立在瑞士、萨伏伊[2]（Savoy）和法国东南部等地方，仍然称为勃艮第。他们在413年，“蛮族大迁徙”[3]开始时，是受罗马人以友谊的方法邀请而来。在所有侵入罗马帝国的条顿野蛮民族中，他们是最开化而最文明的。起初，那些阿里乌斯教徒[4]（Arian）像东、西哥特人一样，很迅速地接纳了罗马天主教信条而成为在各部落中受到最多罗马文明影响

---

〔1〕民国版为“绰号叫做智者的娅丰琐九世”。此处原文作者或许出错，据点校者考证，历史上，“智者”阿方索十世颁布《七章法典》，而非阿方索九世（Alfonso IX，1171～1230）。阿方索十世（Alfonso X de Castilla，el Sabio，1221～1284），莱昂—卡斯提尔王国国王，他也是当时欧洲最有学问的国王之一，对文化贡献很大，所以被称为“智者”（el Sabio）。阿方索十世建立托莱多翻译学校，把许多阿拉伯作品翻译成拉丁文。——点校者注

〔2〕民国版为“萨伏衣”。萨伏伊（Savoy），法国东南部和意大利西北部历史地区。从11世纪起，萨伏伊就是神圣罗马帝国的领主阿尔勒王国的一部分，后完全独立并越过阿尔卑斯山脉扩张，涵盖了意大利皮埃蒙特的平原地带。——点校者注

〔3〕民国版为“条顿族大活动”。蛮族大迁徙（the great Teutonic movement），指公元376年～公元568年，散居罗马帝国境外的以日耳曼人为主的诸蛮族部落大举强行移居帝国境内，并各自建立国家的历史过程。在公元413年，勃艮第人在莱茵河上游建立了第一个勃艮第王国。——点校者注

〔4〕民国版为“阿利阿人”。因勃艮第人信奉阿里乌斯教派，此处便以阿里乌斯教徒指代勃艮第人。——点校者注

的人。他们也差不多在东、西哥特人立法的同时采用了两部法典，一部是为在他们境内的罗马人民而制定，全然采自罗马制度；其他一部则为他们自己勃艮第人的特别法，是用他们国王的名字，即《冈多巴德法典》（Law of Gundebald）。这两部法典当然都是由构成冈多巴德王御前会议的主教们所编成的，我们无庸赘述。当534年，勃艮第王国被克洛维的儿子消灭掉后，勃艮第便成为法兰克王国之一部分，于是冈多巴德的勃艮第法就大部分合并到法兰克的法律，再也没有什么特殊的显著之处了。

法兰克法是值得我们注意的。法兰克人（Frank）或自由人（Freeman）——这两字同属一义——是由各条顿族合并而成的，并非一个单独的民族。他们似乎是溯源于后世所谓的德意志中部法兰克尼亚〔1〕(Franconia）的地方，他们放弃了这个名字，后来才将之给了高卢。照事实看来，他们似乎曾驻留在莱茵河下游，即科隆〔2〕(Cologne）和卢森堡（Luxemburg）等处。481年，在他们富有毅力的青年国王克洛维统治之下，他们来到罗马的高卢这个地方，打败了罗马的将军锡亚格里乌斯（Syagrius），占据了该地的北部及中部，此后他们就用“法兰西”这个名称了。当他们渡过莱茵河时，他们还是异教徒。但是在496年托比亚克（Tolbiac）大战〔3〕后，克洛维把反抗他的德意志南部的一个强盛

〔1〕民国版为“弗兰哥尼亚”。法兰克尼亚（Franconia），德国的一个地区，范围包括现在德国巴伐利亚州和巴登—符滕堡州东北部。——点校者注

〔2〕民国版为“哥伦”。——点校者注

〔3〕民国版为“托培大战”。托比亚克大战（Battle of Tolbiac），指公元496年，法兰克人与阿勒曼尼人在托比亚克（今德国曲尔皮希一带）展开的战斗。这场战斗极为惨烈，法兰克军的损失总体多于阿勒曼尼人，但仍然获得了胜利。从此之后，阿勒曼尼亚王国基本不复存在了，取而代之的是作为法兰克人附庸的阿勒曼尼亚公国。——点校者注

联邦打败了，他们受到勃艮第的冈多巴德王之女、克洛维之妻即圣洁的克洛蒂尔[1]（Clotilde）的感化，名义上改信了罗马天主教。至于在此后一百多年中他们是属于哪种基督教徒，我们这里无庸追究。因为这种追究其实在这些为基督教引以为傲的新皈依者身上并不能找到答案，尽管在历史上确实出现过许多杰出的男女，他们大都是罗马化的高卢人，而且以道德和知识见称。

大约和东哥特人、西哥特人、勃艮第人同时，法兰克人感觉到有系统化（systematize）他们的社会政策以及将他们的简陋风俗编成法律形式的必要。结果产生了三部法典——即《萨利克法典》（Lex Salica）、《里普利安法典》（Lex Ripuaria）和莱茵河下游之《卡马维法兰克人法》（Lex Francorum Chamavorum）。[2]上述最后

〔1〕 民国版为“圣洁的罗提尔达”。克洛蒂尔（Clotilde，475～545），勃艮第王希尔佩里克二世（Chilperic Ⅱ）的女儿。作为克洛维一世（Clovis I）的第二任妻子，她对于克洛维一世受洗起了重要作用，被天主教会尊崇为“圣克洛蒂尔”。正文中提及其为冈多巴德王之女确有错误，冈多巴德王实为其叔父。——点校者注

〔2〕 民国版为“即萨利法（Lex Salica）、利浦安法（Lex Ripuaria）和莱茵河下流之法兰克人法（Lex Francorum Chamavorum）”。《萨利克法典》（*Lex Salica*），这是现存最古老的日耳曼法典，是关于萨利安法兰克人（Salian Frank）的法律，后经修订、增补，形成文字的古代习俗的汇编。它编纂于公元5世纪，在法兰克各民族中有极高的权威并产生了重大影响，成为同时期其他法典的重要渊源；《里普利安法典》（*Lex Ripuaria*），里普利安法兰克人（Ripuarian Frank）的法典，编纂于公元6世纪左右。它包括两部分，第一部分属里普利安人自身独创，第二部分则主要从《萨利克法典》借鉴而来；《卡马维法兰克人法》（*Lex Francorum Chamavorum*），公元9世纪早期居住于下莱茵河流域（lower Rhine）的卡马维人（Chamavi）的法律汇编，共有48条。——点校者注

的一个法典因为很少使用，不久便失去其重要性。这三部法典当然全是用拉丁文编成的，因为拉丁文是当时西欧的唯一文字。

萨利安的法兰克人是法兰克联盟（confederation）中最强悍的一个部落,〔1〕因此便称其特别法为《萨利克法典》。这是最初的法兰克法典，亦为野蛮族诸法典中最精良的一部。可是受罗马法的影响则极微小。整部法典共有408条，其中343条是关于刑事方面的法规，仅65条是关于其他的规定。在这个343条的刑事法规中，113条是关于对人的犯罪，150条是关于抢劫的规定。这是对《萨利克法典》以及一般野蛮民族的法典所能够做到的简单分析，也许再也没有其他显著的方法可以说明它们的本质。从这个分析看来，这正表示那些条顿族野蛮人的生活是犯罪的生活。至于日常的民事案件以及和平状态的追求在他们的日常生活中占很少部分。

《萨利克法典》中有两点是值得我们注意的。第一点是关于他们审判民事或刑事案件时的方法，并不是用证人的口供来证明事实，而是用所谓“神明裁判”或“誓证法”（Compurgation）。神明裁判是用火、水或决斗的方法来判决。读者们可在柯克和布莱克斯通所叙述的早期英国普通法中见到很多。因为这种事情在英国普通法中和法兰克族的《萨利克法典》中是相同的。或者前者是从后者那里得来的，或者两者是同出自条顿民族中的。誓证法在英国的普通法中也曾一度出现过，就是采用宣誓的方式。凡是能够获得誓愿立证最多的人，虽然与系争事实无关，但他们如果都相信他所说的是实话，那么，他就是胜利的当事人。

关于《萨利克法典》第二点应予注意，而这一点在实际中仍保存到现代，也就是女性绝对不能享有继承权。女性不仅不能享

---

〔1〕民国版为“萨利族的法兰克人是法兰克联邦中最强悍的一个部落”。——点校者注

有继承权，并且也无权将之遗传给她的后裔。这似乎是野蛮人的规定。但是并没有像法兰克族的《萨利克法典》那么偏重。直到法兰西王国告终的时候，法国的王位继承也遵守着这种规定，并且大都也适用于各大封邑中，如布列塔尼〔1〕(Brittany)、勃艮第(Burgundy)、香槟（Champagne)、洛林〔2〕(Lorraine)、普罗旺斯〔3〕（Provence)、图卢兹〔4〕(Toulouse) 以及其他各大采邑。在德国若干邦中也有仍然采用的。这都是以《萨利克法典》为根据，而且这也是《萨利克法典》唯一依然有效之规定。

《萨利克法典》大都是被跟从诺曼底〔5〕之威廉的人才带到英国去的，但是它的特点不久便告消灭。诺曼底系的第三代王亨利一世没有继位的儿子，于是他就希望把王位传给他的女儿马蒂尔达女王〔6〕(Empress Queen Matilda)，他要求当朝的贵族和主教加

---

〔1〕 民国版为“不列他尼”。布列塔尼（Brittany)，法国西部的一个地区。——点校者注

〔2〕 民国版为“拉尔安尼”。洛林（Lorraine)，法国东北部地区及旧省名。——点校者注

〔3〕 民国版为“普罗封斯”。普罗旺斯（Provence)，法国东南部的一个地区，毗邻地中海，和意大利接壤。——点校者注

〔4〕 民国版为“土鲁斯”。图卢兹（Toulouse)，法国西南部的一个大城市。——点校者注

〔5〕 民国版为“诺曼地”。——点校者注

〔6〕 民国版为“马提尔达女皇”。马蒂尔达（Matilda，1102～1167)，英王亨利一世之女，1114 年与神圣罗马帝国皇帝亨利五世结婚。1125 年丈夫去世后，又与金雀花王朝的杰弗里结婚。她的兄弟在 1120 年去世，使她成为亨利一世的唯一继承人，亨利一世 1127 年指定她为继承人。布卢瓦的斯蒂芬在 1135 年亨利一世去世后篡权，并在 1141 年打败马蒂尔达的支持者。马蒂尔达在 1148 年退隐诺曼底，她的儿子成为英王亨利二世。——点校者注

以承认。但是据我们所知，他并没有安然地达到目的。布卢瓦的斯蒂芬[1]（Stephen of Blois）经过多次的事变，篡夺了王位。不过等到金雀花王系的第一代王亨利二世成为马蒂尔达的嗣子时，他便创立了如果没有儿子，女儿也有继承权的这种规定。这便使英国脱离了原来封建法的束缚，这完全是为他的特殊及自私的目的，并不是有什么人道或正当的动机在内。因为这种不公平的缘故，促使英国为了使金雀花王系获得法国王位而和法国发生两次长久而残酷的战争，不过幸而这种企图终归失败。

《里普利安法典》（Ripuarian Law）始于莱茵河畔之里普利安族的法兰克人，该族的首都为科隆（Cologne）。这个法典的编制似乎较《萨利克法典》更迟，但是受到罗马法学影响的地方为数较多，因此有好几点是根据《萨利克法典》而改进的。在法兰克历史上第一个王朝即墨洛温王朝[2]（Merovingian）时期，法兰克王国常是四分五裂的。这个法典因为受到该国克洛维以后的几位继位者的采用而变得重要起来，但是仍没有流行多久，在这里我们无庸详细讨论它。

关于法兰克人，我们还要叙述的就是他们的国王从没有像意大利东哥特族之狄奥多里克王和上述其他野蛮部落的国王一样，打算在他们的领土内替他们的罗马人民编订一部罗马法的法典，或者颁布一种特别的法律以供他们使用。罗马人民大都仍旧尽量地在他们自己的法院中援用罗马法律。但是依勃良第之冈多巴德

---

〔1〕 民国版为“部罗涅的斯梯芬”。——点校者注

〔2〕 民国版为“墨罗温王朝”。墨洛温王朝（Merovingian Dynasty，481～751），欧洲中世纪早期统治法兰克王国的第一个王朝，相传以创立者克洛维的祖父法兰克人酋长墨洛温的名字命名。其领地包括大部分高卢，也就是现今的法国，存在于5世纪至8世纪之间，后为加洛林王朝所替代。——点校者注

王的主张或命令而制定的《勃艮第—罗马法典》[1]，在他以后很长一段时间内仍然为法国的罗马人所常常采用。

这时有一位伟大的中古欧洲的改革家，或且可以说是历来最伟大、最能干的法兰克帝王——查理曼，这是历史上唯一含有伟大意义的名字。查理大帝或查理曼在768年和他的兄弟卡洛曼[2]（Carloman）同为国王，在771年因卡洛曼之死，他便成为单独的国王。他的王位袭自他的父亲丕平（Pepin）和他的祖父，即著名的查理·马特[3]（Charles Martel）。马特曾在732年，在对抗来自西班牙和非洲回教徒侵犯的图尔[4]（Tours）大战中，拯救了欧洲和雅利安的文化，因此查理曼便继承到了很广大的王权。在他统治的43年中，他又把王国进行扩充，东北至波罗的海和维斯瓦河[5]（Vistula），西南至比利牛斯山[6]（Pyrenees）和

---

〔1〕民国版为“勃艮第罗马法典”，《勃艮第—罗马法典》即上文的《冈多巴德法典》。——点校者注

〔2〕民国版为“卡罗曼”。卡洛曼一世（Carloman Ⅰ，751～771），法兰克国王，768年～771年在位。他是“矮子”丕平之子，查理曼大帝之弟。——点校者注

〔3〕民国版为“查理士·马尔泰”。查理·马特（Charles Martel，676～741），法兰克王国宫相，丕平二世的私生子，查理曼大帝的祖父，其奠定加洛林王朝的基础，确立了采邑制度。他又是一位杰出的军事指挥官，最著名的一战便是于公元732年在图尔战役中阻挡了信奉伊斯兰教的倭马亚王朝所派遣侵袭法兰克王国的军队，此战制止了穆斯林势力对欧洲的入侵。——点校者注

〔4〕民国版为“都尔”。——点校者注

〔5〕民国版为“维斯杜拉”。维斯瓦河（Vistula），又译“维斯杜拉河”，是波兰最长的河流，发源于波兰南部的喀尔巴阡山脉，最后注入波罗的海。——点校者注

〔6〕民国版为“庇里尼山脉”。——点校者注

埃布罗河[1]（Ebro），东南从布列塔尼的菲尼斯特雷角[2]（Cape Finisterre）到阿尔巴尼亚山和意大利的贝内文托[3]（Benevento）。其实他把这个文明世界和拜占庭帝国（Byzantine Empire）即东罗马帝国彼此平分了。公元800年，教皇和罗马及意大利的人民因为他曾将他们从伦巴第国的铁蹄下拯救出来，于是便重用罗马皇帝的称号加以称呼，这个称号为他的各继承人所享有持续1000多年之久。这次罗马帝国的复兴可以说是罗马文化从遭遇了300多年野蛮人的黑暗中完全恢复出来。

亚历山大和恺撒的名誉与其说是从密议室（cabinet）中获得毋宁说是从战场中得来的。尤其是恺撒，他的才智除了从事破坏其国家制度外，如果说就其成就的价值而言，那么他并没有做过何种有价值的工作。查理曼也不失为一个大战士[4]，他的名字就是百战百胜的保证。他从来未遇到失败，他是一个最忍耐而且最豪爽的征服者。不过他的伟业不在征伐也不在于拓展其帝国，而在于建设欧洲的罗马文化。这种伟大的事业，不独非亚历大山和尤利乌斯·恺撒的才力所能胜任，或者即使此二人也还是一定

---

〔1〕民国版为“厄波尔”。埃布罗河（Ebro River），西班牙东北部河流，源出坎塔布连山脉，注入地中海。——点校者注

〔2〕民国版为“非尼斯特角”。菲尼斯特雷角（Cape Finisterre），位于西班牙加利西亚大区（Galicia）西海岸。“Finisterre”一词在拉丁语中意思是大地的尽头。在古罗马人统治伊比利亚半岛时，他们认为菲尼斯特雷角是欧洲大陆的最西端，连太阳都在此地淹没于海水中，于是他们在这里建造太阳神庙，并将此地称为“天涯海角”。——点校者注

〔3〕民国版为“贝尼温陀”。贝内文托（Benevento），意大利南部城市，位于拿波里东北部，曾是意大利古代重要的贸易中心。——点校者注

〔4〕此处据点校者推测，民国译者将“great as a warrior”译为“大战士”一词可能是借用日语中的和制汉字“大戦士”。——点校者注

要失败的。即在查理曼我们也可以说是未竟全功。因为这并非一个人一生所能完成的工作，虽然历经43年之久，但是他并没有子女或后裔能够善继其志。其实他们的子女或后裔在内战和争斗中都放荡[1]（dissipate）于祖父的余荫（glorious inheritance）中。因此基督教教会也就不得不亲自担任这种工作，其进行步骤很是迟慢，然甚是准确。因此查理曼的伟大事业对于他的后代并非没有用处。他的威名也永远地和恢复后代罗马法学和罗马文化的各种努力联系在一起。

查理曼的天才不但表现在打算统一其庞大的帝国和树立各地的和平以及善良的秩序，并且还极力地从事于罗马法学的恢复工作。人们所称的《查理曼法令》（Capitularies of Charlemagne）或者可说是在每年召开的帝国贵族会议[2]中所通过的制定法，对于融洽和团结在当时尚存在各种差别之民族具有很大的贡献。当他很技巧地把古代法律和条顿风俗的完全废弃予以控制时，他还企图将古罗马民法的范围加以扩张。按《查理曼法令》是由他的一个顾问官即丰特奈尔修道院院长安吉西乌斯[3]（Angesius）所

---

〔1〕 民国版为“淫荡”。——点校者注

〔2〕 民国版为“帝国之每年议会”，英文版为“great annual meeting of the notables of the Empire”。——点校者注

〔3〕 民国版为“封特涅尔的方丈安歧斯尼”，英文版为“Angesius, abbot of Fontenelle”。6世纪末，爱尔兰圣徒们抵达欧洲大陆，在法兰克先后建立众多爱尔兰修道院。在他们的努力下，许多法兰克贵族纷纷受洗并捐献土地，用于建立修道院，其中就有在鲁昂南部建立的丰特奈尔修道院。加洛林王朝时期，查理曼重用一批颇具学识的教士担任宫廷顾问，或令其起草敕令文书，参与中枢机要，或派其出任监察官，巡视地方。——点校者注

收集而出版的。当他的儿子“虔诚者”路易[1]（Louis le Debonair）继位后，复略予增加，总数达1697章。这就是说，该法共有1697章，后来又增到2100章。它们都是由条顿风俗和罗马法律合并而成的。但是照我们看来，这种合并是绝对地不可能，仅仅可以行于一时。在查理曼统治的势力下，它确流行于帝国以内。不过该法令中有许多是具有地方性的，那就是说，有些仅为法兰克人而制定，有些仅为伦巴第王国而制定，有些则为意大利中部之罗马人以及和罗马制度相接近的人而制定。这里无庸详细加以讨论。我们能够说的就是《查理曼法令》开了一条给泰西各国恢复到罗马法的大路，不过这个恢复需要许多年以后才告完全成功。

---

〔1〕民国版为“路易士拉得蓬里阿”。“虔诚者”路易（Louis le Debonair，778～840），法兰克国王，神圣罗马皇帝。查理曼大帝死后，“虔诚者”路易成为继承庞大帝国的唯一继承人。公元817年，路易依照法兰克的传统，将帝国一分为三，分给他的三个儿子，长子罗退尔一世（Lothair I，795～895）为意大利国王，次子丕平一世（Pepin I of Aquitaine，797～838）为阿基坦国王，三子“日耳曼人”路易（Louis the German，804～876）为巴伐利亚国王，这就是著名的“路易第一次分土”。——点校者注

第八章 罗马民法与条顿民族之普通法间的竞争——续

首先，关于黑暗时期中的历史，我们认为是包含着从阿拉里克起到查理曼为止的时期。其次，关于中古时代的历史则为从查理曼到美洲之发现的时期，可说完全是欧洲教会和政府间继续之斗争的历史。这个斗争一度是存在于教皇与法王之间，为关于保存由于墨洛温王朝的淫欲（lust）及卡佩王朝[1]的淫荡（licentiousness）所引起之攻击的神圣亲属关系和不可侵犯的婚姻关系。[2]还有一次是在罗马和神圣罗马帝国皇帝[3]（German Em-

〔1〕 民国版为"卡培之朝"。卡佩王朝（Capetian Dynasty，987～1328），雨果·卡佩在西法兰克王国国王路易五世去世后被选为西法兰克国王，开创了法国的卡佩王朝。——点校者注

〔2〕 据点校者考证，"墨洛温王朝的淫欲（lust）"是指查理贝尔特一世（Charibert Ⅰ，561～567），克洛泰尔一世（Chlotaire I，约497～561）的长子，是墨洛温王朝著名的放荡君主，其挥霍和乱伦行为很著名；"卡佩王朝的淫荡（licentiousness）"是指阿基坦女公爵埃莉诺（Eleanor of Aquitaine，1122～1204）的丑闻。埃莉诺与其夫法王路易七世（Louis VII，1120～1180）婚后不和，与人私通，使法国王室蒙羞，后要求教皇宣布婚姻无效，改嫁英王亨利二世（Henry II，1133～1189），此次联姻使法国丧失了1/3的领土。——点校者注

〔3〕 民国版为"日耳曼帝皇"。——点校者注

perors）之间，这是关于他们所称谓的授爵权[1]（investiture），就是说教会的主教是政府的隶属还是应该受命于罗马，而绝对不受可恶之封建制度的控制。还有一次则为罗马和英国金雀花王系间的争执，其目的在于防止主教为国王权力的极度控制。结果在大宪章第1款中曾予规定，即英国的教会永远是自由的。[2]随时随地，教会都在那里反对诸侯（baron）的掠夺行为。这种竞争常为一般偏见、个人之野心以及教士们的无节制和无法纪所蒙蔽。这虽是偶然的，然在封建主义[3]（feudalism）的无节制和无法纪则常常是继续下去的。不过在一般明达的历史学者都觉到在罗马文化与条顿族的野蛮人间，在为求自由而奋斗的人与无知的专制暴君间，在道义上与特权间，在有法律与无法纪间，在基督教与奥

---

〔1〕公元11～12世纪，神圣罗马帝国皇帝同罗马教皇为争夺主教继任权发生激烈斗争，这不仅是争夺教会控制权的斗争，也是中央王权同地方封建分离主义势力的斗争。——点校者注

〔2〕英格兰“失地王”约翰（John Lackland，1167～1216）在多件事情上明目张胆地违抗罗马教廷，特别是在坎特伯雷大主教的任命权上冲突激烈。于是，教皇英诺森三世（Innocent Ⅲ，1160～1216）在1207年将约翰开除了教籍，还将英格兰排除出基督教区长达数年之久。英诺森三世还准备支持法王腓力二世（Philip II，1165～1223）进攻英格兰，约翰终于妥协，接受了教皇的大主教人选，并在1215年的《大宪章》（*Magna Carta*）第1条中规定：“……永远保障英格兰教会的自由，使它享有充分的权利及自由，不受任何干涉，由最近的自由选举就可证明之，因就英格兰教会而言，这是十分重要且需要的，因此我们的这种完全自由、不受限制之权利，就应被赏赐及藉由我们的宪章确定之，且又得到我们的主教宗英诺森三世的批准……”——点校者注

〔3〕民国版为“封建诸侯”。——点校者注

丁（Odin）教[1]间常常是在那里斗争着。这是一种智慧和强力间的斗争。虽然人们每慑于为真理、公道（justice）和人类自由的最后胜利所强迫付出之代价，但是这种斗争的最后结果是毫无疑问的。许多英国的著作家，对于他们自己之封建主义制度的偏见和屈服[2]的执迷，有意地误解这种争斗的性质，可是聪明的人们现在都赞赏着它的真实的性质。

封建制度建立在欧洲中部、南部和西部。即如德意志自己以为不须要这种制度，但是也受着它一般的影响。至东欧方面，也屈服其下。只有保持罗马残余领土之伟大的拜占庭（Byzantine）帝国以及意大利若干城市还仍保存着罗马的自由精神。还有从未受外人征服过的亚得里亚群岛[3]（Adriatic）上的威尼斯自由市，也保存了罗马的制度。热那亚（Genoa）、米兰（Milan）、佛罗伦萨[4]（Florence）、比萨（Pisa）和阿玛斐[5]（Amalfi）也痛恨那个恶制。至于罗马本身虽然时为北部的敌寇所侵入，可是从未和罗马法割断关系。每个城市、每个乡镇都成为基督教会主教的立

---

〔1〕奥丁教（the religion of odin），古代流行于北欧地区的密教，因崇拜北欧神话体系中的主神奥丁而得名。奥丁密教和古代希腊、波斯的密教极为相似，掌管密教系统的12名大神官来自占星术体系，象征着黄道十二宫的运行，同时也是北欧神话中奥丁的“12个神圣而不可泄漏的名字”的人格化。大神官垄断艺术和教育，负责挑选志愿者和执行考验的仪式，并对合格的志愿者传授奥丁的秘密。和其他大部分密教一样，奥丁密教在基督教入侵之后逐渐湮灭。——点校者注

〔2〕民国版为“屈伏”；英文版为“submission”。——点校者注

〔3〕民国版为“亚得里得群岛”。亚得里亚海（Adriatic Sea），地中海的一部分水域，分开了亚平宁半岛和巴尔干半岛。威尼斯位于亚得里亚海北部。——点校者注

〔4〕民国版为“佛罗兰斯”。——点校者注

〔5〕民国版为“阿马斐”。——点校者注

足地，同时也成为保存罗马精神的地方以及宣传人道自由主义的中心。在基督教影响之下，不仅是意大利各大城市，就是莱茵河畔及波罗的海之著名的汉萨同盟一带地方也在拥护着罗马的主义并恢复了罗马的法学。

这种反应颇能持久。这似乎是受到12世纪即1137年在阿玛斐地方发现的整套优士丁尼《法学阶梯》的大激动（greatly stimulated）。虽然这次发现为什么如此的重要，我们不很明了。盖当时意大利各城市对拜占庭帝国的贸易仍然维持着，而对于罗马法的研究在这个半岛上从未中止过。近代最早的大学即著名的博洛尼亚〔1〕（Bologna）大学，也毫无间断地教授着罗马的法学。这个大学直到最近还是意大利一个保存罗马自由精神的机关。但是不论它是基于任何理由，我们无论如何都可断定在阿玛斐所发现的优士丁尼《法学阶梯》，对于罗马法的研究是有极大裨益的。当时初兴的意大利共和国开始了它们具有伟大计划的发展，它们都把全部的罗马法做它们法制的基础。莱茵河畔的自由市也步着它们的后尘，即如法兰西、德意志等重大的封建王国也受到了影响。封建制度的退让虽然在顽强地逐步奋斗着，但是它仍难与人类文化的前进相抵抗。

以前已经说过，幸而有许多外来的事物协助着这个伟大的运动。在时间上说，最初就是十字军，大约历200多年之久，即从1096年到1270年。许多封建诸侯都加入十字军，但是大都无法生返。他们有许多人把在他们管辖内之贸易团体的特权扩大着，以便从事于十字军之用费的征收。这种特权后来继续存留着。十字军的目的很伟大而管理又严厉，所以在许多方面对于人道主义

---

〔1〕 民国版为“波伦亚”。——点校者注

都很有利。法国的英明国王路易九世[1]，又称为“圣路易”(St. Louis)，曾领导两队最后的十字军。他是一位能干而聪明的立法家，对于法国的法律有许多改进，还有在他的其他改革中，他废除了法国的神判法和决斗法——这种风俗我们已经说过是从萨利安族的法兰克人遗传下来的。路易九世的“敕令”（Establishment）是值得称为做《查理曼法令》的补充的。他所编定的法兰西法，直到路易十四[2]的时候在实质上全无改变。我们实在不用再说，即路易九世的“敕令”是直接录自罗马民法而且也是受着罗马的影响的。

罗马法的内容所以能够存在及活跃是因为基督教教会把它当作教会自己所有的法律。罗马基督教的教会法[3](canon law）是从罗马民法发展出来的。在君士坦丁大帝继位起到西罗马帝国灭亡止，是教会比较自由的时期。此后教会法的进展继续不停，其卷帙遂因教会之势力及影响的增加而繁殖起来。有些人以为这种势力和影响是同罗马帝国之灭亡而扩张。一因当时教会常常出面保护人民从事反抗野蛮征服者压迫和虐待的活动；一因后来教会的主教为环境所迫不得不获取广大政权，或与各当权者处于平行的地位。然常超出各大封建贵族之上。有许多事情以前多少是受普通政权（civil authorities）所支配，可是后来则归入教会法权(the cognizance of ecclesiastical law）的管辖范围。而各地的主教

---

[1] 路易九世（Louis IX，1214～1270)，被尊为“圣路易”，法国卡佩王朝第九任国王。他因拥有虔诚的基督教信仰，领导十字军东征，执法公正被奉为中世纪法国乃至全欧洲君主中的楷模。——点校者注

[2] 路易十四（Louis XIV，1638～1715)，自号“太阳王”，法国波旁王朝著名的国王，纳瓦拉国王，巴塞罗那伯爵，他的执政期是欧洲君主制的典型和榜样。——点校者注

[3] 民国版为“寺院法”。——点校者注

们且有他们自己的法院，完全和封建的法院（feudal tribunal）无关，甚至他们还常常兼有两种法院的职权。不过对于两种法院的案件却郑重地把它们分开办理。因此关于婚姻的事件，教会主管人的民事行为，财产拨充教会使用的行为以及各种类似的事件，都从封建诸侯权力中全然改属于教会法权（ecclesiastical jurisdiction）之下。因之各男修道院（the monastery）、各女修道院（the convent）〔1〕都成为无数的真正共和国。其实封建领土内最初的立宪共和国（Constitutional Republic）和封建主义的信条是绝端相反的。这些事情都使宗教法（ecclesiastical Law）十分发达，而且自然地与罗马民法站立在一条平线之上。所以罗马之教会法是由历来的教皇和主教以及教会的会议发展出来的，正与罗马民法之由裁判官和注释家发展出来的相同。

因此，当教会法像民法一样地增多的时候，便需要着系统化。当时与盖尤斯、帕比尼安和特里博尼安的作品并行的是博洛尼亚大学的学者格拉蒂安努斯〔2〕（Gratianus）在1150年替教会所编制的作品。格拉蒂安努斯从一团纷乱的规则中，编出一部关于全部宗教法的简单、适当而且易于明了的注释，后来我们称它为《教会法大全》（Corpus Juris Canonici），正如以前称呼由于优士丁尼的命令所编纂而成的《国法大全》（Corpus Juris Civilis）的名称一样。格拉蒂安努斯曾在那里充当过教授的博洛尼亚城，为这两种巨著的研究中心，历时颇久。在这个著名大学中最令人注意的就是它最初颁给法学博士（LL. D.）的学位，意即罗马民法及罗马教会法的博士。

与其说是罗马法本身的力量，毋宁说是间接地经由教会法才

---

〔1〕 民国版为“各寺院各尼庵”。——点校者注

〔2〕 民国版为“格累喜挨那斯”。——点校者注

能够阻止封建主义的进行而且于后来竟把该项制度推倒了。教会法是教会用以对付封建主义之野蛮风俗的直接武器。

罗马法主义之受教会影响的更进一步的发展是关于所有人死亡后对其动产之处分的事情。本来我们都记得，封建土地保有(feudal tenure)是终身的。当实际占有人（occupant）死亡时，他所占有的财产便要归还封建领主。[1]在采用承继权时，也不过是限于不动产而已。其实在我们现在的制度中也不过是适用于不动产。除了对于某物认为是家传者以外，通常是没有动产之承继这种东西的。动产仍然是属于封建的领主。的确，在封建主义的领土和势力内是没有多大的动产的。牛羊和农具构成了动产的大部分，但是当所有人[2](owner）死亡后，这些少许的部分仍然为封建领主所掠有。他的妻孥所能够享有的便很残酷地全被剥夺了。如果我们称那种卑陋的风俗为法律而不以为亵渎的话，那么这个法律就是一种无情的压迫和错误，因此可知教会权力的强烈干涉并非不当。这是要诉诸封建领主的“良心”，或者我不应该在这里引用“良心”这个字。总之教会曾公然攻击希图反对封建主义者所主张实行的封建特权。最后教会为死者之家族及亲属的幸福起见，竟达到把死者的财产归入其所有的财产[3](own pos-

[1] 民国版为“本来我们都记得，诸侯的任期是终身的。被封的诸侯死亡时，他所占有的财产便要归还封建君主”；英文版为“Originally, as it will be remembered, the feudal tenure was only for life. Upon the death of the occupant every feudal holding reverted to the feudal lord”。——点校者注

[2] 民国版为“占有人”。——点校者注

[3] 民国版为“占有”。——点校者注

session）中。因之每位教会常任法官[1]（ordinary）或主教在他的管辖区域以内，遇有任何死亡便立刻成为所管区域中一切动产的合法保管人（custodian）或执行人（administrator）。每逢发生一案，便把执行权委托于另一适当之人，至于他本人则仅仅握有监督其执行人之是否适当的权力罢了。

在欧洲大陆上，因罗马法的复兴与扩张，所以这种教会法权的消灭比较早些。在英国则至最近一世纪的中叶时，教会法权还维持着原状。关于死者动产的执行不算是该国普通法中之一部，而是属于教会法的权限。处理此种事务的法庭，因为是按照遗嘱以传袭动产，所以便称为遗嘱检验院[2]（Court of Probate）。这是主教们的法庭，他们所行使的法律显然是教会法和罗马民法。这

---

〔1〕 民国版为“僧正”。教会常任法官（ordinary），指所有行使固有管辖权（ordinary jurisdiction）的神职人员，即他从所任职务中自动获得管辖权，不同于授权管辖权（delegated jurisdiction）。该管辖权归属教皇、大主教、主教和某些低级神职人员，大主教是整个教省的常任法官，他巡查并受理下级辖区的上诉。在英格兰教会法中，当主教或代理主教担任常任法官（judex ordinarius）或具备司法权力时行使固有管辖权。据点校者考证，僧正为僧官名，十六国时期后秦始立，统管秦地僧尼，南朝历代亦设。唐以后于州立僧正管理地方僧尼事务，见唐白居易《大唐泗州开元寺明远大师塔碑铭序》：“元和元年，众请充当寺上座。明年，官补为本州僧正。”可见，民国版本翻译时语词含义对应不妥。——点校者注

〔2〕 民国版为“遗嘱检认庭”。在英格兰，根据1857年《遗嘱检验法院法》（*Court of Probate Act*），所有宗教法庭、领地法庭、特权法庭以及其他法庭在遗嘱检验和遗产管理方面的管辖权终止，由遗嘱检验法院行使，1873年的《司法组织法》（*Judicature Act*）又将其管辖权转入高等法院遗嘱检验、离婚和海事分庭，现在争议事项由衡平分庭受理，非争议事项由家事分庭受理。——点校者注

种惯例对于美国法律很有影响。虽然美国人的祖宗于导入英国的普通法时不能而且未曾附带把英国的主教和宗教法庭一并传入，但是他们不得不立时利用制定法来设立一种相同的特别法院以补充其缺点，这种法院通称为“孤儿法院”[1]（Orphans' Court）或“遗嘱检验院”。但是奇怪得很，他们所使用的通常仍是罗马法。最显著的就是美国对于分配动产的法律完全是采用罗马民法。美国人虽曾保存了教会法权的遗迹，但这种法权的执行，主教们毫不受着封建制度的拘束。

关于教会和封建势力之关系，布莱克斯通常误会或故意欺瞒我们，使我们相信国王是自动地放弃他们对于无遗嘱而死者之动产的权利，让教会常任法官或主教代替他们分派。有时教会常任法官们对所受的信托不足信赖，因此始制定了两种法规，即《13Edw. Ⅰ.，Chap. 19》，另一则为《31 Edw. Ⅲ.，Chap. 10》[2]，强使他们执行所信托的财产，并委任死者之家族或密友代为行使。如果我们仔细地研究这两种法规和它们所制定的环境，我们就可以知道这位大注释家是故意地把其旨趣和意义作着虚伪的表示。

---

〔1〕孤儿法院（Orphans' Court），美国马里兰州（Maryland）和宾夕法尼亚州（Pennsylvania）对遗嘱检验、不动产遗产管理、孤儿抚养与监护等事宜有一般管辖权的法院。——点校者注

〔2〕据点校者考证，这两个法令分别为爱德华一世（Edward I，1239～1307）和爱德华三世（Edward III，1312～1377）所颁布，以爱德华一世的《威斯敏斯特第2条例》（又称《限嗣遗赠条例》）最为有名。它是爱德华一世于1285年颁布，全文50条，主要内容为设定土地限嗣继承制，凡属不许出售或不许以任何方式转让给家族以外的土地，只能由直系卑亲属继承，不得由尊亲属或旁系亲属继承，也不得自由转让，但可以用以清偿经法院判决应予履行的债务。爱德华三世也曾明令禁止教徒将土地捐赠给教会，否则一概没收。——点校者注

这种法规的制定是依主教们的恳请使英国有一种统一的法律为目的。至于这种法律对于主教或教会常任法官们之是否保持其信托并没有什么问题。即使遇有违反的时候，也不过是个人的事，并没有和我们对于教会从国王或封建领主手中夺得死者之动产权的举动是在于阻止封建主义的发展以及在于恢复罗马法主义之势力的这个意见相违反。

当意大利共和国和莱茵河流域以及波罗的海沿岸各大自由市的发达而恢复了贸易时，罗马法的采用也因之而流行起来。条顿野蛮人曾蹂躏着拜占庭帝国以外的欧洲各地，他们并不需要商业。他们——至少他们的一部分——曾对海洋和陆地加以骚扰，目的在于劫掠。他们在海里是海贼，在陆上则为强盗。[1]但是当意大利发生反响（reaction）时，意大利各共和国便繁盛起来并且都从事于商业。威尼斯、热那亚、比萨、阿玛斐等城市的商船和拜占庭帝国及黎凡特[2]（Levant）都彼此往来贸易，尤其是在十字军以后，激动（give an impetus）了对地中海的贸易。因此便需要制定一种关于贸易的规则。这种立法的原则可从罗马法中寻找出来，但据罗马的作家则认为罗马又是从罗德岛人（Rhodian）那里传来的。在欧洲1000年至1300年的300年中编成了三部著名的海

〔1〕 据点校者考证，此处可能指北欧的维京人，他们在公元8世纪后期开始攻击性地入侵欧洲沿岸，实施劫掠。——点校者注

〔2〕 民国版为“利凡得”。黎凡特（Levant）是一个不精确的历史上的地理名称，它指的是中东托罗斯山脉以南、地中海东岸、阿拉伯沙漠以北和上美索不达米亚以西的一大片地区。“黎凡特”一词原本适用于“意大利以东的地中海土地”。历史上，黎凡特于西欧与奥斯曼帝国之间的贸易担当重要的经济角色，是中世纪东西方贸易的传统路线，是阿拉伯商人通过陆路将印度的香料等货物运到黎凡特地区，威尼斯和热那亚的商人从黎凡特将货物转运欧洲各地。——点校者注

商法典——一部是《康梭拉多海商法典》[1]（Consolatodel Mare），适用于地中海各城市中；第二部是《奥列隆法》[2]（Laws of Oleron），流行于英国及法国；第三部则为《维斯比法》[3]（Laws of Visby），它统治了波罗的海之汉萨同盟中的各大自由市。

这三部法典中最旧的是《康梭拉多海商法典》或称为海洋法（Regulation of the sea）。有的说是在西班牙之巴塞罗那[4]（Barcelona）编订的，这个地方是西班牙国现在主要的港口。有的则说是编制于意大利的比萨，这个地方当时与威尼斯和热那亚同为意大利半岛中最大的贸易都市。其最初颁行的日期我们不知道，但系在1096年的第一次十字军以前的时候。这是一部包括一切关于海上事务的无数的规则，内容虽然没有多大次序，但是仍能以最富有自由及平等的精神见称。对于船只的所有权、船主及船长

---

〔1〕民国版为"《康梭拉杜地美尔法》"。《康梭拉多海商法典》（*Consolatodel Mare*），又称《海事习惯法汇编》，指由阿拉贡王国（Aragon）以及其他地中海沿岸城市的商业法官（consuls）所采用的欧洲海事习惯以及条例的汇集。——点校者注

〔2〕民国版为"《鄂列伦法》"。《奥列隆法典》（*Laws of Oleron*），一部被欧洲各国作为本国海商法的依据和基础予以接受的海商法法典。该法典由吉耶纳的埃莉诺（Eleanor of Guienne）于12世纪在法国西海岸的奥列隆岛（当时为英王领地）颁布，并在理查一世、亨利三世和爱德华三世时期一直被英格兰采用。——点校者注

〔3〕《维斯比海法》（*Laws of Visby*），15世纪以波罗的海地区哥特兰岛（Gotland）的汉萨同盟城市维斯比命名的一部海法集。似乎主要依据《吕贝克法典》（*Code of Lubeck*）、《奥列隆法典》（*Laws of Oleron*）以及《阿姆斯特丹海商条例》（*maritime ordinance of Amsterdam*），并且还包含与接受了哥本哈根的海法及海商法和波罗的海广为适用的海法及海商法。英格兰法院直到1759年仍引用该法作为依据。——点校者注

〔4〕民国版为"巴塞罗纳"。——点校者注

的责任与义务、船员的义务及工资、运费、海难救助、船只遇险时船中货物之抛弃、共同海损、战时之中立权等问题都有规定。其实这都是今日一般文明国家归入海上法和海商法里的问题，而其原则又为各国所共同采用。这部法典并非我们所知道的一部最早之中古时代地中海的法典。据说以前还有一部在阿玛斐编成的，当时阿玛斐正是意大利最著名的海港，这部法典称为《阿玛斐铜表法》。可是《阿玛斐铜表法》却给《康梭拉多海商法典》顶替了，后者于是便成为中古时代各时期之地中海的海商法，一直到了比较近代的时期还流行着。它们两种都自认是以罗马民法为根据的。封建主义的习俗对于它们不独毫无贡献，反而成为它们的仇敌，而且它们又是绝对地和封建主义的信条相反。

因《康梭拉多海商法典》的影响产生了第二部的伟大的海商法典，即《奥列隆法典》。这大约是在1150年编订的。一般人都以为它是由一位妇人埃莉诺[1]（Eleanor）才成功的。这个妇人是吉耶纳[2]女公爵[3]（Duchess of Guienne）。起先是法王路易七世的王后，后来离婚，便嫁给英国金雀花系第一代国王亨利二世。据说当她还跟着她的第一个丈夫路易七世时，曾随了第二次十字军来到东方，在那里她认识了当时正流行在黎凡特地方的《康梭拉多海商法典》。她觉得很适合于她的吉耶纳封邑内的人民的使用。在那个时候该地在大西洋沿岸有很大的贸易。于是她便将它

---

〔1〕 民国版为“挨拉诺”。据点校者考证，此处指法国卡佩王朝的国王路易七世（Louis VII，1120～1180）的前妻阿基坦女公爵埃莉诺（Eleanor of Aquitaine，1122～1204），她私通的丑闻使法国王室蒙羞。——点校者注

〔2〕 民国版为“歧恩”。吉耶纳（Guienne）即阿基坦（Aquitaine）的古称，又作“阿奎丹”。——点校者注

〔3〕 民国版为“女伯爵”。——点校者注

稍为增减遂施行于吉耶纳岸外之当时被认为法国西南部的贸易中心地的奥列隆小岛上。不久英国和法国也用《奥列隆法典》这个名称而把它采用起来，到了今日仍是这个名称。据说这个法典的导入英国是由于埃莉诺本人或由于她的儿子“狮心王”理查（Richard Coeur de Lion）。这个法典那就是今日文明世界所通用的海商法，其中仅有多少的改革罢了。如果吉耶纳的埃莉诺曾促成（inspire）或编订《奥列隆法典》，那么我们除了对于历史上关于她的评判以外更要表示其钦佩了。但是她之促进这种工作的实行，似乎并非她的卑劣而淫佚的儿子“狮心王”理查所可及。

中古时代三部伟大海商法典最后的一部是《维斯比法》，大约是在 1288 年编纂的。维斯比是波罗的海哥特兰〔1〕（Gotland）岛的首都，并且又是著名的汉萨同盟的共同首邑。这个同盟是欧洲北部各大城市的联盟，由吕贝克（Lubeck）、不莱梅（Bremen）、汉堡（Hamburg）和但泽（Dantzig）发起的。〔2〕它一度曾包含有 70 座城，其中若干是在德意志的内部，例如不伦瑞克（Brunswick）、法兰克福（Frankfort）和博洛尼亚。有些竟远在俄罗斯国内，例如诺夫哥罗德〔3〕（Novgorod）。这个同盟大约始于 1250 年，有的说是早在 1164 年的时候。同盟的目的在共同抵御海陆上的强盗以及德意志之强盗式的贵族和丹麦、挪威的海盗。它一方面和封建制度极端仇视，一方面则和北海的海盗势不两立。这个同盟是攻守的性质，并且设有共通的权利和义务的规定，即市民的公民权也包括在内。它们为了极力避免相互间的摩

---

〔1〕民国版为“哥德兰”。——点校者注

〔2〕民国版为“由留培克（Lubeck）、布勒门（Bremen）、汉堡（Hamburg）和丹泽（Dantzic）发起的”。——点校者注

〔3〕民国版为“诺弗哥罗”。——点校者注

擦，特制定了一部海商法典，颁行于维斯比地方。和《奥列隆法典》及《康梭拉多海商法典》大略相同，大部分内容采自该两部的法典。这部法典后来屡经修正和补充，最后当1614年在吕贝克所召开的各城市大会议中，完成了它最后的体裁，于公布时便称为《汉萨同盟海事敕令》[1]（Jus Hanseaticum Maritimum）。不过在这个时候以后，该同盟已经凋谢。其中只有三个城市能够维持到19世纪，到了这个时候才被迫加入新德意志帝国。这三个城就是汉堡、不莱梅和吕贝克。汉萨同盟存在的时候是封建制度的劲敌，至于它们海商法的制度则对于破坏封建主义的陋俗立有很大的功绩。

直到法国路易十四登极时才把世界的海商法做到臻于完备的地步，可是还和上述三部著名的法典站在同一线上，并且也是在罗马法学之进展以内。在著名的柯尔贝尔[2]（Colbert）之影响和协助下产生了两种法令，一种是在1673年公布的，一种则公布于1681年。柯尔贝尔是路易王的总长（secretaries of state）和海军大臣（minister of marine）。这两种法令包含所有海商法和贸易法的整个范围，并包括《奥列隆法典》、《维斯比法》和《康梭拉多海商法典》的一切内容，而顶替了它们三者的地位。这两个

---

〔1〕民国版为“汉撒海洋法”。1614年，汉萨同盟在吕贝克召开的全体会议上决定，将《奥列隆法典》和《维斯比法》一同并入1597年的《汉萨同盟海商法》中，并命名为《汉萨同盟海事敕令》（*Jus Hanseaticum Maritimum*）。——点校者注

〔2〕民国版为“科尔伯特”。柯尔贝尔（Colbert，1619～1683），法国政治家，长期担任财政大臣和海军国务大臣，是法王路易十四时代最著名的政治人物之一，在他主持下编纂了1673年《陆上商事条例》（*L'Ordonnance pour le Commerce*）和1681年《海上商事条例》（*Ordonnance pour la Marine*）。——点校者注

法令的规定在条文上是非常公正、精巧和完美，因此差不多立即为一般人所采用。今日文明世界的一切商法、海上法和海商法都以它们为根据。这种商法、海上法和海商法都是各文明国家的法院依相同的原则和程序所执行的国际法的一部。1760 年由曼斯菲尔德勋爵〔1〕(Lord Mansfield) 导入使用于英国。(见 case of Luke v. Lyde，2Burrow，882.) 它也是美国的海商法。

封建主义如何不能流行于海商法的范围中，以及封建制度的势力在海商法的扩张之下是怎样地尽被淹没，那是很显明的。二者间的竞争是各国的殷鉴，而其结果也为人们所共知。

让我们暂时提到德意志罢。在德国中古时期的历史中，封建制度和罗马法间曾发生一种很特殊的冲突。由封建制度的发生原因看来，这种制度在德国之十分发达似乎奇怪得很。但是德国南部和西部却完全罗马化，而这些罗马化的德国人正如高卢人、西班牙人和意大利人一样，仍然变成为他们条顿族野蛮人的战利品。在这些野蛮人中并没有什么友爱和爱国的观念，也没有民族的意识。他们除了屠杀和劫夺等的同一毫无区别的欲望以外，绝无任何团结精神。德意志，也和西班牙、高卢以及意大利一样地受着征服和同化而陷在封建制度的影响之下，而且比其他各国更厉害，更加要坏。因为

---

〔1〕曼斯菲尔德（William Murray Mansfield，1705 ~ 1793)，英国法学家，曾任皇家法院首席法官。他是使英国法适应国家工业化要求、适应发展国际贸易和殖民地关系的第一位法学家。其功绩在于对英国商法的贡献，被誉为英国“商法之父”。曼斯菲尔德勋爵在 1756 年 ~ 1788 年任英国王座法院院长时期，在其著名的 Luke v. Lyde 一案的判决中提及《奥列隆法》(*Laws of Oleron*)、《康梭拉多海商法典》(*Consolatodel Mare*)、《维斯比法》(*Laws of Visby*) 以及《海上商事条例》(*Ordonnance pour la Marine*) 时指出：“海商法并非某个特定国家的法律，而是各国之间共同的法律。”——点校者注

高卢人、西班牙人和意大利人之民族主义的意识曾使他们的野蛮君主也受到同一沾染，但是当时的德国人对于这种精神尚付阙如〔1〕或者从来未曾有过。至于他们的团结工具是最脆弱不过的，那就是所谓人种的关系。结果我们在地理上所称的德意志是区分为1000多个的小封邑，由许多暴乱的诸侯统治着。即在查理曼的帝国分裂时，皇帝称号移于德国，但这个皇帝也是没有权力对在其封土内的诸侯加以干涉的。因此德国成为封建制度中最完全的典型，即在今日也比欧洲任何国家存有封建制度更多的遗迹。

经过许久以后为要防止封建制度的极端，遂有一种秘密而非法之法院的创设，大约是在1179年创立于威斯特伐利亚〔2〕（Westphalia）的地方，称为“秘密法庭”〔3〕（Vehmgerichte）。此

---

〔1〕 民国版为“尚付缺如”。——点校者注

〔2〕 民国版为“威斯特发利亚”。——点校者注

〔3〕 据点校者考证，此处的“秘密法庭”是指费米克法庭。费米克法庭（Vehmgericht/fehmic court），中世纪威斯特伐利亚地区的法庭。1180年，当威斯特伐利亚成为了科隆大主教的公爵领地后，威斯特伐利亚的司法制度便具有了科隆的特色：在每个郡县，法庭审理轻微案件，每年进行三次巡回审判，其审判人员由自由民组成。在13世纪时，由于法庭常驻人员（Freigrafen）过于膨胀以至于有必要限制其数目，最后法官席位稳定在2~3个。自1300年后，威斯特伐利亚的司法名望上升，其管辖范围扩展并覆盖了整个德意志。其审理方式有两种：其一是“公开审理”（the offenes Ding），即所有自由民均可列席旁听，主要审理财产犯罪和普通轻罪（ordinary misdemeanours）；其二便是“秘密审理”（the Stillding），仅有法官、双方当事人以及地方要员（Schöffen）参加，至1500年，秘密审理完全取代了公开审理。然而，其因秘密审理、处罚严酷等弊端在1811年被威斯特伐利亚国王热罗姆·波拿巴（Jérôme-Napoléon Bonaparte，1784~1860）废除。——点校者注

种法院之起源和历史我们不大知道。这种非常法院的存在，是没有什么法律根据的。它的审判是依照所谓正义的自然原则去禁止一切的压迫和恶行。开庭时是秘密的，法院人员也非外人所知，判决的执行更极端守着秘密。这种法院大约维持到 300 年之久。这的确对于强盗式的贵族之非法行为的抑制有很大的效力。所以这种法院当然只能在以犯法和骚乱为日常生活的地方继续存在。

在德国因封建主义的创立，同时又种下了罗马制度的种子。欧洲各地都没有像德国教会中的主教和僧侣之对于俗务获得那样广大的权力。他们许多都成为该帝国的亲王，并且在他们的领土内握有独立处理事务的权力。科隆（Cologne）、特里尔（Trier）、美因茨（Mayence）、明斯特（Munster）、马德堡（Magdeburg）、帕德博恩（Paderborn）、奥斯纳布吕克（Osnabruck）、希尔德斯海姆（Hildesheim）、不莱梅（Bremen）和吕贝克等的主教都获有政权。[1]各男修道院、各女修道院的院长[2]（abbot and abbess）们也都成为各小独立国的统治者。因此，大约在 13 世纪末叶，德国境内约有 100 多个属于教会管辖的国家。现在我们可以谈到这种情形在封建主义和罗马法律的竞争中究竟有什么意义。主教们是浸淫（nurture）在罗马法制度中，他们憎恶封建主义的习俗，他们并不想永久保存在他们原来的范围以内。结果在各教会管辖的国家中多少都采用或恢复了罗马法。这在我们上述的北部大自由市，即所谓汉萨同盟显然地也发生着同样的事情。

---

〔1〕 民国版为“哥伦（Cologne）、德里佛斯（Treves）、马因兹（Mayence）、蒙斯德（Munster）、马得保（Magdeburg）、巴得蓬（Paderborn）、俄斯那堡（Osnabruck）、希尔得斯海姆（Hildesheim）、布勒门（Bremen）和留培克等的主教都获没有政权”。——点校者注

〔2〕 民国版为“住持”。——点校者注

上述各项都是关于罗马制度和封建主义同时在德国创立和发展的情形。即如德国历代君主获得了罗马皇帝的尊号，德国帝皇之常常莅临罗马接受加冕，他们不仅具有恢复罗马帝国的奢望，还要恢复一切与该帝国有关事件，当然包括罗马法在内。凡此种种都是德国恢复罗马法之原则的有力动机。“马丁·路德宗教改革”〔1〕(Lutheran Reformation) 增加了诸侯的权力，以致使这种活动受到障碍。因此诸侯们在他们的领土内便成为专制君主，并且感觉封建主义较诸罗马法学更适合于他们自私的目的。但是最初出现于北美独立战争〔2〕(American Revolution) 中不久又在欧洲发生了响应，而且也引起了1789年之法国大革命的自由精神，同时也在德国开始发动着。于是便使大部分以罗马法为根据的普鲁士和奥地利〔3〕(Austria) 的新法典公布了，而最后又使德国各邦都采用了《拿破仑法典》。

这个伟大的竞争还有另一局面，即在这次竞争中“基督教教会奠定了近代国际法的基础。所谓国际私法（或称 Conflict of Laws)”，在外事裁判官〔4〕(Praetor peregrinus) 时便已完全发达。这是用以审判罗马市民与驻留罗马之外来侨民的案件以及各国侨民间所发生的争执。近代文化对于此项罗马法很少有所增益，但是到了中古时代基督教才把它扩大使用到国家上面，并根据着平等和正义（justice）的原则以及基督教的教条进而把它放在国际中，彼此互相适用。封建制度仅为一种有组织的掠夺行为，目的在使各个国家封邑以及各个

---

〔1〕 民国版为“路德大改革”。——点校者注

〔2〕 民国版为“美国大革命”。——点校者注

〔3〕 民国版为“奥大利亚”。——点校者注

〔4〕 民国版为“罗马裁判官 Peregrinus 氏”。——点校者注

人民成为其他国家封邑以及其他人民的敌人。封建制度是这样一种社会状态：每个人都能够有武器，可以说每个都是睡在武器上面，等候着战斗号角之到来，而且每个外邦人民在表面上都被认为是他们的敌人。但是基督教教会却不断地企图宣扬一种激动的情绪，劝导各国防止边境的战争，并将它们的争执交付公断。因此在中古时期许多国际的争执都是由罗马教皇充任公断人员。我们可以追溯到该时期末叶所发生的一件与美洲有关而为美洲人民所最感兴趣的案件。

15 世纪末叶哥伦布发现美洲时，西班牙和葡萄牙先于欧洲及全世界各国而从事航海事业。当时伟大的热那亚人阿隆索·德·奥赫达〔1〕（Alonzo de Ojeda）和亚美利哥·韦斯普奇〔2〕（Amerigo Vespucci）以及其他著名的探险家均为卡斯提尔（Castille）和莱昂（Leon）而从事于发现和开垦新地的工作。当时巴尔托洛梅乌·迪亚士〔3〕（Bartholmeu Dias）受葡萄牙之托沿着非洲南岸前进并绕过好望角〔4〕（the

〔1〕 民国版为“阿隆斯地俄哲达”。阿隆索·德·奥赫达（Alonso de Ojeda，1468～1515），文艺复兴时期欧洲航海家和探险家。他参加了哥伦布的第二次航行，曾在南美加勒比海岸进行探险活动，并为委内瑞拉命名。他曾被任命为加勒比哥伦比亚海岸地区的总督。——点校者注

〔2〕 民国版为“阿美利哥米斯浦契”。亚美利哥·韦斯普奇（Amerigo Vespucci，1454～1512），意大利的商人、航海家和探险家，美洲（全称亚美利加洲）是以其名字命名的。——点校者注

〔3〕 民国版为“巴托罗矣提阿士”。巴尔托洛梅乌·迪亚士（Bartholmeu Dias，1450～1500），葡萄牙著名的航海家，于 1488 年春天最早探险至非洲最南端好望角，为后来另一位葡萄牙航海探险家达·伽马开辟通往印度的新航线奠定了坚实的基础。——点校者注

〔4〕 民国版为“好望岬”。——点校者注

Cape of Good Hope)，他是埃及王尼科法老[1](Pharoah Necho)以后做到这个航行工作的第一人。步他后尘的则有葡萄牙大航海家瓦斯科·达·伽马[2](Vasco da Gama)。他航行经过莫桑比克海峡[3](Straits of Mozambique)，勇敢地来到荒旷的印度洋，达到印度斯坦沿岸。因此，西班牙和葡萄牙对于它们在海洋上所发现的领土及权力问题发生了争执。这个争执是由教皇亚历山大六世[4]担任公断人的。罗马教皇在亚速尔群岛[5](Azores)以西的地方，从南到北划了一条界线。在该线以西各地归属西班牙，以东则归属于葡萄牙。几年以后，即1500年，葡籍航海家佩德罗·阿尔

---

〔1〕 据点校者考证，此处是指大约公元前600年，埃及第二十六王朝法老尼科二世（Necho Ⅱ，生卒年代不详）资助腓尼基人进行过一次环非洲航行。据古希腊史学家希罗多德记载，这次航行从苏伊士湾出发南行，最后经由地中海回到尼罗河三角洲，总共耗时3年。不过腓尼基人这三年也并不都是在海上渡过，每年他们都会上岸播种，等小麦成熟并收割完后再继续航行。——点校者注

〔2〕 民国版为“发斯哥得伽马”。瓦斯科·达·伽马（Vasco da Gama，约1460～1524），开辟西欧直达印度海路的葡萄牙航海家。——点校者注

〔3〕 民国版为“摩萨姆俾克海峡”。——点校者注

〔4〕 民国版为“教皇亚历山大二世”。此处译者有误，英文版为“Pope Alexander Ⅵ”。亚历山大六世（Alexander VI，1431～1503），罗马第216位教宗。他的统治期以谋杀、贪婪和淫乱闻名于天下，是历史上最为声名狼藉的教皇之一。在他的主持下，西班牙和葡萄牙两国于1494年6月7日，在西班牙卡斯提尔的托尔德西里亚斯签订《托尔德西里亚斯条约》(*Treaty of Tordesillas*)，该条约为葡萄牙和西班牙划定了扩张殖民势力的分界线，即著名的“教皇子午线”。——点校者注

〔5〕 亚速尔群岛，位于北大西洋东中部的火山群岛，现为葡萄牙共和国领土。——点校者注

瓦雷斯·卡布拉尔[1] (Pedro Alvarez Cabral) 航行前往印度斯坦时，在非洲西岸给飓风吹迷了航程而到了巴西境内。他们发现的地方是在亚历山大教皇所划定的界线以东，于是就成为葡萄牙的领土。但是在西部各地则为西班牙的势力所占据。这次的公断是非常重要的，双方既然都表示服从，因而遂把西班牙和葡萄牙间关于航海事业上和殖民地之占领的一切冲突的危险加以扫除了。[2]

著名的国际法学者格老秀斯（Grotius)、普芬道夫[3] (Pufen-

---

〔1〕 民国版为“彼多阿尔发拉累斯加伯拉尔”。佩德罗·阿尔瓦雷斯·卡布拉尔（Pedro álvarez Cabral，约1467～1520），葡萄牙航海家、探险家，被普遍认为是最早到达巴西的欧洲人。——点校者注

〔2〕 教宗亚历山大六世身上背负的罪孽已经足够深重了，无需再将一些莫须有的罪名归咎于其身，他那站在自己的立场上企图将其声称具有支配权的大西洋中的岛屿给予西班牙与葡萄牙的行为被深谙此事的作家们不恰当地误传了。两国间的领土争端被阐明与决断，这一点在条约文本中是显而易见的，教宗的行为纯粹是一个仲裁，而不能支持教宗对于这些跨大西洋土地具有所有权或支配力的任何假设。Note. —The action of Pope Alexander Ⅵ, who has sins enough for which to answer without the imputation to him of sins of which he is not guilty, has been shamefully misrepresented by various writers who knew better, as an attempt on his part to give the islands of the sea, as though he claimed dominion over them, to Spain and Portugal. The act of the Pope, as is very apparent from the documents themselves in which the controversy was stated and decided, was purely and simply an arbitration, and not an evidence of any assumption of papal ownership or authority over these trans-Atlantic lands. ——点校者注

〔3〕 民国版为“浦芬多夫”。普芬道夫（Pufendorf，1632～1694），德国法学家和历史学家，受格劳秀斯和霍布斯的影响，他最著名的作品是《法学知识要义》（1660）和《自然法与万国法》（1672），他在书中捍卫了自然法的思想，证明所有的人都有平等和自由的权利。——点校者注

dorf）和瓦特尔[1]（Vattel）仅将罗马教皇的学说整理成为一种有规律之国际法的论文而已。教皇的敕书（papal rescript）和教皇的举动已经做到了这些学者所要说明的工作。不过尚有许多关于起源的情形为这些学者所忽略。其实近代的国际法是中古时代基督教和教皇之势力的结果。如果没有这种势力，国际法定非为封建主义的恶魔（evil genius）所能够创立的。

封建主义在某种范围中虽因“马丁·路德宗教改革”所引起的痛苦得到一种新生的条件而能够一度地限制（throttle）着自由精神的发展，但是文艺复兴及美洲发现却使它如临末日。从“马丁·路德宗教改革”开始到美国发表《独立宣言》的250年间，封建制度竭力挣扎着以期维持其存在及优势。但是争之徒然。这个制度，一天天一年年，虽然偶然获得胜利或者似乎占着优胜，但是结果是毁灭了。自由的精神重新振作起，而罗马法也就获得它的地位。奇怪得很，封建主义之最后崩溃和毁灭是全靠着一个著名的科西嘉（Corsican）征服者拿破仑·波拿巴[2]（Napoleon Bonaparte）的力量。封建制度原来是在流血和屠杀中创始的，可是它似乎也是在流血和屠杀中消灭的。它的建立是和源自意大利的法律及自由精神相违反的，而它的命运也是给一个意大利人推翻了的。

当我们追溯到拿破仑一切的恶行，他那违反人道和人类自由的罪恶，他那违反宗教的罪恶以及他的非常的自私时，我们却不

---

〔1〕民国版为“发尔泰”。瓦特尔（Vattel，1714～1767），瑞士法学家，是莱布尼茨和沃尔夫的忠实弟子，长期从事于政府外交工作，他最著名的作品是《国际法》（1758）和《自然法诸问题与沃尔夫所著自然论之观察》（1762），瓦特尔对国际法的理解，是建立在以基督教伦理为基础的法律和道德律上的。——点校者注

〔2〕民国版为“拿破仑波那帕脱”。——点校者注

要忘记他所给予我们的恩泽。因为他是造物者所派遣以事废除封建主义之野蛮风俗的最强有力的人物。他有时又被称为“现代的阿拉里克”。他的事业好像那位残忍的东哥特人，只知道破坏和征服而从事于毁灭的工作。但是这不仅是这位著名科西嘉人的使命，无疑地因为他还有另一种任务。这个任务是在于废除而不在于继续阿拉里克和他的人民所干的工作。的确，这个使命的一部分也是一种破坏的工作，它需要火焰和刀剑以消灭野蛮人横行于欧洲的野蛮制度。但是另一方面也是一种建设和复兴文化巨厦并充分恢复罗马法律的任务。多数无思想的人们只记得拿氏在战场上的胜利，只有少数有思想的人们见到这些胜利不过是在于达到造物者所指定之目的的手段而已。拿氏最伟大的地方就是他具有对于重兴罗马法之伟大的建设天才。

这位著名的冒险者在攫得查理曼的皇冕时立刻把查理曼大帝一部分未完的工作完成了，同时并对欧洲的法学和政治加以改革。他选任一个由富于才干的法学家所组成的委员会，准备编纂一部法国的法典以代替以前帝国当作法律使用的若干散漫的命令和规则。他又指令他们采用《优士丁尼法典》为编订的根据。据说他在日理万机百忙之中曾参加委员会会议，亲自监视委员会的工作，而且有时竟自制定若干条文。不论拿破仑·波拿巴以前如何地被亵渎地称为历来最伟大的战士，他仍值得——虽然未为多数人所注意——称为是人类中一位最聪明、最伟大的立法家。马伦哥〔1〕

〔1〕马伦哥会战，1800年6月14日，法国与奥地利帝国于第二次反法同盟时期的一场战役。法军由当时任法兰西第一共和国第一执政的拿破仑领军，拿破仑于此役的胜利，不仅保住了法国的革命政权，也是拿破仑毕生最引以为傲的一次胜利。——点校者注

（Marengo）的桂树早已凋谢了，照耀在奥斯特里茨[1]（Austerlitz）的日光永远给滑铁卢（Waterloo）大战[2]的鲜血淹没了。但是《拿破仑法典》不仅能够维持业已覆亡之作者的英名于不坠，不特仍然是专为本国而制定的法国的法律，就是造成拿破仑崩倒原因的各国除英国外也都一律加以采用。

拿破仑最大的胜利就是他的法典。当他被放逐后，他成为大西洋南部中一个遥远的孤岛上的囚犯，他的权力瓦解了，他的帝国分裂了。但是他所感到满足的就是他不仅为法国而且为全世界制定了一种法律，并且这个世界也绝不能脱离了他的法律帝国的范围。在欧洲大陆上，从莫斯科到马德里[3]（Madrid）间，《拿破仑法典》在今日是各种法制的基础，所有西属及葡属的美洲人以及美国的路易斯安那（Louisiana）州也都采用之。凡经采用这个法典的国家从来都没有一些意思表示要把它废除而恢复到封建主义所产生的普通法。最显著的就是日本帝国突然地扯破其古代封建主义的尸衣（cerement），而在政治范围中照耀得像一颗新星一样，即站在近代文化最前的地位上。当它努力而在尽其可能范围内模仿英美的政治制度时，它并不再打算以那无生气的欧洲封

---

〔1〕 民国版为“奥斯特里齐”。奥斯特里茨战役，因参战方为法国皇帝拿破仑·波拿巴，俄国沙皇亚历山大一世，奥地利皇帝弗朗西斯二世，所以又称“三皇之战”，它是世界战争中的一场著名战役。法军在拿破仑的指挥下，在奥斯特里茨村（位于今捷克境内）以少胜多，战胜俄奥联军，第三次反法同盟随之瓦解，奥地利皇帝也被迫取消神圣罗马帝国皇帝的封号。——点校者注

〔2〕 1815 年，在比利时的滑铁卢，拿破仑率领法军与英国、普鲁士联军展开激战，法军惨败。随后，拿破仑以退位结束了其政治生涯，故后世通常用滑铁卢来比喻惨痛的失败。——点校者注

〔3〕 民国版为“马得里”。——点校者注

建主义及由封建主义所产生的不适当的普通法的制度来代替它那固有的封建法制——因为日本也有它自己的封建主义法的缺点。它自然而然地求教于《拿破仑法典》，对于所谓英美的普通法一经探究立即弃置不予仿用。这个海岛的帝国之所以选用罗马法，是出于曾专心研究这问题的人们的赞同，这也是日本从事前进运动的领袖精明之处的明证。

除了英国和合众国之外——我们可以见到这种例外此后是要大大地限制，或者完全没有——《拿破仑法典》在统治着整个文明世界。当然有些因为地方的情形而多少受到变动。这就是说，经过罗马帝国灭亡到法国大革命的1300多年的竞争以后，罗马法再次得到胜利，而野蛮民族的后裔也毫无顾虑地采用了罗马的法律。

《拿破仑法典》是一部体裁简洁的法典。实际上包含着五个法典，即《民法典》、《民事诉讼法典》、《商法典》、《刑事诉讼法典》以及《刑法典》。第一部《民法典》最为重要，它被特别称为《拿破仑法典》。计有三册，各分若干章。第一册是关于人的，第二册是关于财产及其种种限制，第三册则为关于取得财产的各种方法。这个民法典共有2281条，因此，就简单方面说来，实胜过《优士丁尼法典》和美国的各种法典。

在条顿族的封建主义及罗马人的文明间的竞争——在野蛮人之简陋风俗和罗马法学间的竞争，在少数之专制军阀（the military tyranny of an oligarchical minority）和追求自由而奋斗的人民间的竞争，于欧洲大陆上继续历经1400多年。这个同一的竞争也横行于欧洲，从维斯瓦河（Vistula）到加的斯（Cadiz）之间，到处都遇到相同的变迁和得到相同的最后的结果。在欧洲历史中“自由”和“罗马法”是同一意义的，正如“封建主义”与“专制”（tyranny）的意义相同一样。在封建的诸侯方面都是无知无学的，当时所有的教育都属于人民和拥护人民之教会的一方面。封建阶级除了查理曼以外从未产生过一个学者或政治家。其实查理曼似乎是属于高卢或为高卢与罗马的混合人种。至于封建制度能够得到威廉·布莱克斯通和他同流人物这样的夸奖倒不足为奇，因为当时封建主义的精神在英国是很流行的。在今日我们却能够更多地体会到这个制度的特质和其所产生的结果以及封建主义和罗马文化间之竞争的性质。

第九章　罗马民法与英国普通法的关系

世界各文明国家共同地都采用一种《拿破仑法典》或罗马民法为其法律的基础，英美两国独为例外。近日以来这种例外更为显著，尤以美国为甚。

当罗马帝国受到条顿民族蹂躏下之大骚动时，不列颠（Britain）受了何种影响呢？当时该国称为不列颠，至英伦一名则为后来的称呼。在那里当时住着一种凯尔特[1]的民族，他们也散布在西欧各地——这是在被罗马人占据的400年中，受罗马人的同化而开化的。野蛮民族也侵入不列颠境内，在这种盎格鲁—撒克逊的野蛮人民足迹所到之处都有残余的遗迹。繁盛的城市毁灭了，或则沦为荒芜的村落。肥沃的田地荒废了，繁盛的商业衰落了，罗马文化全然消灭。在这200多年中野蛮之风操纵了不列颠全境，就是该国的名称也沦亡了好久。但当该岛屿再次自黑暗进至文化之微弱曙光的时候，他们便自觉着需要一个新的称呼，因此便采取“英伦”（England）这个名称。

最初的民族，包括盎格鲁（Angle）、朱特[2]（Jute）、撒克逊（Saxon）和弗里西[3]（Frisian）等部落，后世总称之为盎格鲁—

---

〔1〕 民国版为“克里特”。——点校者注

〔2〕 民国版为“朱特氏”。——点校者注

〔3〕 民国版为“法里森”。——点校者注

撒克逊民族。他们于第5世纪、第6世纪（483年～586年）在亨吉斯特（Hengist）、霍萨（Horsa）及其他各酋长领导之下，自北德意志海岸冲入不列颠。起初是帮助不列颠人抵抗从加勒多尼亚（Caledonia）前来的北部仇敌，即皮克特人[1]（Pict）和苏格兰人（Scot）。其后反而对其盟友加以虐待，并将那些酷爱和平的不列颠人民屠杀、劫掠、肆行驱逐出境。他们是毁灭罗马帝国的各种野蛮人民中最恶劣、最凶暴、最残忍的一族。就是法兰克族、哥特族、汪达尔族和匈奴人，在野蛮程度上也比这些侵入不列颠的条顿民族较逊一筹。关于此点，当时所有的历史家都异口同声地这样说。至于他们本族的历史家，当他们已甚开化而有历史家的产生后，亦从未有否认此事实者。对于此次大流血事件，我们如果把该国当基督教和文化再次从罗马传入时的情形以与不列颠在罗马军队撤退及日耳曼侵略者入寇以前之繁盛的情景彼此对照一下，便可发现其悲惨的实情了。某一近代作家曾举出数种理由证明经此种侵入者蹂躏破坏以后，伦敦这种大城——即使在古罗马时代也罕有如此大城——亦曾一度完全荒芜成为无人烟的都市。

但是盎格鲁—撒克逊人民虽充满了一切野蛮的行为，然而他们也含有极端伟大的能力。据教皇格里高利一世[2]（Pope Gregory Ⅰ）对其中被带到罗马去的曾经说过——只要他们成为基督教徒，他们不但不是盎格鲁人，而且是天使（Non Angli，sed Ange-

---

〔1〕 民国版为“彼克特人”。——点校者注

〔2〕 民国版为“格列高里一世”。教皇格里高利一世（Pope Gregory Ⅰ，约540～604），第64任罗马教皇，中世纪教皇之父。——点校者注

li, si modo Christiani)。不久在 596 年，教皇便遣派圣·奥古斯丁[1]（Saint Augustine）和一些热心的教徒，劝导那些人民改信基督教。经过无数困难以后，目的竟然达到。其后他们所谓的“七国之治”[2]（Heptarchy）的七个小王国并合为一，受威塞克斯（Wessex）的爱格伯特王[3]（Egbert）（827 年）的统治，于是英伦王国肇始了。至爱格伯特后，王位继续地由盎格鲁—撒克逊系传袭着历经 240 年（827 年～1066 年）。但是他们也不得不和他们同族的侵入者——丹麦人——争夺王位，有时竟曾将该岛的统治权让给他们。丹麦人也和盎格鲁—撒克逊人一样地野蛮，他们对于英伦的人民以及该国的法律、风俗和习惯都有极大的影响。

盎格鲁—撒克逊系中有两位伟大帝王是以大立法家见称，即阿尔弗雷德大帝（Alfred the Great）（871 年～901 年）和“忏悔者”爱德华（Edward the Confessor）（1043 年～1066 年）。其中的

---

〔1〕圣·奥古斯丁（Saint Augustine，生卒年代不详），英格兰早期传教者，前罗马的圣安德烈本笃会修道院院长。公元 597 年，罗马教皇格里高利一世令奥古斯丁赴英国传教，建立了坎特伯雷大教堂，并任第一位坎特伯雷大主教。——点校者注

〔2〕民国版为“黑普塔斯”。在不列颠，大约 6 世纪起形成了七个王国争雄的局面，史称“七国之治”。这“七国”指诺森伯里亚、麦西亚、东盎格里亚、埃塞克斯、肯特、苏塞克斯、威塞克斯，他们都是从大陆迁徙过来的日耳曼诸部落，主要是由盎格鲁和撒克逊建立起来的。起初是这七国之间的斗争不断，后来则是它们与北欧人的斗争。到 9 世纪时，其中大部分被丹麦人所灭亡。——点校者注

〔3〕民国版为“爱格伯王”。爱格伯特（Egbert，约 770～839），8 世纪时不列颠岛威塞克斯（Wessex）王国的国王。在位期间，他征服了不列颠岛上其余六个盎格鲁—撒克逊人王国，结束了“七国之治”，基本统一了英格兰，成为英格兰王国威塞克斯王朝的第一任君主。——点校者注

阿尔弗雷德大帝似值得一般公正的历史家所公认为各时代中最完全的名人。其实这种名人只能举出 9 位，而阿尔弗雷德大帝亦并非其中最逊色的一个。我们对于阿尔弗雷德大帝常以为陪审制度是由他创始的。其实不然。在他 200 多年后，英国才有这种制度。当时是由诺曼人导入的，而他们又是从法兰克人那里得来的。[见弗雷德里克·波洛克爵士和弗雷德里克·威廉·梅特兰合编的《英国法律史》(The History of English Law before the Time of Edward Ⅰ) 第 2 版，第一卷第六章] 但是我们知道，他对于他的国家的法制建功不小。他从爱尔兰的布里亨法〔1〕(Brehon Laws) 获得若干资料，在 855 年他游历罗马时，他显然地又从罗马民法中学到许多东西。

爱德华早年时候，大都逗留在欧洲大陆上，因为他是一个被本国放逐的人。当时罗马民法正努力于迅速地恢复，他便在此后被人们誉为其国的伟大立法家。在后来诺曼和金雀花王朝时期中，人民受着压迫，对于当时的情形渐觉不满。他们的不满常在声请恢复“圣爱德华”法〔2〕(the laws of the sainted Edward) 的要求中表现着。但是我们不很清楚他们是需要哪一种法律，似乎不外是一般人所幻想的他和伟大之阿尔弗雷德大帝所制定的法律。其实这种立法当时尚未产生，因此只能把它当作导入的根据而已。但是不问阿尔弗雷德大帝或爱德华所改进的盎格鲁—撒克逊法是怎样，它们都只能从两处地方受到影响，即罗马民法及爱尔兰的布里亨法。而且也

---

〔1〕 民国版为“布累罕法”。布里亨法，盖尔语为“Feinechus”，爱尔兰的古代法律，可追溯至 7 世纪 ~8 世纪。这些法律文本由最古老的盖尔语所书写，晦涩难译，古代爱尔兰法官（即布里亨），是该法的解释者与实施者。——点校者注

〔2〕 即前文提及的“忏悔者”爱德华（Edward the Confessor)。——点校者注

仅从此二者可以自由采用。至于布莱克斯通及柯克时候所有的英国普通法，在英国历史上的盎格鲁—撒克逊时代还是很少。

封建制度和罗马民法相反，是英国普通法和欧洲各普通法系的基础。为那些征服罗马帝国的条顿民族在法国、西班牙及意大利内所创设以为保存他们的武力征服的一种手段。其后在德国因为受到某种反响而获得了更大的地盘。乍见之，我们或者以为盎格鲁—撒克逊人在不列颠也建立了同样的制度。但是英伦在盎格鲁—撒克逊时期中并没有封建主义，也没有被征服的人民像欧洲大陆上的那样受着压迫和抑制。经过相当时日以后，盎格鲁—撒克逊人之较开化的后裔还不曾完全忘掉了那对待外族的事，就是他们曾经把不列颠人驱逐到遥远的威尔士（Wales）、康沃尔（Cornwall）和坎伯兰〔1〕（Cumberland）等山中。如有若干不列颠人曾遗留在他们所征服的境内——当然是有些逗留着的——则系因为他们过于柔弱，或过于无力而不能和他们的征服者相较量。这样一来，盎格鲁—撒克逊人已把像条顿民族在他处所遇到的难题解决了。因此就没有被征服者在其统治之下遗留着。所以也就没有成立封建制度的机会。

但是在1066年，却轮到盎格鲁—撒克逊人尝试600年前他们使不列颠人所尝过的痛苦。当时诺曼底的威廉，带了他一群贪得无厌的海贼，这些海贼大部分是古斯堪的纳维亚海盗和北海的海盗的后裔，侵入到英伦并把它克服（subjugate）了。这帮征服者觉得当时大陆极端流行的封建制度是一种适于团结他们征服地的方法。于是威廉就树立了一种黩武的专制主义，曾一度成为欧洲最暴虐、最专制的国家。他没收了全国的土地，破坏消灭了此前盎格鲁—撒克逊人的所有权，将他们的财产纯然按照军役期限之

〔1〕民国版为“昆布兰”。坎伯兰郡（Cumberland），英格兰西北部一古郡，存在于12世纪~20世纪。——点校者注

长短分给他的部下，即以后也一直这样的分派。[1]这帮分得土地的将官又将其所得按照同一的军役期限再行分给他的手下。因此盎格鲁—撒克逊人便像拉凯戴孟的斯巴达农奴[2]一样降至一种农奴的地位。他们称为“维兰”[3]，实际上和奴隶简直没有什么

---

〔1〕 据点校者考证，“征服者”威廉（William the Conqueror）统治时期制作了一种关于英格兰财产状况的调查记录，该调查主要目的在于弄清国王及直属封臣（tenant-in-chief）土地的范围和价值，为征收丹麦金（Danegeld）提供依据。它由派往各郡的皇家特派员通过宣誓征询（sworn inquest）的方式进行，调查所得资料汇集，称为《末日审判书》（*Domesday book*）。这一名称据信是因为它在经济和法律意义上与基督教的末日审判一样是普遍的和决定性的；又因该调查记录起初存于威斯敏斯特修道院中一间名为“上帝之屋”（Domus Dei，House of God）的房子中，其中加于审判书（Domes）后的“日”（day）字并不暗指调查审判的最后一天，而只是为了强调这种调查，表明它注定是公正的和精确的司法记录。——点校者注

〔2〕 斯巴达农奴即“希洛人”（Helot）。——点校者注

〔3〕 民国版为“Villeinage”。维兰土地保有（Villeinage），英国封建社会土地保有形式之一，低于自由农役保有（free socage），其保有条件随庄园习惯之不同而不同，其保有者被称之为“维兰”（villein）。在中世纪英国的法律中，维兰是指一个较复杂的社会阶层，它包括撒克逊法中的奴隶，还包括虽身份自由但却依附于领主并对后者负有性质与程度均不确定的义务的一些人。总的说来，维兰的地位高于奴隶，但低于其他任何人，诺曼的法律家们曾将罗马法中适用于奴隶的规则适用于他们。维兰附着于庄园之上，履行一些低贱的义务，他们被视为领主的财产。领主可对其进行处置；没有领主的批准不得擅自离开庄园；他们的财产权不受法律保护；除领主之外，他们可以起诉任何人，当领主采取暴行时，他们同样可以获得法律的救济。另外，维兰只有在主人眼里才是农奴，而与其他人相提并论时，他们也是自由人。维兰在爱德华六世时已经很少了，在斯图亚特王朝时消失。——点校者注

区别。他们是附着土地上的，若未得封建侯主（feudal master）的允许，不能离开土地，因为他们是要从事耕种土地的。这种封建制度是最严厉的一种，在英伦方面极为稳固，是一种完全新的社会制度的肇始。因之就有采用新法制的必要，自此以后，便是英国普通法的萌芽时代。

我们很可推定，威廉除了因团结其征服地所必要外，不很关心到法律方面。即他的后代威廉·卢福斯〔1〕(William Rufus)、亨利一世、布卢瓦的斯蒂芬（Stephen of Blois），以及马蒂尔达女皇（Empress Queen Matilda）等对于英国法的改进也无多大努力。盎格鲁—撒克逊人原有一种郡法院的制度颇适于司法权的行使。到了威廉又创立一种王室法院〔2〕(Aula Regia)，内有一个所谓首席法官（chief justiciary）以代表国王。除了此种王室法院外，不久就产生了高等法院之王座法庭（Court of King's Bench）、普通民事诉讼法庭〔3〕(Court of Common Pleas）以及理财法院〔4〕(Court

〔1〕 民国版为“威廉罗浮士”。威廉二世（William II，1056～1100），又名“威廉·卢福斯”(William Rufus)，“征服者”威廉的三子，英格兰诺曼王朝第二位国王。——点校者注

〔2〕 民国版为“皇家法院”。王室法院（Aula Regia），“征服者”威廉建立，位于国王宫殿，由王室的高级官员组成。它跟随国王在全国巡游，因而对普通诉讼者而言，讼费负担很重，《大宪章》（*Magna Carta*）第11章规定王室法院要固定在某个地方——即后来的威斯敏斯特。该法院后来演变成高等民诉法院而继续存在，枢密院、贵族院上诉法庭均源于此。——点校者注

〔3〕 民国版为“民事高级裁判所”。——点校者注

〔4〕 民国版为“王室度支法院”。——点校者注

of Exchequer）等，[1]这在后世的英国法律史中是很著名的。但是王室法院及其首席法官所行使的法制却很严酷而且又变化无常。其实这并不配称为一种法制，封建主义中的各种陋制几乎就是当时的法律。而诺曼的贵族们所知道或所注意的唯一法律就是封建制度下的战时法和不动产让渡法。关于法院的用语，在当时以及在其后数百年中仍然是诺曼底的法语。这种情形便可表明盎格鲁—撒克逊人民多么不注重司法方面的事情！人民的诉讼通常都归郡法院处理。在伦敦和其他数个城市的贸易都尽量用这些城市固有的风俗和习惯来规定，并且受着他们自己在城内所设立之小法院（petty tribunal）的管辖。这些法院有些甚至直到近日还存在着。

因为英伦封建制度之极端严酷以及诺曼与金雀花系各朝帝王的淫威暴虐的结果，这种制度在英伦比在欧洲大陆膨胀得更快。虽然其中有些君王颇具才干，但是从威廉到维多利亚的前一代之威廉四世[2]间，除了三四个以外，比较英国帝王更暴虐无道的在别处实难讨出。因为他们的无耻和淫荡生活，结果常使金雀花王朝时代的贵族们、僧侣们和人民因受着同样的压迫遂联合起来反对他们。其实那些人民大都是盎格鲁—撒克逊人。在当时的事件中他们很少参与，只有教会替他们争得的权利，和零星的由伦敦市争取得来的权利而已。[3]英伦最初获得民权胜利的人是坎特

[1] 王座法庭（Court of King's Bench），普通民事诉讼法庭（Court of Common Pleas）以及理财法院（Court of Exchequer）的功能分别是：个人自诉刑事案件以及与国王利益有直接关系民事案件、私人之间的民事诉讼和皇家财政案件。——点校者注

[2] 威廉四世（William Ⅳ，1765～1837），英国国王。——点校者注

[3] 民国版为“和散见于伦敦市的若干权利而已”；英文版为“and sporadically championed also by the city of London”。——点校者注

伯雷大主教[1]托马斯·贝克特[2](Thomas à Becket)。他本身虽然是诺曼族，但他竟领导最初的团体去反对金雀花王朝的暴君，结果却给亨利二世（1170年）设计暗杀而死了。他在一般对于当时历史仅有浅薄知识之无知的人们，被认为是一个具有野心的教士，只为他个人利益和教会利益打算。但一般确有对当时英国历史正确认识的人，都很明白托马斯·贝克特确是一个正直诚实、争得盎格鲁—撒克逊权利的英雄，并且是为着人道去反对金雀花王族中最能干而最无道的帝王而遭难的。他不但是个殉教者（a martyr of religion），而且是个为自由和公道的牺牲者。

托马斯·贝克特有个很适当的后继者，就是斯蒂芬·兰顿[3]

---

〔1〕 民国版为“坎特布里的大主教”。坎特伯雷大主教（Archbishop of Canterbury），全英格兰首席主教，坎特伯雷教省的主教。他还是上议院的宗教议员和其辖区内的最高宗教法官，具有广泛的圣职推荐权和其他诸多权力及职责，其中包括为英格兰国王和王后加冕的特权，以及1533年制定的法律赋予的授予特许状的权力。——点校者注

〔2〕 民国版为“汤姆士培开特”。托马斯·贝克特（Thomas à Becket，1118～1170），第40任坎特伯雷大主教（1162～1170），在英格兰国王亨利二世手下任枢密大臣（1155～1162），曾协助国王扩大王权。但他反对国王在教会中的权力，特别是宣布教士有罪应由教会法庭审判。亨利二世发布《克拉伦登宪章》（*Constitutions of Clarendon*，1164），提出一系列国王对教会的权力，并传唤贝克特接受审讯。贝克特逃往法国，流亡至1170年，当他回到坎特伯雷后在教堂内被亨利二世的4名骑士杀害。他的墓地后来成为人们朝拜的圣地。1173年被追谥为圣徒。——点校者注

〔3〕 民国版为“斯梯芬·兰柏吞”。斯蒂芬·兰顿（Stephen Langton，1150～1228），第44任坎特伯雷的大主教（1207～1228），他是约翰王和贵族之间的调停者、中间人，是英国《大宪章》的签名者之一。——点校者注

(Stephen Langton)。他也是坎特伯雷大主教，英伦的总主教和罗马教会的红衣主教。在托马斯·贝克特时正是约翰王〔1〕(King John) 的朝代。这个约翰王通常都被认为是金雀花王朝族中最懦弱和最恶劣的国王——我们虽不很清楚他是否比他的无道的父亲亨利二世或比和他的同样无道的兄弟“狮心王”理查 (Richard Couer de Lion) 更恶劣，然他似乎较为懦弱无能——因此人们对于国王的攻击益不可免。贵族们、僧侣们和伦敦市有力的人民遂联合起来和他们反抗。这种联合就在伦尼米德〔2〕(Runnymede) (1215 年) 某日成立。当时斯蒂芬·兰顿得着教皇所遣派的驻英大使 (Papal Legate) 潘多夫〔3〕(Pandolfo) 和英国全体的大主教和主教以及大部分的贵族有力之助，强迫约翰王签订了通常公认为英伦自由之基础的《大宪章》(Magna Charta or Great Charter)。斯蒂芬·兰顿当然是该宪章的编订者。他从博洛尼亚〔4〕(Bologna) 大学获得法学博士学位，因此他也是罗马民法的一个专门学者。所以他所受的影响是得自罗马法而不是从英国封建主义得来的。

《大宪章》之与英国法律及制度的关系，可以说是正和美国联邦宪法之与美国法律及制度的关系相同。它的命名并非出自它的特征，而是用为与其差不多同时所制定的另一法章叫作《狩猎

---

〔1〕 约翰王 (King John，1167 ~ 1216)，外号“失地王” (Lackland)，英国历史上最不得人心的国王之一。他曾试图在“狮心王”理查被囚禁德国的期间 (1193 ~ 1194) 夺取王位。——点校者注

〔2〕 民国版为“兰尼米德”。——点校者注

〔3〕 民国版为“班多拉夫”。——点校者注

〔4〕 民国版为“波伦亚”。——点校者注

场宪章》[1]（Charter of the Forests）相区别。不过这个《狩猎场宪章》有时也附刊于《大宪章》之内。

通常认为《大宪章》共有38条——若将《狩猎场宪章》算入则有63条。这个宪章目的在于纠正封建制度的流弊，但是其中大部分业已失效，随着封建制度而消逝。其中只有三点可认为有永久和较大的重要性，就是：①教会应有自由；②伦敦市及帝国各城镇应完整地享受其往日的权利和特权；③凡自由民除受国家之法律或其所属贵族之法律的裁判外，不得遽夺其生命、自由或财产。这个宪章中的三项规定及其他各项规定实无何种意义。但是当时欧洲各地尚未有这种法律，因此英伦足以其《大宪章》夸耀他国。但是其光荣则因当时英伦的自由享受程度远逊于欧洲的其他国家而仍为之减色不少。

关于教会之自由条文是在第一条内规定，但在该宪章最后一条中又重述一遍。其含意比其外表的表现更大。这是表示着《大宪章》是斯蒂芬·兰顿及其他主教的作品，而其功绩实远在贵族们之上。在英伦，正和封建制度及诸侯专横时代的欧洲大陆一样，教会常代表人民和民权以与当时的诸侯、国王和帝皇等相对抗。这种事实只有粗莽和无知、执迷不悟的人才会加以否认。因此，教会的自由就是民众的自由。这个自由在英国则仅指盎格鲁—撒克逊人的自由，和诺曼的贵族们及其部下显有区别。其实，大部分在英伦的诺曼贵族们并不是一定要反对在伦尼米德的约翰王的。根据《大宪章》的本身看来，并不是诺曼贵族们，而

---

〔1〕 民国版为“森林法章”。《狩猎场宪章》（*Charter of the Forests*），亨利三世在位第9年所修订有关狩猎场法律的汇编，据认为原先是《大宪章》（*Magna Carta*）的一部分。——点校者注

是斯蒂芬·兰顿和各主教以及伦敦市各代表们借着教皇驻使潘多夫（Pandolfo）的协助，而强迫这个无道的国君去签订这个英伦自由的《大宪章》。诺曼的贵族们对于这项事业建功很少。

关于伦敦市昔日的权利和特权的确认还有一种意义，即在布莱克斯通的作品中，我们便可知道伦敦市并不是用封建主义的法律或英伦的普通法来治理的。而是用它固有的风俗习惯所变成的法律，而由其固有的法院行使之。然而我们只需稍为越出该富有才干而带有虚伪的注释家之著作以外加以观察，我们便可见到，伦敦的风俗习惯是溯源于罗马及罗马的民法。伦敦市和罗马人所建立的其他大都市一样，是一个法人团体。封建法对于公法人或私法人都不能够适用。其实自治团体是和封建制度根本相反的。因此对于伦敦市特权的确认不仅对于专横的暴君予以防止，并且对于封建制度和封建主义所适用的法律也加限制。但是奇怪得很，关于伦敦市的特权之继续行使的情形，自英国一律地采用公民自由〔1〕(civil liberty）以后，早就已经消灭了。然而这种特权的残余部分却依然存在着。

《大宪章》的某种条文在其施行时及其后数百年中尚不算得最为重要。然在非常发展后的近日，其重要性才被承认。这种条文就是关于自由人民除受国家法律或受该贵族的判决外，不能褫夺其生命、自由或财产。从时间的立场看来，这项规定已穷尽当时所能了。但站在我们的立场上来看是有很大的缺点的。因为准许个人的生命、自由和财产，可以不经过合法的手续或任何法定手续，只需有该贵族的判决即可径予剥夺。因此，英国自金雀花王朝、都铎王朝和斯图亚特王朝时到18世纪末叶间，个人的生

---

〔1〕 民国版为“民众自由主义”。——点校者注

命、自由和财产多因暴君之要求经过卑劣阿谀的国会通过种种剥夺公权的法令，而时遭剥夺。在理论上说今日也可有同样的事情发生。但是一般的道德观念当然会起来和它反抗。在美国的联邦宪法和若干州的宪法中都曾尽力地矫正《大宪章》中的这个缺点。

我们还要注意的就是对于不合法的政府命令可以提出反对的，在《大宪章》内所规定的仅以自由民（freemen）为限。所谓自由民在当时仅指诺曼的地主而言，并不包含大部分的盎格鲁—撒克逊人在内。因为他们在当时及其后颇长的时期中，是处在维兰或奴隶的地位上，只享有极有限的公民权。这种公民权大部分还是如上述的由教会替他们争来的。但是这种维兰的状态，在“玫瑰之战”〔1〕(Wars of the Roses）时渐渐废弛，最后才完全被废除了。于是盎格鲁—撒克逊人始能享受《大宪章》中所规定的种种特权。

然而这个条文仍有很大之可能的方法，但是很久以后才甄明。这些可能的方法在查理一世〔2〕(Charles Ⅰ）和国会间的斗争时发生着，但是直到著名法学家曼斯菲尔德勋爵〔3〕才把《大宪

---

〔1〕玫瑰战争（Wars of the Roses，1455～1485），或称“蔷薇战争”，通常指英国兰开斯特王朝（House of Lancaster）和约克王朝（House of York）的支持者之间为了争夺英格兰王位的断续内战。两个家族都是英国金雀花王室（Plantagenet）国王爱德华三世的后裔。玫瑰战争不是当时所用的名字，它来源于两个皇族所选的家徽，兰开斯特的红玫瑰和约克的白玫瑰。——点校者注

〔2〕民国版为“查理士一世”。查理一世（Charles Ⅰ，1600～1649），英格兰、苏格兰和爱尔兰国王，在英国资产阶级革命中被送上了断头台。——点校者注

〔3〕民国版为“威廉·谋来·敏司非尔男爵”。——点校者注

章》的这个条文的全部意义发扬出来。按曼斯菲尔德〔1〕曾在1756年就任高等法院王座法庭的大法官，他可以说是几乎使英国和美国的普通法改革一新。在美国的联邦宪法中，曾将《大宪章》中时遭非议的辞句改为凡人“除依照合法的手续外，不得径行剥夺其生命、自由或财产”（第五修正案〔2〕），并且合众国各州的宪法也都加以采用。

当斯蒂芬·兰顿在世时，《大宪章》一直是英国的最高法律，但是这位伟大的大主教并未使它长久施行。当约翰王觉得可以自由行动时，便将它废掉了。于是愤怒的贵族们和主教们便宣告把王废掉，另举法国的路易〔3〕(Louis）为王。约翰在这次争执中逝世了。他的儿子亨利三世，当时还是个小孩子，宣布继承王位。于是这位路易便引退了。当亨利三世一旦能够明目张胆为非时，就常常违反《大宪章》中的规定。于是受着主教们和贵族们的威逼将《大宪章》重新颁行，并且宣誓表示服从。〔4〕他和他父亲一样地懦弱和非行，他屡次反复地背誓予主教和贵族们以反抗他的

---

〔1〕民国版为“敏司非尔氏”。——点校者注

〔2〕民国版为“修正案第五条”；英文版为“Fifth Amendment”。——点校者注

〔3〕民国版为“路易士”。路易八世（Louis VIII，1187～1226），法国卡佩王朝国王，绰号“狮子王”，法国国王腓力二世之子。1216年，还是太子的路易响应英国贵族的请求去英格兰，联手反对“失地王”约翰。——点校者注

〔4〕据点校者考证，作者此处指《牛津条例》(*Provisions of Oxford*)。1258年议会通过的旨在防止国王亨利三世（Henry Ⅲ）破坏《大宪章》(*Magna Carta*）实施的法律文件。该条例规定，成立由大贵族占主导地位的15人委员会，参与国家管理；国王必须根据委员会的建议统治国家；御前大臣、司库等国家高级官员及地方官员任期为1年，

机会。这种反抗的行动是在一个被认为当时或后世最伟大的英国人莱切斯特伯爵（Earl of Leicester）西蒙·德·孟福尔[1]（Simon de Montfort）领导之下（其实他并不是英国人，而是属于法国籍的）。西蒙·德·孟福尔把这位无道的君主控制起来，并且召集国会。这个国会可算是1832年的《改革法》[2]（Reform Act）通过以前最初和最后的一个名副其实的英国国会。就是英国现行的宪法也是由这个国会制定的。

金雀花王朝、都铎王朝和斯图亚特王朝各朝代的帝王，在他们加冕时的誓词中都有遵从《大宪章》的话。且其中有些曾宣誓数次。他们除了三位以外，都渐渐地故意背誓，一旦获得机会，仍然违反《大宪章》的规定。自从贵族们获得不受君主的干涉而能自由行使其权力时，《大宪章》似乎曾一度倾向于封建制度的

届满前应向15人委员会述职；议会定期召开，每年3次，有权决定国家所有重大事宜；对王室的拨款亦由议会负责。该条例是大贵族反王权斗争的胜利成果，亨利三世被迫实施，1262年被取消。——点校者注

〔1〕民国版为“雷斯忒伯爵（Earl of Leicester）的西蒙地蒙顺尔（Simon de Montfort）”。西蒙·德·孟福尔,（Simon de Montfort，1208～1265），第六代莱切斯特伯爵（6th Earl of Leicester），法国裔英国贵族。在第二次伯爵战争（1263～1264）中，率领贵族反抗亨利三世的统治，成为英格兰的实际统治者。在统治期间，召开了一次直接选举产生的议会，这在中世纪的欧洲还是第一次。因此西蒙·德·孟福尔被视为现代议会制的创始人之一。——点校者注

〔2〕民国版为“选举改正法案”。《改革法》（*Reform Act*），即英国1832年《人民代表法》（*Representation of the People Act*）的通称，该法废除“腐败选区”（rotten boroughs），增加郡的代表名额，并对许多原来无代表的城镇给予代表名额。——点校者注

维持，而并不从事于公民自由〔1〕的发展。但是在它最初颁行的152年后曾发生了一次争执，使英国封建主义的基础发生摇动，开了一条使它在英国消灭的途径。在1377年，约克和兰开斯特相互仇视的王族开始了100多年的争执。这两个王族都是金雀花王族的支派，为了争夺英国王位，经过无数的变化和几次的停战，双方各有胜败，最后在1485年始行告终。其实两败俱伤，并且又来了一个更令人怀疑的都铎（Tudor）王族称为亨利七世的继承王位。他是主张继续兰开斯特族的大统的。但是为着易于消除将来一切的争执，他遂和约克族女继承人缔婚。〔2〕在这次斗争中，诺曼贵族都消灭了，封建主义可说是随着被废除了。当时有一位可称为诺曼民族中最后而最伟大的沃里克的盖伊〔3〕(Guy of Warwick)，因为他曾经拥立或推翻过两族中的帝王，所以又称为“国王制造者”（King-Marker）。他和他的兄弟蒙塔古侯爵一世〔4〕（1st Marquess of Montagu）在1471年——即战争告终的14

---

〔1〕民国版为“民族自由主义”；英文版为“civil liberty”。——点校者注

〔2〕“约克家族的女继承人”指爱德华四世的长女伊丽莎白（Elizabeth of York，1466～1503）。——点校者注

〔3〕民国版为“窝尔维克该”。沃里克的盖伊（Guy of Warwick），中古时代英国的一位传奇英雄人物，可能其原型就是沃里克伯爵十世（Guy de Beauchamp，1272～1315），此处指他的后裔沃里克伯爵十六世理查德·内维尔（Richard Neville，16th Earl of Warwick，1428～1471），他被称为“造王者”（Warwick the Kingmaker）。——点校者注

〔4〕民国版为“蒙塔求子爵（Earl of Montagu）”。约翰·内维尔（John Neville，1431～1471），蒙塔古侯爵一世（1st Marquess of Montagu），玫瑰战争中约克家族的另一位领导者，“造王者”沃里克伯爵十六世理查德·内维尔（Richard Neville，16th Earl of Warwick，1428～1471）的兄弟。——点校者注

年前——均在巴尼特[1](Barnet) 的恶战中没落了。但是封建主义的形式，在巴尼特战役后和该伯爵[2]等死亡后好几年还保存着，而且在英国内还是很有势力。许多新起人物均继受以前诺曼男爵们所创的品位和头衔。但是他们仍是平民，这就是说他们并没有什么可夸耀的祖先，所以诺曼贵族们再也不能恢复到以前的地位。

都铎王系在英国史上和在英国法律发达史上的地位不同。其肇始者亨利七世是一个无能而且粗俗的鄙夫。他的承继权像上面已经说过是令人怀疑的。他的儿子和继位者亨利八世是历代暴君中最坏的一个。他们都不打算恢复封建主义的制度，他们都想扩充王权压迫贵族。都铎王朝的帝王是极端专制而且又是从威廉·卢福斯（Willian Rufus）死亡以后最专制而不负责的国王。封建制度在这种情形中消逝了，但是英国仍未有公民自由的产生。在“玫瑰之战”的大斗争中，《大宪章》为人们所弃用。亨利七世、亨利八世和伊丽莎白等都很少引用国家的法律。他们的意志就是法律。在英国和法国一样，封建的寡头政治养成了专制的封建君主。但是在英国，专制主义较法国较早受到限制。这大都是因为都铎王室的突然失败而另由一外族即由苏格兰的斯图亚特王室(Stuart) 来继承王位的缘故。

斯图亚特王朝在性质上与倾向上和都铎王朝一样的专制。他们极力宣传所谓国王有独自统治其人民的神权（而都铎王室却是

---

〔1〕 民国版为“巴内特”。巴尼特（Barnet），位于英国大伦敦（Greater London）北部，因1471年在此地发生了玫瑰战争中著名的“巴尼特战役”（Battle of Barnet）而闻名于世，此役中爱德华四世（Edward IV）以少胜多，沃里克伯爵十六世理查德·内维尔阵亡。——点校者注

〔2〕 民国版为“子爵”，英文版为“the great earl”。此处指前文出现的“沃里克的盖伊”。——点校者注

不动声色地实行起来）。但是在国会反对查理一世时，这位不幸的国王曾为国会所推翻而受到死刑的执行。奥利弗·克伦威尔（Oliver Cromwell）以及他的热心的信徒获得一时的胜利，专制主义便受到很大的激动（terrible shock）。在1688年革命时，又受着一次更厉害的打击，这种打击在事实上可说是一种致命伤。从荷兰而来的奥兰治亲王威廉〔1〕（Willian of Orange）代替了斯图亚特王朝的地位，其后又为一个愚劣而残忍的荷兰族〔2〕（Dutchmen），即从汉诺威〔3〕（Hanover）而来的叫作不伦瑞克王室〔4〕（House of Brunswick）取而代之。英国政府曾一度被改为贵族阴谋的政体（aristocratic cabal）。但是这种贵族阴谋政体并不是封建主义的更生，因为封建主义早已消逝了。奥利弗·克伦威尔已将它毁灭了，它不能重新恢复起来。但是对于英国的法律，尤其是土地方面的，却有不可磨灭的痕迹。可是若以它为一种政治或司法的制度，它是消灭了。

在"征服者"威廉和其直接继承人的统治时代，英国还没有很多法律。在当时，强权出正义〔5〕（might makes right）。一般无法

---

〔1〕民国版为"威廉"。威廉三世（William III，1650～1702），曾任荷兰奥兰治亲王（Willem III van Oranje）。1688年"光荣革命"后，英格兰贵族迎请威廉入主英国。在不列颠群岛，威廉和他的妻子玛丽二世共治，他们共治时期通常被称为"威廉和玛丽"时期。——点校者注

〔2〕此处据点校者考证，"Dutchmen"并非指荷兰人，因为汉诺威王朝是德国布朗史维希（Braunschweig）王朝，也即"不伦瑞克王室"（House of Brunswick）的分支之一。"Dutchmen"在古语中泛指奥地利、瑞士、德国、比利时、荷兰和卢森堡的日耳曼人，而且在美式俚语中也指具有德国血统的人。——点校者注

〔3〕民国版为"罕诺威"。——点校者注

〔4〕民国版为"布朗斯威克族"。——点校者注

〔5〕民国版为"强权就是权利"。——点校者注

纪的国王和贵族，很少注意到法律的原理或实践。然而如上所述，威廉确曾创立一个法院即王室法院，以一个诺曼的主教为其首长，称为大法官（Chief Justiciary），去行使一切的司法权。但是并没有固定的法制，更无任何法典的制定。在诺曼底本来有一种类似法制的规定，这是因为受着在法国之罗马和加洛林王朝[1]文化的影响而使强占法国领土的诺曼之粗俗的后裔亦被人道化起来时而制定的。但是一般跟随威廉来到英国的大都是诺曼底人的具有犯罪性的分子，和从事开拓土地的冒险者。他们不大使用法律。因此，王室法院只有把极简陋之封建主义的习俗当作法律使用。法制既然全不存在，司法权的执行就差不多是武断的、游移不定的和犹豫不决的。有了上面所述的各种情形，遂常常引起民众对于恢复圣爱德华的法律的要求，因为这种法律的优点就是诺曼的贵族们亦极赞赏。

除了这种时作时辍，没有效力的要求恢复圣爱德华法律的努力外，最初在实质上的尝试就是有一位诺曼英籍主教拉努尔夫·德·格兰威尔[2]（Ranulf de Glanville）。他在金雀花王朝的创始者亨利二世手下当了10年的大法官（1180年～1190年）。他是在素以努力改善法律著称的托马斯·贝克特被杀后被任该项要职

---

〔1〕 民国版为“卡罗林朝”。——点校者注

〔2〕 民国版为“朗多尔夫地格兰维尔”。拉努尔夫·德·格兰威尔（Ranulf de Glanville，1130～1190），英国法学家，于1176年～1179年间任皇室巡回法官，1180年起任大法官（Chief Justiciary），主要贡献在于编著了《论英格兰王国的法律与习惯》一书。该书是格兰威尔的未竟之作，共分14章，内容主要涉及关于直属受封地的诉讼、圣职推举权、寡妇产、嫁资、赠与、遗嘱诉讼等。格兰威尔的这部作品用拉丁语写成，序言模仿了《优士丁尼法典》的序言。在这部著作中，他运用了大量罗马法术语、概念和原则来阐述当时的法律问题。——点校者注

的。至于贝克特的被杀对于格兰威尔的工作究竟有多大影响，我们现在不能断定。格兰威尔在他所著的被认为英国法的第一部的著作中是用当时流行的诺曼法语写成的。[1]这部书现在尚存，它称之为《论英格兰王国的法律与习惯》[2]（Tractatus de Legibus et Consuetudinibus Regni Angliae）——共有14大本。然而名不副实，它并不从事法律的讨论，只不过是把王室法院的诉讼程序及手续记录下来。至于法律原理，仅偶然提其一二而已。格兰威尔的目的显然地不是要说明法律或为之作注，不过想帮助一般执行法律的人使其易于行使其职务罢了。

大约在格兰威尔25年以后，《大宪章》才行颁布（1215年）。本来打算做到——实则后来已经做到——使英国法律有很大的改进。除了打算要实施公民自由[3]的伟大主义外，它还包括和改进司法方面有关的实际规则。当时王室法院似已分为受理刑事的王座法庭（Court of King's Bench）和审理民事的普通民事诉讼法庭（Court of Common Pleas）。它们都是随着国王而移动的。因为当时国王所设立的政府，并无固定的地方，所以对于处理民事诉讼尤觉困难。在《大宪章》中遂有一条规定普通民事诉讼法庭应设立在一定的地点。此后它便永久地设立在威斯敏斯特[4]（Westminster）地方。至于王座法庭很久以后才设在同一的地点上面。

---

〔1〕此处据点校者考证，《论英格兰王国的法律与习惯》（*Tractatus de Legibus et Consuetudinibus Regni Angliae*）一书作者是否是格兰威尔，法学界尚存争议；并且该书以拉丁语写成，并非如作者所说以诺曼法语写就。

〔2〕民国版为"《英国法律风俗论》"。——点校者注

〔3〕民国版为"民众自由"。——点校者注

〔4〕民国版为"韦斯特明斯忒"。——点校者注

亨利·德·布拉克顿[1]（Henry de Bracton），像格兰威尔一样也是一个牧师，他在1265年~1267年两年中，充任亨利三世时的英国大法官。他或许在任较久，但是我们现在不大知道。大约在1267年，他著了一部《关于英格兰的法律与习惯》[2]（De Legibus et Consuetudinibus Angliae），这种名称和格兰威尔的作品差不多。但是布拉克顿的这部书不仅是对于程序上的讨论，并且也是一部真正阐发法律原理而富有价值的作品。这在英国尚属创见。他自己说是以优士丁尼大帝的《法学阶梯》（Institutes of Justinian）为蓝本。他又几乎把关于动产的法律整个地引用。因为我们知道，封建主义没有关于动产的规定。它完全用不着这种法律，只有关于不动产和封建土地保有[3]（feudal tenure）而已。至于契约法、担保法、商法、海事法，它完全不知道。这些法律不但全是域外的产品，并且和封建制度也是不相容的。幸经布拉

---

〔1〕 民国版为"亨利地布拉克吞"。布拉克顿（Henry de Bracton，1210~1268），13世纪英国法学家，1246年出任巡回法官，1248年以后又担任英国西南部的巡回法官和王座法庭的法官，因其传世名著——《关于英格兰的法律与习惯》（*De Legibus et Consuetudinibus Angliae*）而在英国法律史上声名显赫。布拉克顿所处的时代正是欧洲大陆罗马法复兴的年代，当时注释法学派的代表人物阿佐对布拉克顿的影响很大，因此，布拉克顿的作品从形式到内容都深受罗马法的影响。通过借鉴运用罗马法的概念、术语和原则以及某些制度，布拉克顿初步构建起了普通法的体系。——点校者注

〔2〕 民国版为"《英国法律及其风俗》"。——点校者注

〔3〕 民国版为"封建土地租赁法"。封建土地保有（feudal tenure），按照封建土地保有制度，国王是王国内所有土地的统一领主和原始所有人，其他人除非直接或间接自国王处接受土地的封赠，否则就不占有也不能占有任何土地。占有土地者必须履行相应的封建义务，如服兵役、交地租等。——点校者注

克顿设法，补救了这些缺陷，因此他的著作在数百年中均被认为是标准的法律读本。

爱德华一世是亨利三世的儿子和直接的继承者。他的统治时期较长，约有 35 年（1272 年～1307 年）之久。常被称为“英国的优士丁尼”（English Justinian）。这是因为他对于英国法律有很大改进的缘故。但是这个荣誉很少有事实的根据。其实他应该称为无数苏格兰和威尔士爱国志士的屠杀者。他为了要成就统一大不列颠在其独裁下的野心，不惜牺牲了那些人。但是他在位时确曾通过数种法令，总共约有 20 条，都经保存直到今日，而且确曾为近代的立法所采用。因此这些法令便为深远的经验所证实了。但从另一方面，我们确知爱德华对于这些法令的草拟并未参与，这或者是他的大法官的工作。爱德华本人似乎是毫无法律知识，并且对于法律亦没有任何改进。但是在他的统治时期中，曾有两部重要的英国法律著作保存到今日。这两部作品都是用诺曼法语写成的。其一称为《英国法纲要》（Summa de Legibus Angliae），大约是在 1270 年～1275 年间写的，据说是一位布里顿〔1〕（Britton）或布雷顿〔2〕（Breton）所作的。这个人我们除了知道他是该书的作者外，其他一无所悉。这是一部布拉克顿作品的纲要，因此我们有理由假定布里顿和布拉克顿是同一个人的名字；上述另一部论文叫做《英国法释义》（Commentary on English

〔1〕 民国版为“布律顿”。《布里顿》（*Britton*）是一部关于英格兰法的专著，可能即是《英国法纲要》（*Summa de Legibus Angliae*）。写于爱德华一世时期，用法律法语写成，作者身份不明，可能为名叫布里顿的人。全书主要借鉴了布拉克顿（Bracton）及弗莱塔（Fleta）的著作，作了重新编排。其目的在于将爱德华一世时期制定的法律编纂起来，是王室法院执业律师的实用书，似乎一度很受欢迎。——点校者注

〔2〕 民国版为“布拉敦”。——点校者注

Law)，是弗莱塔（Fleta）的作品。这是一个不很著名的作者的假名，是他因事被关在弗利特监狱（Fleet Prison）内所写的，因此他便采取了这个名称。这本书是在1287年所作。布里顿和弗莱塔大都取材自罗马法方面，这是改进英国法的唯一途径。所以这两部作品都表现出英国法律发达的情形。

但是第一位英国普通法的真正注释家却是托马斯·德·利特尔顿〔1〕(Thomas de Littleton)。他和他的前人不同，就是他不是宗教家而是一个执业的律师和法官。在爱德华四世时，他在普通民事诉讼法庭当了14年的法官（1466年~1481年）。他在1481年在任时便逝世了。他的著作是关于土地保有法方面的，主要的是讨论封建法中不动产的保有权。那是搜集各法院流传到当时的判决而成的。和上述的前人一样，他的文章也是用诺曼法语〔2〕写成的，因为这种语言虽然已经为英国君主贵族和庶民所废弃，但在法庭上还是照常使用着。他和他前人不同的就是他并未取材于罗马法，而我们又不很清楚他如何能从罗马法中采用一些材料。因为罗马法是一种和封建主义极端相反的制度，所以他遂受着限制。他的论文完全是用英语，而且很详细透彻，我们无庸详予考究。因为我们都知道他的论文是爱德华·柯克（Edward Coke）的注释和威廉·布莱克斯通（William Blackstone）的注释的根据。此二者在下文将详予论及。又这些作品对于英国法律的解释方面，其地位是超过利特尔顿作品之上。我们要注意的就是利特尔顿是拥护约克家族反对兰开斯特家族的。他在政治上的关系

〔1〕 民国版为“汤姆士地利特尔吞”。——点校者注

〔2〕 此处究竟利特尔顿的文章是用何种语言——诺曼语或英语——写成并不成为问题。因为当时法庭通行一种特定的语言，即法律法语（Law French)，它是由诺曼法语（Norman French）和英语短语（English Phrases）组成的。——点校者注

使他对于法律的观念染上色彩，日后的柯克和布莱克斯通也是为着同样的原因而带着色彩。但是这里我们更要注意的一件事就是，利特尔顿的著作虽很精详透彻，然而对于当时尚保存着的衡平法上的财产权（Equitable estate）未曾提及。但是他的遗嘱中却仍对他私有的财产设定了衡平法上的财产权。衡平法上的财产权源自罗马法，利特尔顿在他弥留时仍想采用。但是在他的作品中，因他似乎是个很固执的封建主义者，所以仍然否认其优点。

大约在 125 年间——就是说在 1470 年利特尔顿著作时到 1628 年——利特尔顿的作品仍然是被认为解释英国普通法的权威之作。此期间包括都铎王朝，在该王朝时期，宗教的仇视和宗教的纷扰比法律更吸引整个英国人民的注意。这也是英国自从威廉以后最专制的时期，因此竟没有顾到法学者和法律的改进——虽然这个时期中曾出了一位最精明、最伟大的法学家，即卓著的托马斯·莫尔[1]（Thomas More）大法官。然而，在都铎王朝时代却曾涌现过不少关于改进法律的制定法，有些直到今日还存在有效。其中之一为《遗嘱法令》[2]（Statute of Wills），是在 1540 年亨利八世登位后第 32 年所制定的。关于不动产的遗嘱自威廉以后未曾有过。然在这个时候起，一切不动产可以用遗嘱去自由处置了。这就是英国普通法对于罗马民法内一种卓越的原则的采用。这个法令和在 5 年前所制定的关于将衡平法上的财产权变成为普通法的占有之

---

〔1〕 民国版为“汤姆士摩尔”。托马斯·莫尔（Thomas More，1478～1535），欧洲早期空想社会主义学说的创始人，人文主义学者和阅历丰富的政治家，以其名著《乌托邦》而名垂史册。——点校者注

〔2〕 《遗嘱法令》（*statute of wills*），亨利八世发布的一项法令，允许自由继承封土的土地占有人可以通过书面遗嘱的形式，将其 2/3 的土地遗赠给他人，但不得遗赠给法人实体。——点校者注

《用益法》[1]（Statute of Uses）供诸无道的君主，并不是因为这是文化的进一步，而是使他因此能够拥有他难以获得的财产。所以他不能被认为是对于不动产所加之限制上的撤除有所建树。

伊丽莎白在位时期，也以具有永久性的立法见称。当时最主要的法律叫作《防止欺诈法》[2]（Statute of Frauds），规定各种契约是要用书面的方式才受法院的承认。当然这是法院和律师的工作，并不是毫无法律知识而素不注意法律之国王的工作。然而，我们要注意的是，英国当时早已有国会了。但是在斯图亚特王朝以前从未立过法。他们的召集全然是因为国王需要金钱，所以要计划筹钱的方法，但他们绝对没有从事立法。对于他们的要求，国王每于获得所需要的金钱以后才予答应。因此便由他自己从事于表示同情之法律并关于补救的方法的制定。所以，这些制定法都是国王的法令而不是任何国会所决议的。这种事实我们虽然不从历史方面加以观察，但在该法的文字上我们就已经可以看到了。

---

〔1〕《用益法》（*Statute of Uses*），1535 年颁布，旨在反对在土地上设定用益的程序，将当事人所获得的用益由纯粹衡平法权利转变为包括占有在内的普通法权利或绝对所有权。该法旨在“使用益生效”，即它废止了用益受封人的介入地产权（intervening estate），并将保有地受益人的受益权益作为一种绝对的普通法权利。——点校者注

〔2〕民国版为“《诈欺预防法》”。《防止欺诈法》（*Statute of Frauds*），英国 1677 年所通过的一部制定法。该法由诺丁汉勋爵（Lord Nottingham）制定，于 1677 年由英国议会通过，其全称为《防止欺诈与伪证法》（*Act for the Prevention of Frauds and Perjuries*）。立法宗旨是在证据法不发达的时代，当事人又无法提供适格证人的情况下，减少合同欺诈。它规定有关地产权益转让、不动产遗嘱、信托声明或转让、某些特定种类的合同均需采用书面形式。此法一经实施，其起草内容及立法原则即受到广泛的批评，并有大量的判例法对之进行解释。该法的大部分条文已被此后的立法所废止或替代。——点校者注

爱德华·柯克爵士（1552 年～1633 年）在伊丽莎白、詹姆斯一世及查理一世时声势极盛。詹姆斯在位时，他从 1606 年～1613 年间充任普通民事诉讼法庭的大法官；从 1613 年～1616 年充任高等法院王座法庭的大法官。后来才被驱走。以前他曾任总检察长[1]（Attorney General），其后数年（1620 年～1627 年）复现身于国会中。至 1628 年，他的名著始发行出版，即他自称为《柯克对于利特尔顿书之注释》（Coke's Commentaries upon Littleton）或称为《英国法总论》[2]（Coke's Institutes）。这是一部不朽的作品，以利特尔顿的著作为根据，因其结构之优越，在 200 多年间都被

---

〔1〕总检察长（Attorney General），在英格兰，该职位源自中世纪的国王法律代理人（King's Attorney）和国王律师（King's Serjeant），自 1461 年起使用该名称，大约在 1570 年他替代国王律师而成为王室的首席法律顾问，至今如此。他同时还是法律界的领袖。通常他都是下议院的议员和枢密院成员，但并不一定是内阁成员。其主要职责包括为王室、政府、上议院的特权委员会、御前大臣（Lord Chancellor）提供法律咨询，代表王室起诉和应诉等。凡由王室提起或对王室提起的民事诉讼均可由总检察长代替有关的政府部门提起或者对总检察长而非有关的政府部门提起。诉讼开始后，也可以由总检察长代替有关政府部门参加诉讼。此外，他还可依职权以国家的名义在高等法院王座法庭提起刑事指控。——点校者注

〔2〕民国版为"《柯克法学原理》"。《英国法总论》（*Coke's Institutes*）共四卷，第一卷是对于《论土地保有》的评注，出版于 1628 年，又称为《柯克对于利特尔顿书之注释》。此后，柯克陆续完成了后三卷的写作，其中，第二卷是对于《大宪章》及其他制定法的评注，第三卷是关于普通法中的罪名与刑罚，第四卷则是关于英格兰国会与各种法院的管辖权。但由于查理一世的禁令，这些手稿在柯克生前未能出版，并于柯克逝世前为国务大臣温德班克（Windebank）所查封。直至英国内战爆发后，在长期国会的支持下，后三卷《总论》才得以重新面世，并由柯克的继承人分别于 1642 年和 1644 年出版。——点校者注

认为是关于解释英国普通法之最伟大的作品。虽然现在已成陈腐，而且几为日后布莱克斯通更精美的作品所淹没，然而其仍为一般不惮诵读其简陋文体的人们所推崇。爱德华·柯克的确是个有才干的人，精通普通法。他应被认为是在以往之法律上最握有权威的人。他的法律定义常被认为和法院的判决相等。但是不幸得很，除了这些好处以外，并没有其他的长处可以说了。他是一个残忍而且固执的人。他是一个最使英国历史受玷污的恶人。别的姑不置论，他对待沃尔特·雷利爵士[1]（Walter Raleigh）的方式，将这位优秀的冒险家指为叛国罪[2]（treason）而予处死的事情，已足够使他遗臭万年了。还有下文将要提及的一件事。他虽是个普通法的大注释家，但是如果照他的做法，也许会阻碍该法及其他各种法律的发展。

大约在《英国法总论》出版的125年后，即1765年，威廉·布莱克斯通爵士的名著《英国法释义》[3]（Commentaries on the Laws of England）出版了。我们都知道它是现在普通法的基本读本，而且是一部最优美、最引人注目的普通法的论著。这部书是布莱克斯通1753年在牛津大学最初开设一系列讲座的讲义汇编。这课程本身就是在学院及各大学最初教授普通法的尝试，以前这种实践性教育的机会仅仅由执业律师的事务所和诸如伦敦四

---

〔1〕民国版为“瓦尔太劳利爵士”。沃尔特·雷利（Walter Raleigh，约1552～1618），英国探险家、美洲殖民者，是伊丽莎白女王的宠臣，于1618年被国王詹姆斯处死，著有《发现圭亚那》（*The Discovery of Guiana*）。——点校者注

〔2〕民国版为“谋叛”。——点校者注

〔3〕民国版为“《英国法注释》”。——点校者注

大律师学院[1](the Inns of Court)这样的机构提供。[2]布莱克斯通的作品虽然没有像爱德华·柯克爵士的《英国法总论》那样曾有过的300多年权威的地位，但是它仍是各学校普通法及律师们的初级读本。此后我们还要明了此二者已渐被其他法律的注解所超越的原因，即法律本身受了19世纪文化迅速进步的影响而变更而实际地改革了，所以旧时的普通法便觉着不敷应用。

在格兰威尔、布拉克顿、布里顿、弗莱塔、利特尔顿、柯克和布莱克斯通诸人的作品中，我们知道了在诺曼侵入时代以及金雀花王朝时代，直到18世纪末关于英国普通法的注释和其发达的经过。照我们各方面看来，当时曾有两件事，实为促成其进步或推翻其所根据的基础，而用另一种彻底新的制度以代替之。其一是在1756年曼斯菲尔德勋爵[3](Lord Mansfield)之被聘为高等法院王座法庭的大法官。他是一个苏格兰法学者和罗马民法学的专家。他在任历时32年，备极称职。后来他就在美国采用联邦宪法的那一年（1788年）自动退职了。当他在任时，他不动声色地但却实际地采用几乎和普通法完全相反的方法以处理法院。

---

[1] 伦敦四大律师学院，即林肯学院（Lincoln's inn）、内殿学院（Inner Temple）、中殿学院（Middle Temple）和格雷学院（Gray's inn）。

[2] 民国版为“这是因为在1753年牛津大学最初将它当作该科的讲义而作的。至于这科学程实是大学校及各学校最初教授普通法的尝试，代替了以前供给律师业务的唯一伦敦四法学院的实习教育”；英文版为“It was the result of a course of lectures first delivered at the university of Oxford in the year 1753; and this course itself was practically the first effort to teach the Common Law in schools and universities, in the place of the practical education which had been previously furnished alone in the offices of the practitioners of law, and in the institutions known as the Inns of Court”。——点校者注

[3] 民国版为“威廉·麦累·曼斯非尔德伯爵”。——点校者注

他的方法类似现在进步的文化，实则超乎柯克和布莱克斯通之上。他和布莱克斯通同时期，而且在法院里还是同事，但是他比布莱克斯通更能干、更有成就。他是英国数一数二的真正伟大的法学家。这种大法学家仅有三位，其余两位就是托马斯·莫尔爵士和马修·黑尔爵士[1] (Sir Matthew Hale)。他们三位都是模范法官——不但饶有才学，著有劳绩，并且更有他们的个人地位。他们的和蔼，他们的虚心，甚至他们高超的道德，获得了当时人们的爱慕和后人的景仰与称扬。曼斯菲尔德勋爵在普通法中输入了罗马法中的商法 (Law Merchant)，并建立了寄托法[2] (The Law of Bailment) 的基础。此二者以前在普通法里是没有的。他为 19 世纪的大发展开了一条捷径。或者可以说除了培根勋爵[3] (Lord Bacon) 以外，其他的英人都没有像曼斯菲尔德勋爵对于文化上有那样伟大的贡献。

上面已经提到的还有一件事，我们须在另章论之，就是北美

---

〔1〕 民国版为“马太黑尔爵士”。马修·黑尔爵士 (Sir Matthew Hale, 1609～1676)，英格兰著名法官，法理学家。他在 1671 年～1676 年间担任王座法院首席法官。其最著名的著作是《国王诉讼的历史》(*Historia Placitorum Coronæ*) 以及《英格兰普通法的历史》(*A History and Analysis of the Common Law of England*)。——点校者注

〔2〕 民国版为“担保法”。寄托 (Bailment)，在英美法系中指动产所有人，即寄托人 (bailor)，为特定的目的，如贮存、租赁等，按照合同明示或默示的方式将其动产交于他人，即受托人 (bailee) 保管，待特定目的实现后，受托人将财产交还寄托人或按寄托所规定的方式处置该财产。寄托期间受托人应尽一定的管理寄托财产之责任。寄托不同于买卖或赠与，它只涉及财产占有的改变而未移转所有权。——点校者注

〔3〕 民国版为“培根伯爵”。弗朗西斯·培根 (Francis Bacon, 1561～1626)，英国近代哲学家、科学家和法学家，其一生历任皇家大律师、副总检察长、总检察长后，最终成为英国司法界的最高领袖——大法官。其著作有《新工具论》、《新大西岛》等。——点校者注

独立战争将封建主义击碎了，将封建主义所产生的一切制度全都销毁了，这或者是历史中最伟大的一件事。

但是英国法律还有一方面，我们这里要注意一下，我们必须回溯到英国普通法之肇始的时期。可是很奇怪，英国普通法必须溯及于“征服者”威廉[1]导入封建主义之时，而罗马法学和罗马民法的萌芽也在同时或且稍迟一点方输入英国。我们已经知道罗马法律在教会的势力和查理大帝的立法影响之下在法国已有很快的进展。它在法国从未全部消灭过。当北方人[2]（Northmen）从加洛林王朝后期的君主手中夺取了诺曼底这一富庶的省份后，该地区的罗马法便受了很大的打击。[3]但是它经过大难后仍能维持，因为北方人渐被罗马—法兰克文化所征服，而罗马法遂也逐渐占据了封建主义之普通法的地位。

许多精通普通法和罗马法的诺曼教长[4]（prelate），跟着“征服者”威廉来到英国，后来便在国王和国王的后代的议会中掌握了大权。其实，英国的诺曼族王，不但将该国的土地完全没收分给他的部下，而且将该王国之主教[5]（bishopric）的位置也全令诺曼的

---

〔1〕 民国版为“威廉皇帝”。——点校者注

〔2〕 此处“Northmen”指来自北方的维京人。由于维京人占领了诺曼底，并与当地居民逐渐融合，后世将该地区的维京人也称为诺曼人。——点校者注

〔3〕 民国版为“当北方人从日后的卡罗林朗王国冲入该繁盛区域中”；英文版为“It had received a serious check in Normandy when the Northmen wrested that rich province from the later Carlovingian monarchs”。——点校者注

〔4〕 高级教士（prelate），指拥有独立的而非代理他人的管辖权，并具有较高地位与权威的宗教首领，如主教、大主教、都主教（metropolitan）与牧首（patriarch）等。

〔5〕 民国版为“教主”。——点校者注

神职人员[1]（ecclesiastic）充任。诺曼的贵族和其他各地的贵族一样，都是粗俗、无知、目不识丁（illiterate）、毫无读写能力的。即使国王亦不过如此。英国亨利一世即"征服者"威廉的幼子及次位的继承者曾被称为"作家"（Beauclerc），因为他异于当时其他的国王，他确能书写他自己的姓名，而为和他同阶级的人们所不曾学习到的。后来因为事实上和宗教上的理由很需要知识和教育，国王遂不得不求教于主教们。于是主教们在国内获得了大权，常常和贵族们同被召集商议国家大事。到了今日，虽则环境仍适于这种制度，但是早已废除了。然英国的主教，即英国国教的主教，在上议院的议席中仍占着主要部分，并享有参与该国一切的立法权。

还有一位所谓"国王良心守护者"[2]（Keeper of the King's Conscience），很早就有了。他常是一位主教。从诺曼族侵入时代到亨利八世在位时期，这个职务在教会中常处最高地位，仅仅次于国王。有一位可敬的沃尔西主教[3]（Cardinal Wolsey）是任职最末的一个。所谓"国王良心守护者"，就是后来我们所称的首相。他处理国内一切事务，尤其是关于救济的申请。同时，他更代表国王对特殊案件行使审判权。他通常不是一国的最高法官，虽然在最初的

---

〔1〕民国版为"宗教家"。——点校者注

〔2〕民国版为"国王之良心监督者"。国王良心守护者（keeper of the king's conscience），以前给予御前大臣的称谓，关于其原因，一说是因为他在衡平法庭代表国王听审向国王申诉的案件时——在发展出确定的衡平法原则之前——主要是依据其良心的判断来作出裁决；另一说是因为早期的御前大臣均为教士，主持着王室教堂，维护着国王的良心。——点校者注

〔3〕民国版为"武尔西主教"。托马斯·沃尔西（Thomas Wolsey，约1475～1530），英国的政治家和红衣主教，英王亨利八世的大法官和主理国务的大臣。——点校者注

时候，这两种职务有时是由一个人兼任的。一切使法院行使职权的御旨（royal writ）都是由他颁发出来的。如果这些法院在封建法的限制下，对于诉讼当事人没有相当的补救方法，就可用呈文向他请求准予设法救济。因此他的职务，本来是行政的，现在却又成为司法的。由此所产生的法院就称为衡平法院。因为四周绕有围栏（在拉丁文中即“Cancellarii”），在英文遂称为“Court of Chancery”。而所适用的法律也就称为衡平法，和普通法法院所使用之严格的硬性的法律不同。这样才发生了近代英美的“Chancery”和“Equity Jurisprudence”。这两个名称是具有同一意义的——前者源自该法院环绕的围栏，所以有此称呼；后者则系基于所行使之法律的性质。

据前所述，盎格鲁—撒克逊人本有一种郡法院（County Court）的制度，“征服者”威廉曾允许它们的继续保存。但是他却又设立了一个全国的法院，叫作王室法院（Aula Regia or Curia Regia），将郡法院的权力慢慢地吸收下去。因此，郡法院不久便被废弃或受禁止。这个王室法院后来又产生了高等法院的王座法庭和普通民事诉讼法庭。前者据说最初是审理一切刑事案件的；后者则只处理私人间法律上的争执或诉讼。此外还产生理财法院，专理皇室一切度支事务。至于王座法庭和理财法院如何能取得和普通民事诉讼法庭相当的若干种案件的管辖权，我们这里不用多说，因为在大多数的读本中都能够见到。以上三种法院构成了英国整个的法制。

这些法院的手续和程序在诺曼和金雀花王朝的帝王时到都铎王朝时尚足应用。它们构成一套极端精细但大多并非正式形成的诉讼程序。有许多事情，如关于赔偿及罚金等事（见布莱克斯通《英国法释义》第二册，第二十一章），它们的程序十分可笑和幼稚。虽在当时尚能适用，然常趋于鼓励使用狡计，而不能达到获得公平的目的，所以有许多案件完全未能符合公平的条件。到了后来贸易和文化日臻进步，这些案件渐趋复杂，而普通法的缺点也就愈益明显，上诉到“国王良心守护者”的事件也随之增多了。于是这个后来被称为大法官（Chancellor）的便常被请施行救济方法。他只要在罗马民法中找寻，总不白费工夫。因为他是宗教中人，对罗马法非常熟悉。他就使用衡平法这个名称来实施救济方法——这里我们可以看出“衡平”（Equity）这个名称和“公平”（Justice）系属同义，仅在法律的硬性上有些区别。因此，衡平法不过是英国大法官屡次引用罗马民法集合而成的。严格地说，它不是一种制度，因为它本身缺乏前后一贯的关系。它的内容是罗马法的断片，彼此没有联系。但是，我们应该记得此前所规定而尚有效的一种原则就是：只有在普通法中没有救济或相当的补救方法时，才求助于衡平法。因此，关于衡平法的定义和衡平法院管辖权的范围的难题也就常常发生着。这种困难是引用这种法制时的环境所产生的必然结果。

这种法制发生于英国时似乎并非未遭何种反响。但其实它受过英国普通法法院和国会的重大反抗——差不多直到 18 世纪初叶的国会都是如此。其理由是很明显的。除了在 1265 年由西蒙·德·孟福尔（Simon de Montfort）所召集的著名国会以外，英国自诺曼族侵入后到都铎王朝时为止，实在没有一个可以代表人民的国会。当时虽然有过许多国会，但都是由封建的诸侯们及其代表所构成的。他们都是诺曼人的国会，而法院也是诺曼人的法院。这两种机构都采取种种方法来保存封建主义的制度。因此，纵然是假用着衡平法的名称，他们对罗马法也是要予以反对的。至于当时的普通法法院，的确是不能令人满意的，因为这种法院的存在根本就不能达到公平的目的。

一般研究英国历史的学者都很知道这种竞争耽延这些时候，直到 1603 年斯图亚特王朝时才爆发出来的原因。当时在爱德华·柯克爵士主持的王座法庭和埃尔斯密尔勋爵[1]（Lord Ellesmere）所管理的衡平法院曾发生过尖锐的斗争。因为他两人间有私仇，所以争斗更加激烈。其实这并不是很严重的事情，就是今日也常发现。

事实是这样的：王座法庭判决了一笔到期的款项。因为事实已明，即在起诉以前，款项即已清偿，并已取到收据。但因收据遗失，被告在审判时不能提出证明。法院就援引前例，判决原告胜利。后来被告把收据找到了，但是这时普通法已不能使它有效，因为这个判决是最终的。于是被告遂控诸衡平法院，请求暂缓执行。大法官便判令对普通法院的判决缓期执行。

这种程序在今日极为普遍，没有人会想到反对这回事。但是在当时，衡平法对于行使给予救济方法的管辖权，却没有像今日这样的确定。

爱德华·柯克爵士大为震怒，认为衡平法院对彼所辖的王座法庭妄施干涉。虽经过埃尔斯密尔的解释，认为衡平法院的干涉是关于诉讼当事人的事项，与受诉法院丝毫无涉。但亦徒然。柯克却否认有这种区别。他们的争执便愈加剧烈起来。遂向国王申诉，请求亲自判断。这就是英国国王被请在行使司法权方面实施国王特权以干涉私人争执之最后的一次。

这时，有一位比埃尔斯密尔更伟大的人物参与拥护衡平法院的管辖权——这人可算是在英国史享有最显赫的名声——他是个大哲学家、大著作家、大法学家、大政治家——是个精通当时各种学术

---

〔1〕民国版为"挨尔斯密尔伯爵"。托马斯·伊戈尔顿（Thomas Egerton，1540～1617），英国衡平法院大法官，1603年成为埃尔斯密尔男爵（Baron Ellesmere），1616年被封为第一位布拉克利子爵（1st Viscount Brackley）。——点校者注

的人——是个深通罗马民法的学者——如果今日的作者认为在数世纪以来，以戏剧的作者著称于世的威廉·莎士比亚（William Shakespeare）也曾受他的赞助的话，那么他就是人类中最具有天才的人——但是他也有缺点，如亚历山大·薄柏〔1〕曾说，他是“人类中最伟大、最聪明、最鄙吝的人”——这个人就是弗朗西斯·培根，通称为“培根勋爵”，又称为维鲁拉姆男爵和圣奥尔本斯子爵〔2〕（Baron of Verulam and Viscount of Saint Albans）。当时他是总检察长，不久便担任大法官的职务。他对这次争执的结束立有很大的功绩。

使法律和文化能有进步的是一个斯图亚特王系的人，并不是都铎王系或汉诺威王系的人——这个苏格兰人曾受过些教育，对于罗马民法的原理也有些涉猎，不像英格兰人只知道普通法，或像韦尔夫王系的人〔3〕（Guelph）完全不知道法律。当时他做了英

---

〔1〕 民国版为“诗人教皇”。据点校者考证，此处pope并非指“教皇”，而应当音译作为“薄柏”。亚历山大·薄柏（Alexander Pope，1688～1744），英国讽刺诗人，幼年时期患有结核性脊椎炎，造成驼背，身高没有超过1.37米。薄柏的诗歌多用“英雄双韵体”，词句工整、精练、富有哲理性。薄柏的代表作有讽刺长诗《鬈发遇劫记》（*the rape of lock*，1714）、《愚人志》（*the dunclad*，1742）、哲理诗《道德论》（*moral essay*，1731～1735）、《人论》（*an essay on man*，1734）等。另外，值得一提的是，薄柏还为牛顿爵士写过墓志铭。——点校者注

〔2〕 民国版为“未卢拉姆男爵及圣俄尔班子爵”。——点校者注

〔3〕 民国版为“旧尔夫人”。韦尔夫家族（Welf or Guelph），德国的传统贵族世家。在历史上的不同时期，该家族的成员曾先后是施瓦本、勃艮第、意大利、巴伐利亚（拜恩）、萨克森、不伦瑞克—吕讷堡公国（汉诺威）的统治王朝；家族成员不伦瑞克的奥托四世（Otto IV von Braunschweig，1175～1218）曾为神圣罗马帝国皇帝（1209年加冕）。从1714年起，家族的一个分支成为英国王室（汉诺威王朝）。——点校者注

国的国王。英国的斯图亚特王朝没有什么显著的建树，即和他们的前辈及后人相比较，也没有什么好坏的地方。但是，詹姆斯一世这个人当时是从苏格兰王位上被请过来以继承英国王位的，他是个花花公子又是个迂儒，还佯作具有学识。当时有个善于诙谐的法国人即法兰西之亨利四世的宰相萨利[1]（Sully）公爵曾批评他，说他是“欧洲最聪明的蠢货”。但是他毕竟是个受过一些教育的人，而且天性也有些公正。因为他的学识和倾向，便使他袒护培根和埃尔斯密尔一方，竟对衡平法院方面的主张加以援助。

在这个争执中，柯克在失意之余引退了，不久他更辞掉一切职务。他虽然很有才干并精通普通法的内容，可是他的引退对于法律并无损失，因为他的残恶鄙俗已玷污了司法界。后来他又重入国会，颇致力于反对查理一世的专制。但是他残忍和固执的性情，对于公民自由不但没有好处反而有损害。他用尽种种阴毒的力量来害培根。他们彼此本来就是对头，这时竟成为世仇了。

根据詹姆斯一世的决定，衡平法院依照罗马法而执行衡平的原则的这个管辖权在英国即趋确定。此后，冲突虽未因此停止，然并无其他重大问题的发生。衡平法后来被认为是英国法中的一系，和普通法并列。因贸易及文化不断的发展，更需要罗马法来

---

〔1〕 民国版为“绪利”。萨利公爵（Duke of Sully，1560～1641），原名马克西米利安·贝休恩（Maximilien de Bethune），胡格诺派教徒，法国政治人物。早年担任过纳瓦拉的亨利（Henri de Navarre）（后为法国国王亨利四世）的宰相。1572 年随亨利到巴黎，在圣巴托罗缪之夜大屠杀中仅以身免。他促成了亨利与玛丽·德·美第奇（Marie de Médicis）的婚姻（1600），并参加谈判《萨伏伊和约》（1601）。1603 年任驻英王詹姆斯一世宫廷的特命大使。1596 年成为国王的财政委员会主任，后来他的权势压倒大法官，成为真正的国王亲信。1606 年封公爵，成为法国贵族。——点校者注

解决人与人之间复杂的问题，普通法渐渐不能适用。衡平法便在萨默斯（Somers）、哈德威克（Hardwicke）、拉夫伯勒（Loughborough）、林德赫斯特（Lyndhurst）、布劳汉（Brougham）[1]等著名富有才干的大法官手里日益发展起来，使它在近代竟能凌驾于英国普通法之上。其实，如果不是有如上述之曼斯菲尔德勋爵这样大胆改革的话，那么，普通法院是否会在这个时期以前成为陈废，多数的法律问题是否会诉诸衡平法院，自然是个问题。这种结果可说是无论如何后来总会发生的，不过是需要另一种不同的环境和情形罢了。培根勋爵也许会使它在当时发生，但是当时的英国时机并未成熟。

衡平法院因培根和埃尔斯密尔的努力而胜利，这显然是罗马民法对英国普通法的胜利。罗马法直接捣入其劲敌的深处，于是就逐渐发展流行以及扩充起来。但是它的对方——普通法，除经曼斯菲尔德勋爵稍予增补外，实际上依然没有变更。这是因为普通法没有伸缩性，而衡平法则因为促进人道主义的需要能够随时增补。

在这次争执中，还有一种使罗马法能够获得最后胜利的因

---

[1] 民国版为“苏马斯、哈德威克、拉夫巴罗、林德赫斯特、布卢安”。萨默斯男爵约翰·萨默斯（John Somers，1st Baron Somers，1651～1716）、哈德威克伯爵菲利普·约克（Philip Yorke，1st Earl of Hardwicke，1690～1764）、拉夫伯勒男爵兼若斯林伯爵亚历山大·韦德伯恩（Alexander Wedderburn，1st Baron Loughborough，1st Earl of Rosslyn，1733～1805）、林德赫斯特男爵辛格尔顿（John Singleton Copley，1st Baron Lyndhurst，1722～1863）、布劳汉和沃克斯男爵亨利·彼德·布劳汉（Henry Peter Brougham，1st Baron Brougham and Vaux，1778～1868）均为18世纪英国著名的衡平法院大法官。——点校者注

素。自金雀花王朝的初期起，英国即有国会。但是除了 1265 年西蒙·德·孟福尔的国会和其他两三个勉可算数的国会以外，其余都不是为了给国家制定法律而召集的。英国的立法权直到都铎王朝的末期，还是单独地完全在国王的掌握中。国会只有在国王于其事业上需要金钱时才行召集。自从"征服者"威廉到斯图亚特王朝开始时，其间各朝帝王都有过无谓浪费、险恶和不合理的战争，他们需要的金钱超过了王室府库从各方面收入的数目。于是，它便从事于贵族和主教们的召集，其后各郡各镇的代表也被召入国会以应需要。他们必须供给王族的需要，否则便要失去了国王的欢心。国会通常也就利用这个机会要求国王对于他们认为有损害的情形加以救济。因此，在懦弱国王下之强大的国会，就常常在这种情势之下得到若干好处。国王对他们的要求有时答应，有时拒绝，有时在起初表示顺从，假意答应，但是一旦压力解除便把他的允许撤回了。这种由国会要求，经过国王准许的救济方法，英国历史家称为国会的立法（Parliamentary Legislation）。但是，它的确是不值得如此称呼的。然而这种情形却终于使斯图亚特王朝的国会和斯图亚特王朝的君主决裂了，而且更打开了一条设立真正国会的捷径。

国会对斯图亚特国王的抗争好像是盲目的波吕斐摩斯〔1〕（Polyphemus）的奋斗，当它愤怒之时，拟将当时的社会制度径行推翻，用一种更优越的制度代替。关于此点，它在当时并无适当的观念，仅于后来受着种种外来环境的影响，最后才发生了。到

〔1〕 民国版为"波利非马斯"。波吕斐摩斯（Polyphemus），希腊神话中吃人的独眼巨人，海神波塞冬和海仙女托俄萨之子。据荷马史诗《奥德赛》记载，英雄奥德修斯为逃出山洞曾与巨人波吕斐摩斯有过一场激战。——点校者注

汉诺威王朝时，最显著的就是王权落入贵族手中。汉诺威王朝时期的国会只有贵族们的专制，而贵族们的本身也复分为数派，最后才渐渐建立一个议会政治的政府。今日的英国宪法，其源始据一般英美学者认为可以溯及的最初时期是在英国史中所称的1832年的《改革法》（Reform Act）。在这个法案以后，英国人民的国会才告成立。

当人民一旦获得权力以后，国会便开始立法。19世纪的史录中所表现之极端的活跃，不仅是对于该国的政治组织的改革，对于法学方面也有同样的改进。关于这种立法，这里无庸详论。我们只要知道现在普通法每次的改革，都是引用或恢复罗马民法中若干的规定或原理，其中有些在实质上又和《拿破仑法典》具有同样的效力。许多都曾经历过根本改掉。它们可以说是将1873年、1874和1875年间的著名法令集合成篇。因为其主要目的是要将英国司法制度整个地改组，所以在英国通称为《司法组织法》〔1〕(Judicature Acts)。这个法令将司法制度整个地改组了。一切古旧的威斯敏斯特法院、王座法庭、普通民事诉讼法庭、理财法院以及其他一切的法院都被废除了，以一所谓最高司法机构〔2〕代替之，由一个大法官（Lord Chancellor）担任院长。此

---

〔1〕 民国版为"《高等法院组织法令》"。为消除英格兰各法院在管辖权、实体法、程序法上的冲突及差别给当事人带来的巨大不便，英格兰在19世纪下半叶进行了司法机构的改革，即1873年~1875年的《司法组织法》（Judicature Acts）。根据这一法律，此前存在的高级法院合并为单一的最高司法机构（Supreme Court of Judicature）。这一司法机构分为上诉法院（Court of Appeal）与高等法院（High Court of Justice）。——点校者注

〔2〕 民国版为"高等法院"。——点校者注

外，以王座法庭庭长，即今日所通称之英格兰首席大法官[1]（Chief Justice of England）居其次。这个新法院处理一切案件，不论民事或刑事皆在其列。又依该法所定，更区分为若干庭分别处理各种事务。即重新恢复了衡平法庭、王座法庭、普通民事诉讼法庭、遗嘱和海事法庭等旧的名称。又在最高司法机构内设立一上诉法院，由大法官、英格兰首席大法官以及三个上诉法官从事审理不服所属下级法院而上诉的案件。这是一种很彻底的改革，和美国纽约州以前的司法制度相似，又和哥伦比亚特区当时流行的制度相同。因为后者也是以纽约州为模范的。但是很奇怪，纽约州和哥伦比亚特区的制度都已经废除了——不过在纽约州尚有些仍予保存——至于英国，对于此制迄今似尚认为满意。

英国司法制度的这种改革，虽然很彻底而且很详细，但是若没有在该法某条文中有了含意广大的一种简短的文句，那就不能表示出过去罗马民法和英国普通法竞争的情形。因此，其后凡遇有普通法和衡平法发生冲突，便有应优先采用衡平法的规定。这就是法律对于罗马法凌驾普通法之上的最后的承认，并且在可能的范围内还可使前者代替后者。同时也是培根和埃尔斯密尔对柯克的胜利。并且也是罗马民法在封建主义的范围中，对于封建主义之最后的凯旋。这次的大竞争事实上算是永远告终了。虽在法律上还有许多封建主义的痕迹的遗留，而且大都存在英国社会制

---

〔1〕民国版为“英国裁判长”。英格兰首席大法官（Chief Justice of England），英格兰高级司法官员职位，全称为“Lord Chief Justice of England”，在法官中的地位仅次于御前大臣（Lord Chancellor），现在，他主持王座分庭，不仅代表古老的王座法庭的首席法官，还代表财税法庭的首席法官（Chief Baron），以及民诉法庭的首席法官。这三个法院的管辖权现已合并由王座分庭行使。英格兰首席大法官也是上诉法院的当然成员。——点校者注

度中，然而再过些时，也许是会完全消灭的。关于国内的贵族政治、古旧的贵族院（House of Lords）、国立教会、长子继承主义、女性继承权之否认以及限定嗣续的法令（虽然目前已经大加限制），以及古代封建土地保有权的状态等在当时还是继续存在。可是一般研究当时历史的学者都很明了，这些事情迟早有一天是会废绝的。封建主义在英国法律上的消逝不过是时间问题而已。英国当然不能恢复到爱德华·柯克那样的狭小固执的立场。然而还有一点是普通法所特有而值得我们夸张的，这在现时还保留着，容于次章论之。

第十章 美国法

当这些冲突、竞争和骚乱时，美国如何呢？美国关于反对封建主义及罗马民法是什么情形呢？这对于美国人民有什么关系？是否同为地域相距遥远且为时日相隔长久的事件而美国人遂对之只有学术上的兴趣而已呢？对于后者若我们的答案是肯定的，那么我们是大错特错了。一般习法之士在第一年级时是否便要以布莱克斯通关于封建制度及封建主义之土地保有权的著作，作为普通法中不动产的初步研究呢？我们通常都是介绍人们熟读威廉·罗伯逊[1]（Robertson）所著的《神圣罗马帝国皇帝查理五世史》（The history of the reign of Charles V），因为其中涉及封建制度的地方比任何英国作家写得更明白更简要。这一段历史在目前实际中颇为重要，且为谙习美国现行法律的必要知识。

我们且从另一立场来看，美国每年或每两年约有50个立法团体从事制定法律。除了弥补其缺点以外究竟有什么意义呢？这

---

〔1〕 民国版为“洛拔逊所著的《日耳曼皇帝查理士五世史》”。威廉·罗伯逊（William Robertson，1721~1793），苏格兰历史学家，爱丁堡大学校长，爱丁堡皇家学会（Royal Society of Edinburgh）创始者，苏格兰古文物学会（Society of Antiquaries of Scotland）创始者，其著有四卷本《神圣罗马帝国皇帝查理五世史》（*The history of the reign of Charles V*，1769）、三卷本《美国历史》（*The history of America Books*，1777~1796）以及两卷本《苏格兰史》（*The history of Scotland*，1759）。——点校者注

不过是因为普通法太简陋了，不能适应现代文化之需要，因此应该制定法律以弥补其缺陷。近125年间在美国所制定一切良好的法律——并且也有许多简劣的法律——大都是从事废除封建时代的规则和陋俗而恢复到罗马法的原则，有时甚至还回到罗马法的字句上面去。换句话说，罗马民法和封建主义的普通法间的竞争到今日还继续着。这就是说，罗马民法虽然在原理上早已胜利，但是还有不少封建法律的痕迹遗留着，仍需要我们一一加以铲除。

我们试举一二例证表示这并不是没有事实根据的。最近50年的立法，最显著的就是恢复已婚妇女对其单独财产[1]（Separate property）之独立的支配权。这不过是将罗马民法的规定重新制定以及把封建时代关于妻之所有物在法律上视为并合于夫之财产内的学说加以废除罢了。这种规定可以在《优士丁尼法典》内及《拿破仑法典》中发现，并且这是罗马共和国时代的法律。

还有，普通法否认双方当事人有证明其本人行为之权。但罗马民法、《优士丁尼法典》和《拿破仑法典》的规定却完全与此相反。现在美国各地都恢复采用罗马民法的规定，而且这都是后来才行制定。所以这个竞争的继续进行，是显而易见的。

培根勋爵如果能将罗马民法整个地代替英国普通法，他定能解决不少困难。但是封建制度的偏见太强，殊难受到彻底的改革。如果当日能够铲除这些偏见的话，那么，他的改革或不致使当时的社会制度及社会秩序遭遇重大的骚动。但在北美独立战争时才进行改革，这当然是太迟了。虽然还被认为适当，但是情形已极复杂。美国人所采的方法是慢慢地将普通法的风俗和习惯消

---

[1] 民国版为“特有财产”。单独财产（separate property），指婚姻存续期间，其使用及所有权仅属夫或妻一方的财产。——点校者注

灭了。在当时的情势，这是一种最好不过的办法。

我们要记得美国最初的13州，除佐治亚州[1]（Georgia）为时稍迟外（但在发展过程中并不迟延），一切法制都是在斯图亚特王朝诸王的时代建立的，并且他们的特许状也是由诸王颁发的。一般移殖民把他们离国前之一切英国流行的普通法和衡平法所混合的法律都带到这里来。这种法律已如上述，是经由詹姆斯一世之决定而在英国树立了坚固之基础的。在美国这项法制因环境之需要时有增减改进，继续直到今日，衡平法也渐渐地超过了普通法，并且因为有了制定法的方式而最终使得美国法律中毫无普通法的痕迹遗留着。

然而我们要注意的是，各殖民地的创立者起初并不是都愿意在当地设置衡平法院适用衡平法制的。其中若干殖民地对此颇觉踌躇。但是结果他们都明白了，认为衡平法和普通法以及衡平法院和普通法法院都是同样地需要，因而在各处都一一设立了。但有一个很大的例外，就是有一位温和可是有些阴险而且具有偏见的绅士，他是宾夕法尼亚[2]（Pennsylvania）殖民地的创立者，他像当时和他一流的人一样，极端地反对一切有宗教气味的事情。英国的衡平法院是源自教会方面的，自从“征服者”威廉直到亨

[1] 民国版为“佐基阿州”。佐治亚州（Georgia），美国东南部州名，首府亚特兰大。——点校者注

[2] 民国版为“潘撒维尼亚”。宾夕法尼亚（Pennsylvania），美国东北部州名，这个州的名称是英国移民威廉·佩恩（William Penn）起的，拉丁文的意思是“佩恩的林地”。州内最大的两个城市也是费城和匹兹堡。——点校者注

利八世时的衡平法官都由牧师充任。威廉·佩恩[1]（William Penn）规定宾夕法尼亚州不得建立衡平法院。结果普通法院只得用那迟疑的、简陋的、迂曲的以及不当的方法假装做普通法来使用衡平法。这种尽量假装的方法当然是十分拙劣的，但当佩恩专有的政府因北美独立战争的爆发而消灭后，衡平法院在宾夕法尼亚州便立刻建立起来了。

与英国相同，衡平法和普通法也成为美国法律中两相并行的法律。本来这混合的部分是可以同时并存的。在美国和在英国一样的曾设立两种不同的法院，适用两种不同的法律。这种区分，在美国尚有数州——如新泽西州（New Jersey）、特拉华州（Delaware）和田纳西州（Tennessee），[2]直到今日它们都有和普通法无关的衡平法院和衡平法官来适用特殊的衡平法。但是多数州曾把两种法官混合起来，不过由于有许多地方根本不能一致，所以并未企图将两种法制混合为一。而且这种混合似乎是难以做到的。因此，常有可笑的事情发生着，即一桩案件在同一法院中，由普通法判决后，随即以衡平法院的方式禁止执行或以禁令认为无效。当然，这种可笑的事情在美国那些两种法制是由同一法院行使的是不会存在的。同为法官和律师对于由这两种法制所构成的复合法律都能够一一通晓。但是如果这两种相反的法制并肩存在时，那么就要发生此等情事了。美国联邦法律将两种法制合并为一，是在联邦宪法修正案中才加规定的。

但是普通法和衡平法即英国普通法及罗马民法，在美国法学

---

〔1〕民国版为“威廉·潘”。威廉·佩恩（William Penn，1644～1718），北美殖民地时期的一位重要政治家、社会活动家，宾夕法尼亚殖民地的开拓者。——点校者注

〔2〕民国版为“纽泽尔西州、得拉韦尔州和泰内西州”。以上地名均为美国东部州名。——点校者注

上都不能够维持原状。即使它们合并起来也是一样的不可能。因此，英国的普通法遂渐渐地并不知不觉地变为罗马民法，而不能急剧地同处于一个大范围中。自从美洲殖民地建立后，这种变迁不断地切实地向前进行，但是自从美国独立以后才加快而彻底了。在1776年7月14日以来，合众国各州及联邦政府（当然后者因受了限制而进行较慢）在立法方面对于封建法的废除，而用罗马民法之原理以为代替曾有不断的努力。各州最初之法令就是废除英国普通法所设定的继承权以及一切在封建上的权利义务（feudal incident），而按照罗马民法的内容来制定一种继承的法律。纽约州则更进一步地依照罗马民法承认土地保有权的土地为自主的所有地，而对普通法之封建式的规定予以否认——这在采用罗马之继承法看来，其名称虽没有多大意义，然在实质上固已视为十二分满意了。

至于改革工作即增减的工作进行得很慢但却十分稳定，差不多所有英国普通法的显著之点在美国社会制度及法制中都消灭了。长子继承制（primogeniture）已被废除；继承时之男女的区别也被废除，即限嗣继承[1]（entail）也被废掉了。对于封建主义土地保有的一切附带权利义务——这些权利义务可以说是无法计算而且也不是一时就能够计算到的，但有些或且是没有什么弊

---

〔1〕 民国版为“限制嗣继”。限嗣继承（entail），旧时英国土地保有和继承的一种形式。即土地只能由土地被授予人或受赠人的特定继承人继承，而非其全部继承人都能继承。这样，土地就能在其家族中世代相传下去。限嗣继承土地的保有人（tenant in tail）不能处分该土地，如果受赠人死亡时无子女，或其继承人死亡时无子女，限嗣继承将终止，土地转归回复地产权人（reversioner）或剩余地产权人（remainderman）所有。在美洲殖民地也曾存在过土地限嗣继承制度，但1776年弗吉尼亚州首先予以废除，其后大多数州也都废除了。——点校者注

害，都曾尽量地加以废除了。妇女支配其私有财产的权利以及契约的订立权，那是罗马民法所承认而为英国普通法所否认的也恢复了。普通法上之野蛮不人道的不正当的刑罚，也被废除和受着重大的反对。就是严正呆板之封建主义的法律也被那根据《优士丁尼法典》而制定之较合理的法律所替代。总而言之，美国人是在不断地而有恒心地从事推翻普通法的工作。这种普通法固为柯克和布莱克斯通二人所认为是人类知识的大综合，可是今日之人道主义者却指为是人类丑态的大集合。

读者们请勿以为作者是宣传美国或英国现行法的优点。反之，在《优士丁尼法典》和《拿破仑法典》中的罗马法原理虽然具有缺点，而在日后虽然也许可以指出它的短处。但是英美的现行法却是世界上最良好的法律。我们须知道，法律的执行实比实质上的优良更易见其制度之优美。不善于执行的优美法律，比较善于执行的简陋法律更坏。《优士丁尼法典》及《拿破仑法典》经过专制政府和贪污官吏的实施，都不能够具有由于柯克和培根斗争之结果所留给后世之普通法及衡平法混合而成的法律那样替人民谋幸福的更有效率。这在那种公正无私的法院为自由人民的利益而执行这混合制度时，更能充分地表现出来。

前面所述关于罗马民法对条顿民族之普通法的长期竞争，结果除英美两国外到处都是罗马民法获得胜利。但是我们要知道，这个例外是表面的，不是实质的。自两国的发展上面看来，其实英美两国都不能算为例外。美国不能不列入采用罗马民法主义的国家一方面。若将布莱克斯通的作品读过一遍，我们便可知道这个大注释家当时所论及的普通法保存到今日美国的法律中究竟是有多少了。

读者们都记得布莱克斯通的作品共分四册，一是关于国家的组织和家属的关系；二是关于不动产及动产；三是关于司法的手续；四是关于犯罪及刑罚。其中，每位法学家都认为第三册是业已废除了的，第四册是几乎完全被否认。差不多人人不会想到去引用布莱克斯通的第四册来解释现行的法律，只有偶然地采用作为例证罢了。至于第一册的内容有一半是关于英国国家的组织，这一半在美国已经毫无用处。其另一半即关于家属关系的部分以为妻之财产在法律上是属于夫的，这是普通法中夫妇关系的轴心，因此也就是一切家属关系的要素。但是美国人却反对之。所以在普通法中的家属关系并非合众国现行法律上的家属关系。

布莱克斯通的第二册作品，可分两部，第一部为关于不动产的，第二部为关于动产的。关于不动产法律的根据就是封建主义，但经美国人的手里以后全部业已消灭。美国关于不动产的法律并不包括在布莱克斯通的作品中。如果我们要在他的作品中找寻，那是白费功夫的。至于动产方面，封建主义是没有关于动产的法律的，就是英国的普通法内也是没有的。在布莱克斯通的第二册中——仅认为优美的——是关于一些由昔日大注释家布拉克顿整个地从《优士丁尼法典》中所采用的而盛行于英王亨利三世时的事情，这在前面已经述及。

那么在美国究竟现在还有什么普通法即英国的普通法吗？这话本来是误称的，因为根本就没有这个东西。美国今日的法律并非英国普通法，也不是柯克或布莱克斯通的普通法或其类似的法律。罗马民法在它里面实比英国普通法更多。其实，美国法律中所收留的柯克及布莱克斯通的普通法在分量上和所收留的罗马法比较起来，是非常微小的。

如果我们再研究这个问题，我们越能见到英国普通法只有两个显著之点遗留着，这就是陪审制（trial by jury）及判例制（adherence to precedent）。但是这并不属于实体法而仅属于程序法（adjective law）即执行法（administrative law）。我们固不能否认这些二者任何之一的重要性。但是无疑地我们现在都认为它们已不像以前那样得有价值。受判例的拘束是有用的，但没有长久的支配力。若一个问题曾由一法院用某一方法或由同一法院根据前法加以判决，它便不能再为其他裁判的根据。判例是诱因的，但非具有决定力的——但在它成为一种财产法则，或者是上级法院的判决时则为例外。所以美国人常谓除获得正当的判决外都不得称为最后的判决。这种说法的确在司法上和其他问题都是如此。这句话所包含的真理注定了普通法判例之拘束力的命运。因此，判例只有在被认为具有真理性的时候才有价值，此外别无其他。我们并不以之为一种事实而是视其是否具有理由而决定是否予以考究。

陪审制被称为人类自由的保障，是普通法最可珍贵的产物。它是英国固有的，肇源于阿尔弗雷德大帝（Alfred the Great）以及盎格鲁—撒克逊的时代。但是陪审制被推定为盎格鲁—撒克逊所创始之说，波洛克[1]（Pollock）和梅特兰[2]（Maitland）在他

---

〔1〕 民国版为“波罗克”。弗雷德里克·波洛克爵士（Sir Frederick Pollock，1845～1937），英国著名法学家，毕业于剑桥大学，1868年留校工作，1871年获得林肯学院的出庭律师资格，1883年担任牛津大学法学教授。其著有《侵权法》（*The Law of Torts*，1887）、《自然法史》（*The History of the Law of Nature*，1900），与弗雷德里克·威廉·梅特兰（Frederic William Maitland）合著了著名的《爱德华一世时代之前的英国法律史》（*The History of English Law before the Time of Edward I*，1895）。——点校者注

〔2〕 民国版为“美特兰德”。弗雷德里克·威廉·梅特兰（Frederic William Maitland，1850～1906），英国法学家。其兴趣在于早期英国法律的发展，所以投身于对历史及法制史的研究。1884年，担任剑桥大学英国法讲师，1888年成为剑桥大学英国法教授。梅特兰的主要著作有：《末日审判书及其他》（*Domeday Book and Beyond*，1897）、《英国国教中的罗马教会法》（*Roman Canon Law in the Church of England*，1898）、《英国法与文艺复兴》（*English Law and the Renaissance*，1901）。——点校者注

们所著的《爱德华一世时代之前的英国法律史》[1]中曾完全予以否认。他们以为可溯及法兰克人，“征服者”威廉或其诺曼贵族之后代为着满足其自私的目的才从法兰克人那里借用过来。并非在于改进英国的法律。还有一般人则发现其真正的原始是在罗马法中。当时裁判官在审理一些法律上的争执除自己从事为法律之决定外，更遴选法官（judex）审理事实，陪审制度即起于此。但是起初的陪审制在斯图亚特王朝或在18世纪末叶以前的时候是没有多大的重要性的。此后才被认为是司法之一重要部分。直到后来复成为美国法制中之最宝贵的特点。其实这个制度在英国理查一世[2]（Richard Ⅰ）时便已有了，但是似乎在美国殖民地时代才发达完全而有今日的效能。当金雀花王朝和都铎王朝的时代以及斯图亚特王朝一部分时期和汉诺威王朝的初期，陪审官还不是像一般人所认为那样独立的团体，因此不能被视为自由的保障或成为任何促进人民自由的工具。陪审官是郡长[3]（Sheriff）按照本人的意思及喜悦从各郡的自由保有不动产的所有人或诺曼族的地主中遴选出来。而郡长却又是国王每年所委任的。因此，我们不很明白，陪审官在国王或是他的大臣或宠臣，为着他们自己的

---

〔1〕 民国版为“初期英国法律史”。——点校者注

〔2〕 理查一世（Richard Ⅰ，1157～1199），即“狮心王”理查。——点校者注

〔3〕 郡长（sheriff），这一官职在诺曼人征服英格兰之前即已存在。他是王室官员，是国王在各郡的代表。“征服者”威廉入主英格兰后，郡长成为各郡的首席官员，并主持郡法院，裁断民事及刑事案件，执行各种令状，在郡内征募兵士。自12世纪中期以来，随着王室法院的发展，巡回审理、治安法官等兴起，郡长的司法管辖权受到限制，权力及职能都较以前为小。自都铎王朝后，该职位主要变成仪式性质。在英格兰，现今各郡每年需指派一名郡长。——点校者注

目的而想干涉选取时怎样地会变成为他们的御用物。其实在英国历史从诺曼族侵入起到乔治三世为止的700年间，读者们实难找到陪审制这个工具有利于发展人民的自由的任何证据。因此，若说陪审制是自由的保障，那是太可笑了。到了18世纪末叶和在19世纪的初期，它对于做到保障自由的目的，才被相当承认。到了现在它才被认为能够做到这个真正的目的。关于其效力之最好的明证就是凡采用《拿破仑法典》的国家，若已设定了宪法制度，多少都是采用着陪审制的。

一切刑事案件虽都采用陪审制——因为似乎再也没有更好的制度了——但是审理民事案件时，陪审制并不一定能够获得最好的结果。如果我们想要永久地使用它，必须把它彻底改革。美国有数州业已将它彻底地改革过。既废除了关于必须全体同意的规定，对于人选并规定了适当的资格和学识，又取消了郡长的遴选权或对于在普通法中所赋予他们之无限制的遴选权加以限制。如果我们要把这种制度永久保存下去，那么在民事或刑事中之陪审官的学识标准就必须大大地提高。

和陪审制有关的，有两件事我们应予特殊注意。其一就是美国各城镇极难找到最优良最聪明的人物以充任陪审官——这种因为那些人的知识和道德而不肯参与的事实，不能不使人们追究到陪审制度究竟能够保存下去到什么时候。还有一件事是为一般老练的律师所熟知的。这就是一件且有正当理由的案件，宁愿受审于无陪审官的法院，而不愿受有陪审官的法院的审讯。但一般专事于空论而全以偏见为根据的律师则多喜欢陪审制度。其二就是一般具有正当理由的律师，常常寻找机会避免普通法法院及陪审制之不正确的审理，而另向衡平法院请求救济。

关于衡平法即罗马民法在美国法制中之伸张及凌驾普通法的情形，最好不过的是用法院中诉讼案件数目表来证明。在100年前，衡平法方面的案件和普通法比较，是不到 1∶50；40 年前即不到 1∶10；现在则为 1∶2。在表面上，法律仍然是 200 年前的法律，即只有在普通法没有补救或相当的补救时，才求助于衡平法。其实如果没有衡平法的进展以应需要，我们的文化便不能增高。

衡平法之能够存在于美国制度中是因为普通法之极端不敷应用的缘故。当然，凡不敷应用的法制，自应归于淘汰。在英国所发生关于普通法和衡平法之调和的方法，曾经传到美国。这种方法颇为适用，很能使美国达到慢慢地暗地里将罗马法代替着普通法的这个目的。但是当文化进步得非常迅速的时候，便不能完全令人满意了。结果美国若干州（其实是多数的）就急剧地圆满地从事编制法典——即实体法法典及诉讼法法典——内容将现行法所有认为便利的地方都采纳了。其编制者更想胜过《优士丁尼法典》及《拿破仑法典》，使它减缩成为一种简单一致而适当的制度。合众国多数的州中现在都有这种法典。最近哥伦比亚特区也曾由国会编制了一部。这就是美国人对于废除普通法而想回复到罗马民法之最后的努力。不过法典的编制不很高明，并且没有聘请许多“特里博尼安”（译者按，即罗马法学家）来从事编辑，又没有《优士丁尼法典》及《拿破仑法典》的学者来指导及监视工作。但是他们努力所造成的目的为我们这里所要注意的就是并无错误。他们尽量地把英国普通法的整个制度加以废除，而用唯一适合美国文化经过多少修改的罗马民法以代替之。

美国法典的编制，本想连普通法的形式都要摒弃不用。那种较复杂的形式中，因为常常不能达到公平的目的，于是便用衡平法院的诉讼方法——一种简单的问答，双方的请求都应详细述明，并不具有普通法程序那般麻烦的形式。但是这种改革使陈述松弛，几乎使一般优良的辩护人遭遇障碍，并未使公平目的的达到受到影响。

也许这里我们可以注意到一件为一般固执于英国普通法的人们所常用以反对罗马法的事情，就是他们对于这个主张自己也毫无所知。在《优士丁尼法典》中有这一项的格言（或法律的准则）说："凡合乎君主的意旨即有法律之效力"（Quicquid principi placet legis vigorem habet）。这个原则常被引为证明罗马民法之趋于专制以及不适于自由的人民之用。

当然，如果我们像布莱克斯通那样厚颜，以为封建主义的法律是一种"自由的制度"，那么这种自由和美国、罗马、希腊及犹太所说的自由是大不相同的。只有兵士和野蛮人才是自由民。法律所支配的范围并非如此。而这种经过罗马共和国时代诸人之精心创作，且极符合自由主义的罗马法，也仅仅是适用于一般的奴隶而已。实则这种反对并没有什么良好的根据。至于对上面的格言表示反对者更是出于极端的误会。

"Principi"这个字不仅是指一国的帝王或元首而言，而且又和布莱克斯通之著名法律定义中所说的关于法律是"一国最高权力者所规定之行为的准则以命令其适当者而禁止其邪恶者"的"一国之最高权力者"的意义相等。在《优士丁尼法典》中那个上下文义很明显的说法，不论其为支持国王之专制权的主张或为支持此种专制权之存在的理由，都不是特里博尼安和其同事或优士丁尼皇帝本人原来的意思。其实那个说法原来是打算充作法律的定义的，和布莱克斯通的定义并没有多大的差异。

但是如果是一般反对罗马法的人故意这样，我们可以明显地说这并不是罗马民法的实质，而最多亦仅为对于罗马共和国这个大厦的一种表饰而已。我们只要和英国普通法上所谓"国王无过失"（The King can do no wrong），这句很可以使君主们暴虐无道的不名誉的话一加比较，在任何方面都比优士丁尼的法律更可引起人们的反对。

在法律历史上还有一种发展应予注意。这种发展美国的自由实利赖之，在某几方面说，更是一种最大的进步。这就是政权的三分性，以及关于司法独立的创设。

著名法国政论家孟德斯鸠[1]（Montesquieu），被认为是第一个关于政权划分说的倡议人，其绪端是在所谓的英国宪法中发现的。在他的1748年出版的名著《法意》[2]一书（L'Esprit des Lois），他说："每个政府都有三权的分立，即：立法、行政与司法。执国家法律以奉行庶政，凭国家法律以裁判庶狱……后者称为司法，前者则称为行政。"（见《法意》第11卷，第6章，第1、2段。）

虽然他并未多加赘述，但是他已深知这种划分在英国宪法中已很发达。在英国这是实际上的而不是理论上的。英国的实行常比理论上来得佳妙。即到了今日，在理论上英国君主还是专制的，他是一切权力之源泉。国会是他的国会；法院是他的法院。法官是他的代表，按照他的意旨而行事。国会是他的会议，对于

---

〔1〕夏尔·德·塞孔达·孟德斯鸠男爵（Charles de Secondat, Baron de Montesquieu, 1689～1755），法国启蒙思想家，西方国家学说和法学理论的奠基人。其著作有《波斯人信札》、《罗马盛衰原因论》、《论法的精神》等。——点校者注

〔2〕1909年，由严复翻译的法国启蒙思想家孟德斯鸠名著《法意》（即《论法的精神》）第七分册（也是最后一册）在上海商务印书馆出版问世。至此，该书第一个中文版本终于出齐，完整地呈现在了国人面前。《法意》是严译八大世界名著之一，也是仅次于《天演论》，在中国影响最大的严译作品，全书包括严复所加的167条按语，共50多万言，从1904年起陆续分册出版，前后耗时五六年。——点校者注

法令的制定，他有绝对否认之权。昔日的法令不是国会自己制定的而是国王在国会内所制定的，或是因国会之请求而制定的。在1688年的大革命后，实际上才完全改变了。国会渐渐享有真正的立法权，其所制定的法令除在危及王位外，国王在理论上虽有权加以否决但是并未敢遽予行使。在普通法法院及衡平法院里曾产生了好些能干的法官，其中哈德威克和曼斯菲尔德算是个中翘楚。他们都抱着大无畏的精神独立执行法律，因此给予世人以比现存更宽泛的宪法自由的感觉。当然此后的发展是趋于增进英国司法机关的独立的。

但是此后仍有待于美国把三权分立说的观念及其相互之关系去充分发展。至其绪端，孟德斯鸠认为是在英国。但是如果他较熟悉美洲殖民地的情形，他定可看到在那里已有更充分的发展了。美国十三州殖民地因为环境的特殊，差不多都实施着三权分立制。在殖民地所施行的制度，于殖民地独立后，便成为根本大法。这个原则的最初正式宣布是在1776年6月——《独立宣言》（Declaration of Independence）发布以前的一个月——弗吉尼亚州〔1〕的最初的宪法中，这是美国各州第一部的宪法。在第一句中便说："本州之立法、行政、司法，三权完全分立，各别行使所属权限。"这个原则宣布以后，不久各州都行采用，最后美国的联邦宪法中亦采用之，成为美国的根本大法。今日各文明国家对于这个分权政策也都多少采用，但是各处所设立的都没有像美国那样得彻底。关于此学说之发源也许不难回溯到罗马共和国时代。因为当时由森都里亚大会（Comitia Centuriata）及元老院

---

〔1〕民国版为"弗基尼阿州"。弗吉尼亚州（Virginia），美国东部的州，该州为美国历史最悠久的州之一。独立战争期间，多位政治家均为弗吉尼亚代表。——点校者注

(Senate) 制定法律，而由执政官（Consul）实施之。至裁判官(Praetor) 则对在人民日常往来事件中执行法律。我们也许更可进一步地推溯到——雅典的共和国，即由公民大会（Assembly of the People）制定法律，由执政长官（Archon）执行之，并由昔时最伟大的政府机关，阿雷奥帕古斯山法院（High Court of the Areopagus）来审理司法事件。我们姑不论其肇于何时，但这仍是美国制度之创始者的光荣。因为它是第一个采用这个原则为政治的准则，而且又是第一个实行而获有实际效果的国家。美国人真是伟大的发明者。他们最伟大的发明仍以司法独立为最。认为司法与政权之其他两种，即立法及行政是平等的。司法独立是人民自由之最好的保障，对于今日法学上具有最大的贡献。这是使其他三大著名共和国：罗马、雅典以及犹太在法学上所有的最大努力于美国国内达到完满成熟的境域。

美国宪法中一切的优点都是得自罗马、雅典及犹太，美国的法律都是由它们遞（通“递”）嬗而来。至于美国人民的祖宗——日耳曼族的野蛮人对于美国却没有什么贡献。就是关于自由的精神也不是从他们那里得来的，因为关于这种精神他们是常被人们所误视的。他们的自由就是没有法律。这是游牧民族即野蛮的印第安人以及阿拉伯人的自由。真正的自由是法律。换句话说，所谓自由就是法律所规定的自由。野蛮人本要保持他们的无法律，并想用封建制度来控制文化。但是基督教和罗马法却把野蛮民族后裔的美国人挽救了，使他们获得了他们的祖宗在法律发达的不稳定时期中所失掉了的自由和幸福。

最后，读者们要注意的，大概读者们都要明了的，就是从极早时候便有一种不断的法律潮流流传，直到今日。法学最初发达于幼发拉底和尼罗河畔以及推罗和西顿的沿岸，即在较远之印度沿岸中的雅利安族同胞或且亦有好些贡献。在犹太、雅典以及罗马三共和国的法典里更获得最高度的发展。美国的制度都是从他们那里得来的。在法律方面我们得自罗马的尤多。在罗马及雅典之立法事业的活动，现在正在美国重演着。如果我们能够利用这些国家的经验，我们就花些时间去研究法律发达的历史，并不算是白费的。

图书在版编目（CIP）数据

法律发达史/(美) 莫里斯著;王学文译;姚秀兰,蒋辰,王鹏飞点校.—2版
北京:中国政法大学出版社，2014.9
ISBN 978-7-5620-5561-7

Ⅰ.①法…　Ⅱ.①莫…　②王…　③姚…　④蒋…　⑤王…　Ⅲ.①法制史—世界　Ⅳ.①D909.9

中国版本图书馆CIP数据核字(2014)第217923号

出 版 者　中国政法大学出版社

地　　址　北京市海淀区西土城路25号

邮寄地址　北京100088信箱8034分箱　邮编100088

网　　址　http://www.cuplpress.com (网络实名: 中国政法大学出版社)

电　　话　010-58908285(总编室)　58908334(邮购部)

承　　印　北京中科印刷有限公司

开　　本　880mm×1230mm　1/32

印　　张　10

字　　数　242千字

版　　次　2014年12月第2版

印　　次　2014年12月第1次印刷

定　　价　42.00元